"国防大学姜鲁鸣工作室"书系

中国国防经济发展外部经济风险研究

Research on the External Economic Risks of China National Defense Economy Development

张海静 著

中国财政经济出版社

图书在版编目（CIP）数据

中国国防经济发展外部经济风险研究／张海静著．—北京：中国财政经济出版社，2016.4

ISBN 978-7-5095-6717-3

Ⅰ.①中…　Ⅱ.①张…　Ⅲ.①国防经济-风险管理-研究-中国
Ⅳ.①E0-054

中国版本图书馆CIP数据核字（2016）第080533号

责任编辑：卢关平　　　　责任校对：杨瑞琦
封面设计：孙俪铭　　　　版式设计：董生平

中国财政经济出版社出版

URL：http：//ckfz.cfeph.cn

E-mail：ckfz@cfeph.cn

社址：北京市海淀区阜成路甲28号　邮政编码：100142

发行处电话：010-88190406　财经书店电话：010-64033436

北京京华虎彩印刷有限公司印刷

787×1092毫米　16开　20.25印张　218 000字

2016年4月第1版　2016年4月北京第1次印刷

定价：39.00元

ISBN 978-7-5095-6717-3/F·5403

（图书出现印装问题，本社负责调换）

本社质量投诉电话：010-88190744

打击盗版举报热线：010-88190492、QQ：634579818

总　序

自国防大学为我设立“名师工作室”以来，一种无形压力始终难以释怀。目前，中国经济已然成为一个巨量规模体。随着中国经济总量和综合国力不断上升，各种可以预见和难以预见的风险和挑战也在不断增多。中国继续前行所面临的安全和发展的压力，已远远超出世界历史画卷所展示的所有案例。在这种背景下，实施军民融合战略就成为实现统筹国家安全与发展的不二选择。显而易见，推动军民深度融合，既能最大限度地发挥国防和军队建设对国家经济社会尤其是国家高新产业发展的带动作用，又能以整个经济社会的强大实力的大体系支撑现代国防。依靠军民深度融合产生的强大“效益合力”，我们就能以技术最先进、成本最经济和最具可持续性的强大物质力量成就民族复兴大业。如今，中国这个超大规模经济社会体同军民融合的国家战略已经开始结合，但这一战略最终能否成功，既牵动着我们的心绪，也触动着世界的神经。其间，蕴含着一系列需要破解的重大难题。生活在这个时代，我们自然应当为推进国家安全和发展研究尽一丝绵薄之力。

工作室实际上是一个微型研究团队。设立这个书系，目的在于适时展现团队的部分研究成果，使大家更加关注国防经济和军民融合的理论与实践。我们首先推出了近年来的几篇国防经济学博士学位论文。这些研究尽管还显粗糙，但毕竟从不同角度切入了当下中国宏大的军民融合实践。我们真诚希望能够收获大家的批评议论，更期待着更多富含价值的研究成果问世。

姜鲁鸣

2016年4月于北京

序　言

海静同志的博士学位论文《中国国防经济发展外部经济风险研究》即将出版，作为她的导师，我感到由衷的高兴。这不仅仅是因为我看到海静同志学业有成、辛勤浇灌之花终于结果，更主要的是我看到国防经济领域又一名年轻的研究者顺利成长起来。任何有价值的研究成果面世，都是可喜可贺的，一个有发展潜力的研究者成长起来，将更有价值。经济风险一直是经济学界关注的重大问题，刚刚闭幕的 G20 财长会议，主要议题就是在全球经济下行风险及不确定性增大的背景下，各国将各自和共同采取所有政策工具，来应对风险、增强市场信心和促进经济增长。在当前形势背景下，我们来细读海静同志刚刚出版的这本著作，也许更能品味其要义。

随着军民融合发展战略向纵深推进，国防经济与国民经济水乳交融，在发展进程中不可避免地面临来自外部的经济风险。海静同志将国防经济发展的外部经济风险防范置于国家经济安全与国际战略的大背景下进行宏观思考，深入调研，潜心研究，从理论和实践的结合上，全面系统地论述了中国国防经济风险问题，提出了一些独到的见解和有益的对策建议，其意义自不待言。关于本书在理论上和实践上的具体价值，有待于专家的评议和指点，有待于实践的检验和修正。在此我想说的是，海静同志这本书中所体现的治学态度和研究方法，确有可称道之处。

一是学术视野。站得高才能看得远，想问题，做学问，干事业，莫不如此。视野宽阔，胸怀广阔，才能从大处着眼，从关键处下功夫，才能防止一叶障目的弊病，防止钻入牛角尖的困境。这本书广泛吸取了国内外同行在该领域的最新研究成果，以该领域的前沿知识为阵地，综合运用经济学、军事学、管理学等学科理论原理去分析问题，把中国国防经济风险防范置于全球经济一体化的国际环境中进行综合考察，置于中国国防经济发展的历史长河中考察，而不是仅仅囿于一时一地的小局面。

二是逻辑思维。经济风险是一种极其复杂的社会现象，国防经济发展面临的外部经济风险影响因素是多种多样的，既有内部的因素，又有外部的因素，既有长时间起作用的因素，也有短期内起作用的因素，既有显性因素，又有隐性因素。而且，在不同的历史条件下，各自因素的具体作用有别，国防经济风险阈值也有所不同。只有对各种因素进行辩证的分析，才能透过现象认识事物本质和规律。海静同志在这方面进行了可喜的探索，研究很有理论深度。

三是探索精神。国防经济风险研究是重大的理论问题，更是关乎国防战略全局的重大现实问题。理论只有根植于现实，才有价值和生命力。为此，海静同志进行了长时间艰苦细致的调查研究，收集整理大量的资料，从中找出问题，分析原因，揭示本质，提出对策，在全面分析中有所得，有所悟，有了清晰的思路，方开始写作。成稿后又多方征求意见，反复修改。这种求真务实的精神，着实难能可贵。

愿海静同志有更多更好的研究成果面世。

姜鲁鸣

2016 年 2 月 29 日于国防大学

摘　要

随着经济全球化和社会主义市场经济的发展，中国国防经济发展面临前所未有的风险和挑战。在开放的市场经济环境下，来自外部的国民经济波动和国际经济冲击带来的风险，不可避免地直接或间接影响和作用于国防经济系统。将国防经济发展外部经济风险防范置于国家安全与国际战略的大背景下进行宏观思考，有利于适应国际战略形势的发展变化和经济全球化的发展趋势，有利于促进国防经济健康发展和良性循环。增强国防经济抵御外部经济风险的能力，是应对经济全球化，争取未来战略主动、维护国家经济安全稳定的必然要求。

本书以马克思主义经济学为理论基础，借鉴和运用现代经济学的分析工具和方法，在坚持唯物辩证法、科学方法论的基础上，坚持规范分析与实证分析相结合、定性分析与定量分析相结合，深入研究中国国防经济发展外部经济风险的内涵、特征、类别、传导机理、评估体系以及提高风险防范能力等问题，以期为国防经济发展外部经济风险防控提供具有参考价值的论证。

市场经济体制及经济全球化决定了国防经济发展外部经济风险的客观存在。“国防经济发展的外部经济风险”是指国防经济在发展运行中所面临的来自国防经济系统之外的经济风险，主要是指来自国民经济和国际经济两大系统的风险。影响中国经济安全的不确定因素，都有可能同时或依次对中国国防经济产生较大的负面影响。当前中国国防经济发展的外部经济风险，是在经济全球化进程中表现出来的，从本质上看是市场风险问题，这就使得其具有不同于一般经济风险的特征。重视防范国防经济发展的外部经济风险，也是世界各国特别是军事强国的普遍做法。主要做法有：高度重视外部经济风险管理工作，加强国防战略资源控制能力建设，加大对军工企业的保护力度，积极开展国防经济领域的国际合作等。借鉴和吸收世界各国防范国防经济运行风险的有益做法和经验，对于我们加强和改进国防经济发展外部经济风险管理，尽可能将外部经济风险及其造成的损失降至最低，具有十分重要的意义。

正确判断和识别风险，是防范国防经济发展外部经济风险的基础环节。只有及时发现风险，才能有的放矢地改变外部经济风险因素存在的条件，进而防止风险因素的增加与聚集。外部经济风险识别，需要确定三个相互关联的因素，即风险来源、风险事件和风险损失。识别依据于国防经济运行中的风险因素，以及对国防经济发展的矛盾与问题的分析。国防经济与国民经济融合度、与世界经济关联度的不断增强，导致国防经济发展所处的经济环境的不确定因素增加。从风险来源的角度看，国防经济发展外部经济风险主要来自两个方面：一是来自国民经济的风险，主要包括金融体系不完善、国民经济周期波动等因素引发的外部经济风险。二是来自国际经济的风险。尤其是经济全球化使国防经济运行国际化、市场化，导致国防资金安全、国防产业安全、国防战略资源安全、国防经济信息安全面临着严峻的挑战。

深入分析国防经济领域的主要矛盾和问题是有效防范国防经济发展外部经济风险的重要前提。本书从国防资金安全、国防产业安全、国防战略资源安全、国民经济动员和国防经济信息安全等方面，分析了中国国防经济发展面临的各类外部经济风险（来自国民经济的风险）和各类外部经济风险（来自国际经济的风险）。分析中国国防经济抵御外部经济风险能力薄弱的原因，主要是国防经济领域长期累积的结构性矛盾、国防经济核心能力薄弱、国防经济体制机制改革相对滞后等。

国防经济发展外部经济风险存在一个传导的过程。国防经济发展外部经济风险的传导，是指外部经济风险生成后在国防经济系统内部不断积累，当达到一定的阈值时，便借助特定的传导载体，经由特定的传导路径，在国防经济体系内部进行扩散、蔓延，从而造成国防经济活动偏离预期目标造成损失的过程。研究外部经济风险传导的构成要素、识别与衡量以及传导机理，对于防范外部经济风险扩散，确保国防经济安全，具有十分重要的现实意义。国防经济发展外部经济风险的传导，具有临界性、方向性、递减性、强度的差异性、结果的两面性等特征。其构成要素主要包括风险源与被传导对象、风险传导载体、风险传导路径、传导强度与传导效应。国防经济发展外部经济风险传导的识别过程，主要是调查外部经济风险及风险传导源、分析风险传导带来的损失。从根本上说，市场经济的关联性和互动性是国防经济发展外部经济风险传导的根源。本书从风险传导的条件、机制等方面，对国防经济发展外部经济风险传导的机理进行了深入的研究。

为评估国防经济发展外部经济风险，本书通过构建评估体系，探索了国防经济发展外部经济风险指标设定的研究框架和方法。首先阐述了国防经济发展外部经济风险评估指标体系的设计原则，在讨论国防经济外部经济风险评估指标选取方法和指标组合方法选择的基础上，分别从国防财力资源、国防物力资源、国防科技资源、国防经济体制等一级指标层，逐级构建了国防经济发展外部经济风险评估的指标体系。同时，设计了国防经济发展外部经济风险的模糊综合评估步骤，运用层次分析法确定国防经济发展外部经济风险评估的指标权重。

防范国防经济发展的外部经济风险，是一项复杂而长期的系统工程，需要从经济社会发展的全局通盘考虑，遵循国防经济运行的特点和规律，把体制机制建设作为根本，把法律法规作为保障，坚持统一规划、科学设计，按照统一的思路统筹兼顾、整体推进、重点突破、协调发展。具体来说，就是要增强国防经济自身基础能力建设，构建国防经济发展外部经济风险评估决策体系，提升国防经济发展外部经济风险的应急处置能力，完善国防经济发展外部经济风险管理制度。防范国防经济发展外部经济风险的首要原则，就是超前预防，把国防经济安全隐患消除在萌芽状态。

关键词：中国　国防经济发展　外部经济风险　风险防范

Abstract

With the development of the economic globalization and the socialism market economy, the national defense economic development in china is facing unprecedented risks and challenges. In the open market economy environment, the risks from external fluctuations of the national economy and international economy shocks, inevitably, directly or indirectly exert an impact on national defense economic system. The macro thinking by putting the external economic risks prevention of the national defense economic development in the context of national security and international strategy is beneficial to adopt to the development of the international strategic situation change and the development trend of economic globalization, and is good to promote healthy development of national defense economy and to create its own virtuous cycle. Enhancing the ability to withstand external economy risk is an inevitable requirement of dealing with economic globalization, of the fight for the future strategic initiative to safeguard national economic security and stability.

This thesis based on the theory of Marxist economics, drawing lessons from analysis tools and methods of modern economics, insisting on the dialectical materialism, scientific methodology, adhering to the combination of normative analysis and empirical analysis, combining qualitative analysis with quantitative analysis, studies in - depth the connotation, feature, categories, conduction mechanism, evaluation system of the external economic risks of china's national defense economic development and improvement of the ability of risk prevention, in order to provide valuable reference to the external economic risk control of national defense economic development.

Market economy and economic globalization brought the external economic risk of national defense economic development into existence. "External economic risk of national defense economic development" is refers to the economic risk which come from outside of the development of national defense economy, mainly referring to the risks from the two systems — the national economy and international economy. The uncertainties affect China's economic security, all probably exert a larger negative impact on our country national defense economy simultaneously or sequentially.

The external economic risks of China's national defense and economic development, manifested in the process of economic globalization, is in essence a market risk, having characteristics different from the general economic risks. Attaching Great importance to prevent the external economic risks of national defense economic development is the common practice in the world especially for the military power. The main approaches are: attaching great importance to the external economic risk management, strengthening national defense strategic resource management capacity, increasing strength to protect the defense industry enterprises, and carrying out international cooperation in defense economy actively. Learning and absorbing the beneficial practices and experiences of guarding against the defense economy risk is very important for us to strengthen and improve the external economic risk management of national defense economic development as much as possible, and to a minimize the external economic risks and the resulting losses.

Making correct judgments and identifying risks are the basic steps of prevention the external economic risks of national defense economic development. The only way to change the conditions for the existence of the external economic risk factors, thus to prevent the increase in risk factors and aggregation is to discover the risks timely. Risk sources, risk events and risk losses are three interrelated factors which need to be recognized. Recognition was based on risk factors in the economic operation of national defense, as well as the analysis of the contradictions and problems of national defense and economic development. Enhancing of the integration of defense economy and national economy and world economy leads to an increase of uncertainty of the economic environment of the defense economic development. From the point of view of the sources of risks, external economic risks of national defense economic development mainly come from two aspects: firstly, the risk from the national economy, including the unperfected financial system, the cyclical fluctuations of the national economy and other factors caused by external economic risks. Secondly international economic risk especially serious challenges faced by the security of defense fund, the national defense industry, the defense strategic resource in the process of economic globalization.

The important prerequisite to against the external economic risks of defense economy development is the analysis of the major contradictions and problems of the defense sectors of the economy comprehensively. This thesis analyzes external economic risks class I (risks from the national economy) and external economic risk class II (risks from the international economy) from several aspects including the defense financial security, national defense industrial security, national defense strategic resources security, the mobilization of the national economy and national defense economic information security. China's capability against the external economic risks of national defense economy is not strong enough mainly because of the long – term accumulation of structural contradictions in the field of national defense economy, the weak core competencies of the defense economy, the reform of institutional mechanisms of national defense economy lagging behind.

There is a conduction process for the external economic risks of national defense economic development. The conduction of the external economic risks of a defense economic development refers to a process that external economic risks accumulating within the defense economic system constantly, when reaching a certain threshold, using specific conduction carrier, through the specific conduction path, spreading within the national defense economy, lead to the losses by defense of economic activity deviated from the anticipated goals. Research of the external economic risk conduction elements, identification and measurement of the conduction mechanism for the prevention of the proliferation of external economic risks, are very important to ensure national defense and economic security. The external economic risks of defense economic development conduction have critical, directive characteristics. The primary factors include risks source, conduction object, the carrier of risk conduction, the path of risk conduction, conduction strength and conduction effect. The identification process of external economic risks of national defense economic development conduction is to survey conduction of the external economic risks and the risk source and to analysis the losses caused by risk conduction. Fundamentally, the relevance and interaction of the market economy is the source of external economic risks conduction of defense economic development. This thesis conducts an in - depth research on the conditions and mechanism of external economic risks conduction.

By building an evaluation system to assess the external economic risks of national defense economic development, the thesis explores the framework and methodology of the external economic risk of the defense economic development. Firstly, this thesis describes the design principles of assessment index system of external economic risk of defense economic development, discussing the national defense economy external risk assessment index selection methods and indicators selection on the basis of combination method, respectively from the primary index layer such as defense financial resources, defense material resources, defense science and technology resources, then build a national defense and economic development of external economic risk assessment index system step by step. Meanwhile the fuzzy comprehensive evaluation of external economic risks of the national defense and economic development steps was provided, using the AHP to determine the index weight of external economic indicators of the risk assessment of national defense economic development.

The prevention of external economic risk of national defense economic development is a complex and long - term and systematic project, which needs to take into consideration the economic and social development, following the characteristics and patterns of national defense and economic operation system, taking the mechanism construction as the fundamental laws and regulations as a guarantee to prevent the external economic risks of national defense and economic development of, adhering to unified planning, top-level design, in accordance with the idea of a integrated progress, breakthroughs in key areas, and coordinated development. Specifically, china should enhance the national defense economy infrastructure capabilities; build an external economic risk valuation and decision system, improve the economic decision-making ability to deal with the external economic risks, perfect the external economic risk management system of national defense economic development. So the first principle to against external economic risks of the national defense economic development is to prevent in advance, which means to nip potential dangers of the defense economic security in the bud.

Key words: **China National defense economy development External economic risks Risks prevention**

目　录

第一章　导论 …………………………………………………… (1)

第一节　问题的提出 …………………………………………… (1)

第二节　文献综述 ……………………………………………… (6)

一、国外对经济风险理论的研究 ………………………… (6)

二、国内对经济风险的研究 ……………………………… (11)

三、国外对防务经济风险的研究 ………………………… (14)

四、国内对国防经济运行风险的研究 …………………… (18)

第三节　研究方法 ……………………………………………… (25)

一、专家咨询法（Delphi）与问卷调查 ………………… (25)

二、层次分析法（AHP） ………………………………… (25)

三、风险模糊综合评估法 ………………………………… (26)

第四节　研究的基本思路与总体框架 ………………………… (26)

一、基本思路 ……………………………………………… (26)

二、总体框架 ……………………………………………… (28)

三、几点说明 ……………………………………………… (29)

第二章　国防经济发展外部经济风险概述 ………………… (31)

第一节　国防经济发展外部经济风险的界定 ………………… (31)

一、国防经济发展的外部经济风险 ……………………… (32)

二、国防经济风险度 ……………………………………… (43)

第二节 国防经济发展外部经济风险的类别…………（46）
一、Ⅰ类外部经济风险：来自国民经济的风险…………（47）
二、Ⅱ类外部经济风险：来自国际经济的风险…………（53）
第三节 国防经济发展外部经济风险的主要特征……（60）
一、具有公共风险属性…………（60）
二、属于衍生性风险…………（61）
三、风险损失涉及国家根本利益…………（61）
四、风险规避的可控性强…………（62）
第四节 国防经济发展外部经济风险研究的理论基础…………（63）
一、宏观经济理论…………（63）
二、战略管理理论…………（67）
三、复杂系统理论…………（72）
四、经济安全理论…………（75）
五、危机管理理论…………（82）
第五节 国外防范国防经济发展外部经济风险的经验及启示…………（87）
一、高度重视外部经济风险管理…………（88）
二、注重国防高科技的自主创新能力…………（91）
三、强化国防战略资源的控制能力…………（92）
四、加大对军工企业的保护力度…………（94）
五、积极推进军民一体化发展…………（96）
六、积极开展防务经济领域的国际合作…………（97）
本章小结…………（99）

第三章　中国国防经济发展面临的外部经济风险分析……（100）
第一节　国防经济发展外部经济风险影响因素分析……………………………………………（101）
一、国防经济发展Ⅰ类主要影响因素……………（101）
二、国防经济发展Ⅱ类主要影响因素…………（118）
三、国防经济发展外部经济风险影响因素之间的互动机制………………………………（142）
第二节　国防经济发展Ⅰ类外部经济风险：来自国民经济……………………………………（143）
一、国民经济周期波动对国防费稳定供给造成的风险………………………………………（144）
二、金融体系不完善引发的国防资金运行风险……………………………………………（149）
三、军工资本证券化引发的国防产业运行风险……………………………………………（151）
四、资源供求矛盾引发的国防战略资源短缺风险……………………………………………（153）
第三节　国防经济发展Ⅱ类外部经济风险：来自国际经济……………………………………（157）
一、国际金融风险引发的国防资金运行风险……（158）
二、国际市场竞争引发的国防产业运行风险……（160）
三、国际资源争夺引发的国防战略资源安全问题……………………………………………（166）
四、国际经济环境变化引发的国民经济动员风险……………………………………………（169）
五、信息战引发的国防经济信息安全问题………（170）
六、西方发达国家经济制裁带来的风险…………（173）

第四节 中国国防经济抵御外部经济风险能力薄弱的主要原因 ……………………………… (177)
一、国防经济领域长期积累的结构性矛盾 ……… (177)
二、国防经济核心能力薄弱 …………………… (179)
三、国防经济体制机制改革滞后 ……………… (181)
本章小结 …………………………………………… (186)

第四章 国防经济发展外部经济风险传导 ………… (188)
第一节 国防经济发展外部经济风险传导的内涵及构成要素 …………………………………… (188)
一、国防经济发展外部经济风险传导的内涵 …… (188)
二、国防经济发展外部经济风险传导的特征 …… (190)
三、国防经济发展外部经济风险传导的构成要素 ……………………………………………… (192)
第二节 国防经济发展外部经济风险传导的识别与衡量 ……………………………………… (203)
一、国防经济发展外部经济风险传导的识别 …… (203)
二、国防经济发展外部经济风险传导的衡量 …… (205)
第三节 国防经济发展外部经济风险的传导机理 …… (208)
一、国防经济发展外部经济风险的传导条件 …… (208)
二、国防经济发展外部经济风险的传导机制 …… (210)
本章小结 …………………………………………… (214)

第五章 国防经济发展外部经济风险评估体系 …… (215)
第一节 国防经济发展外部经济风险评估指标体系的构建 …………………………………… (215)
一、国防经济发展外部经济风险评估指标体系

的设计原则 …………………………………… (217)
二、国防经济发展外部经济风险评估指标的选取方法 …………………………………… (219)
三、国防经济发展外部经济风险评估指标体系的构建路径 …………………………………… (223)
四、国防经济发展外部经济风险评估指标体系的总体框架 …………………………………… (225)
第二节　国防经济发展外部经济风险评估指标的权重设定与赋值 …………………………………… (227)
一、国防经济发展外部经济风险综合评估模型设计 …………………………………… (227)
二、国防经济发展外部经济风险模糊综合评估的步骤 …………………………………… (229)
三、国防经济发展外部经济风险评估指标权重的设定 …………………………………… (231)
四、确定国防经济发展外部经济风险评估指标的模糊权向量 …………………………………… (236)
本章小结 …………………………………… (242)

第六章　防范国防经济发展外部经济风险的对策建议 …… (243)
第一节　增强国防经济自身基础能力建设 ………… (245)
一、深化国防经济体制机制改革 ………………… (245)
二、提升国防资金运行的安全度 ………………… (246)
三、增强国防科技自主创新能力 ………………… (248)
四、强化国防战略资源控制能力 ………………… (251)
五、加强对国防产业的保护力度 ………………… (253)
六、提高国防经济信息防护能力 ………………… (255)

第二节　构建国防经济发展外部经济风险评估决策体系……（256）

一、建立国防经济发展外部经济风险监测指标体系……（257）

二、健全国防经济发展外部经济风险预警机制……（259）

三、加强国防经济发展外部经济风险评估……（263）

四、强化国防经济发展外部经济风险管理决策……（264）

第三节　提升国防经济发展外部经济风险应急处置能力……（267）

一、强化国防经济发展外部经济风险信息的监控能力……（267）

二、健全国防经济发展外部经济风险的应急处置机制……（268）

三、提高国防经济发展外部经济风险的应急修复能力……（270）

第四节　完善国防经济发展外部经济风险管理制度……（270）

一、建立国防经济发展外部经济风险管理组织体系……（271）

二、强化国防经济发展外部经济风险管理手段……（273）

本章小结……（274）

结束语……（276）

一、主要结论……（276）

二、主要创新点…………………………………………………（278）
三、本书研究的展望……………………………………………（279）

附录 专家调查表………………………………………………（281）

参考文献…………………………………………………………（285）

后 记……………………………………………………………（298）

第一章
导 论

伴随经济全球化迅猛发展，中国国防经济建设面临前所未有的风险与挑战。尤其在开放的市场经济环境下，来自外部的国民经济波动和国际经济冲击带来的风险，不可避免地直接或间接影响和作用于国防经济系统。本书以马克思主义经济学为理论基础，运用现代经济学的分析工具和方法，深入研究了中国国防经济发展外部经济风险的内涵、特征、风险类别、风险传导机理、风险评估体系、风险防范措施等问题，以期为防范国防经济运行风险的决策及其实施提供具有重要参考价值的论证。

第一节　问题的提出

国防经济系统抵御外部经济风险的能力，始终是关系国防安全与发展的一个重大战略问题。“战争之胜败，国家之存亡，皆系于经济，国防经济之研究，可忽乎哉？”[①] 尤其在进入21世纪之后，世界政治、经济和军事形势都发生了深刻变化，经济全球化深入发展，既给中国国防经济带来了难得的发展机遇，也带来了新的严峻挑战。最近几场信息化局部战争，更加清晰地显现出国防经济运行风险防范问题的极端重要性。国防经济作为国民经济的一个子系统，同国民经济一样，在发展进程中不可避免地面临来自外部的经济风险。将国防经济发展的外部经济风险防范置于国家经济安全与国际战略的大背景下进行宏观思考，有利于适应国际战略形势的发展变化和世界新军事革命的发展趋势，有利于促进国防经济持续健康稳定发展，为实现国防与军队建设跨越式发展、增强国防经济实力、维护国家安全提供可靠的经济和物质保障。

随着冷战的结束，世界各国尤其是发达国家正日益将经济安全放在国家安全的中心地位。美国哈佛大学政治学教授塞缪尔·亨廷顿（Samuel Huntington）早在20世纪90年代初就指出：“在一个主要国家间不大可能发生战争的世界里，经济力量将是决定一个国家是处于主导或相对优势地位还是从属地位的日益重要的因素”[②]。这是因为，冷战结束后，军事对抗以至爆发大规模战争的可能性大大降低，而国家间在经济上的矛盾与对抗却日益增多，国家间的激烈竞争由军事领域转向经济和科技领域。东欧剧变、苏联解体的事实表明，即使不存在军事威胁和军事入侵，非军事因素也足以摧毁一个国家。正因为如此，大多数转型国家在考虑国家安全问题时，都突出强调把提高国防经济抵御外部经济风险能力列为国家安全最为重要和最为紧迫的任务之一。

① 马寅初．马寅初为董问樵《国防经济论》作序［M］．上海：商务印书馆，1940.1

② 江涌．经济全球化背景下的国家经济安全［J］．求是，2007.3

21 世纪，人类进入全球化、知识化、信息化的时代，人们的生产方式、生活方式、思维方式和交往方式都发生了深刻变化。特别是随着经济全球化的深入发展，国家之间的经济关系日益密切，区域上的传统界限已经被彻底打破，资本跨国界流动变得更加便利，金融领域的对外开放和金融自由化的步伐进一步加快。一个国家再也不能像过去那样能够全方位地控制内部的社会经济事务，内部事务与外部事务的界限越来越模糊，国家之间的相互联系、相互依存、相互影响和相互制约越来越深。别国的某种经济行为或者经济波动，都有可能通过“蝴蝶效应”[①]，给本国经济带来严重影响和巨大风险。随着经济全球化的深入发展和中国改革开放的不断推进，中国经济已经深深融入国际经济体系之中，与国际经济形成了你中有我、我中有你的局面。中国的经济发展、产业布局、资源需求以及金融市场运行等，都已经完全置身于经济全球化的大背景下。和过去相比，我们可能遭受攻击和限制的领域大大增加，经济运行的风险也进一步加大。党的十七大报告提出：“完善国家安全战略，健全国家安全体制”，[②] 同时，把“可以预见和难以预见的风险增多”作为 21 世纪新阶段中国经济社会发展呈现的阶段性特征之一。2011 年 3 月，温家宝总理在政府工作报告中指出：“我们要准确判断形势，保持清醒头脑，增强忧患意识，做好应对风险的准备。”[③] 2012 年 11 月，党的十八大报告明确提出：“当前，……我们面临的发展机遇和

---

① 蝴蝶效应认为，初始条件下的微小变化，能带动整个系统长期而巨大的连锁反应，就如同一只蝴蝶扇动翅膀，可以引起龙卷风。

② 胡锦涛．高举中国特色社会主义伟大旗帜 为夺取全面建设小康社会新胜利而奋斗——在中国共产党第十七次全国代表大会上的报告．中国共产党第十七次全国代表大会文件汇编［M］．北京：人民出版社，2007. 40

③ 国务院研究室编写组．十一届全国人大四次会议《政府工作报告》辅导读本 2011［M］．北京：人民出版社，2011. 17

风险挑战前所未有。”[①] 2015 年 10 月 29 日习近平总书记在党的十八届五中全会第二次会议上指出：“今后 5 年，可能是我国发展面临的各方面风险不断积累甚至集中显露的时期。我们面临的重大风险，既包括国内的经济、政治、意识形态、社会风险以及来自自然界的风险，也包括国际经济、政治、军事风险等。”[②] 这些都充分说明了在对外开放过程中防范外部经济风险的极端重要性。在开放型经济体系下，外部经济风险不可避免地直接或间接作用于国防经济系统，并产生深刻的影响和冲击，国防经济发展面临的风险系数比历史上任何时候都要大。因此，采取有效措施提高抵御外部经济风险的能力，确保国防经济安全，是国防经济在开放条件下参与国际分工和竞争的必由之途。

经济学家加尔布雷斯指出：“思想从本质上来说是保守的，他们不会屈服于其他思想的进攻，而是屈服于它们无法应付的巨大的环境的冲击。”[③] 在市场经济条件下，价格、竞争、供求等机制在国防经济资源配置中发挥着重要作用。随着中国经济社会的发展，国防经济对外部商品市场、资源市场、资本市场和技术市场的需求和依赖程度也日益加深，外部经济环境的不确定、不稳定和不可预测因素日益增多，对国防经济运行的制约和影响程度也越来越大。国际国内市场的供求、价格和对外贸易，都会对国防经济建设产生一定的制约和影响。未来若干年，中国国防经济发展面临的外部经济风险和威胁有可能呈上升趋势，面临着一个比过去更为严峻的安全环境。“凡事预则立，不预则废”。如何有效防范国防经济发展面临的显现或潜在的外部经济风险，比以往

---

① 胡锦涛．坚定不移沿着中国特色社会主义道路前进 为全面建成小康社会而奋斗——在中国共产党第十八次全国代表大会上的报告．中国共产党第十八次全国代表大会文件汇编［M］．北京：解放军出版社，2012. 2

② 习近平．在党的十八届五中全会第二次全体会议上的讲话（节选）［J］．求是，2016. 1

③ ［美］斯坦利·L．布鲁．经济思想史［M］．北京：机械工业出版社，2006. 285

任何时候都更为重要。

维护国防经济安全比直观感觉要艰难得多，如果对风险估计不足，就不可能在遇到风险时采取有效措施加以化解①。从唯物辩证法的角度讲，矛盾无处不在，风险无时不有。在国防经济运行与发展过程中，总会面临各种各样的外部经济风险。如果我们看不到这些风险，当危机发生时，还不知道风险从何而来，虽然未必无法弥补，但必定处于被动状态，导致更大的损失，甚至会使国防经济运行陷入危机。加强外部经济风险防范，是为了确保国防经济安全、促进国防经济健康可持续发展，这是对外开放条件下确保国家主权和安全利益的重大问题。因此，国防经济发展外部经济风险的防范问题，不仅是国防经济领域的问题，而且关乎国家安全与社会稳定，必须从政治高度来认识和对待。

中国对国家经济风险理论的研究相对较早，在经济风险监测、预警机制体系建设等方面有一系列研究成果，但对国防经济发展外部经济风险的理论研究还处于初步探索阶段，有关研究成果散见于一些论文和著作中，但还不够系统全面，更缺少定量分析和研究。目前，研究国民经济运行和经济全球化对国防经济运行的影响、外部经济风险传导的机理等问题还不够深入。对中国来说，正确理解国防经济发展外部经济风险的科学内涵和主要特征；分析引发国防经济发展外部经济风险的主要因素，揭示这些因素之间的相互联系与作用机理；构建国防经济发展外部经济风险的动态评估体系和风险管理机制，对于开拓国防经济研究的新领域，推进国防经济理论的创新与发展，都具有重大的理论和现实意义。本书在理论上的开拓性、实践上的敏感性和知识上的综合性，使得这一研究在极具挑战性的同时，体现了很大的学术和

① 唐永胜．发展中国家经济脆弱性的根源及其化解［J］．现代国际关系，2005. 11

应用价值。

第二节　文献综述

目前关于国防经济风险研究的理论文献较少，而研究国家经济风险的理论文献较为丰富。因此，本书从国家经济风险理论研究的文献综述入手，从中总结一些对国防经济风险研究有益的理论观点，为研究中国国防经济发展的外部经济风险奠定理论基础。

一、国外对经济风险理论的研究

国际上对经济风险问题的研究，已经有一百多年的历史。1895 年，美国经济学家海尼斯（Haynes）在其所著的“Risk as an Economie Factor”一书中，首次从经济学意义上提出了“风险”一词。最早对经济风险进行系统研究的是美国学者哥伦比亚大学威雷特博士（Allan H. Willett）。他在 1901 年向哥伦比亚大学提交的博士学位论文《风险及保险经济理论》，被认为是研究经济风险的古典文献。

1929 年蔓延全世界的资本主义危机，引起学者对经济风险的广泛关注。凯恩斯的《就业、利息和货币通论》一书中的思想和政策一度被视为应对资本主义经济风险的灵丹妙药。在此后很长一段时期，“国家经济风险”还只是一个模糊的概念，缺乏系统深入的研究。随着国家金融和保险市场的发展，尤其是保险市场推动着风险研究取得不断突破，出现了从事专项经济风险研究的学者，如威雷特、武井勋等，《风险及保险经济理论》、《风险理论》等专著相继问世。在以后逐渐形成的宏观经济学和微观经济学体系中，经济风险越来越多地被经济学者以各自不同的方式加以表达和探讨，而论及较多的是经济安全问题。20 世纪 70 年代世界第一次石油危机爆发之后，日本以重工业和化工业为主的产业结构面临严峻挑战和巨大风险，一些学者开始关注日本的生存空间和经济风险。20 世纪 80 年代初，日本政府发表了国家经济安全报告《以确保经济安全保障为目标》[①]，将保障国家经济安全、免受外部经济因素威胁的战略构想和政策贯穿于日本经济发展战略实施的全过程。

冷战结束后，国家之间的竞争逐步由军事领域转向经济和科技领域，经济安全与经济风险防范成为国家利益的重点，经济安全问题被提升到国家安全的战略地位上来。1993 年 2 月，美国总统克林顿明确表示："把贸易作为美国安全中首要因素的时机已经到来。"[②] 1994 年美国的《国家安全战略报告》将强大的经济实力、国防力量及全球自由市场经济和民主列为美国外交政策的三大支柱[③]。俄罗斯面对经济全球化带来的经济冲击与风险，也明确提出了"国家经济安全战略"和"国家基本安全构想"，力求保证俄罗斯经济在世界上的独立性，以规避外部经济因素对其可能产生的风险，保证俄罗斯经济顺利接轨和持续发展[④]。印度等国也先后提出了保障本国经济安全的思路[⑤]。目前，美国、法

---

① 中国现代国际关系研究院经济安全研究中心．国家经济安全［M］．北京：时事出版社，2005. 386

② 谭世坪．冷战后美国的全球战略与美台关系［D］．硕士学位论文．广州：暨南大学，2005. 29

③ 铁锴．论冷战后美国国家安全战略的演进及其国际影响［J］．宝鸡文理学院学报（社会科学版），2006. 2

④ 聂富强．对国家经济安全预警问题的思考［J］．新东方杂志，2006. 1

⑤ 高建生．从拉美到印度：发展问题对发展中国家的警示［J］．社会科学，2005. 11

国、印度、英国、日本、俄罗斯等都有专门机构进行国家经济风险防范研究。国际货币基金组织和世界银行、OECD、联合国非洲经济委员会、兰德公司、斯坦福研究院、Sarkey 能源中心、德国柏林 Thunen 研究所、韩国产业研究所、俄罗斯经济研究所、加拿大社会发展院等研究机构，都在有组织地开展国家经济安全与风险问题研究。目前国外对经济风险问题研究的主要理论成果，主要集中在以下几个方面：

1. 经济风险概念从定性到定量的过渡。美国经济学家海尼斯（Haynes）在“Risk as an Economie Factor”一书中，最初明确了风险的概念，即“风险”一词在经济学和其他学术领域中，并无任何技术上的内容，它意味着损害的可能性。某种行为能否产生有害的后果，应以不确定性界定。当某种行为后果具有不确定性时，其行为就反映了风险的负担。有学者把人的主观因素引入风险分析，认为风险是客观的，对任何人都是同样程度的存在，而不确定性是风险分析者的主观判断，不同的人对同一风险可能存在着不同的看法。威廉姆斯和海因斯从预期与实际结果方面出发，提出了“结果变动说”，认为风险是指“在一定条件下，一定时期可能产生结果的变动。如果结果只有一种可能，不存在变动，风险为零；如果可能的结果有几种，则风险存在。可能产生的结果越多，变动越大，风险也就越大”[①]。1921 年，美国经济学家、芝加哥学派创始人奈特（Frank Heyneman Knight）出版的《风险、不确定性及利润》一书中，特别重视存在于经济活动中的风险和不确定性要素，提出只有不确定性才是真正利润的源泉的风险学说。他认为，风险是概率估计的可靠性以及因此将它作为一种可保险成本进行处理的可能性。兹维·博迪在强调损失的

① C. Arthur Williams Jr. & Richard M. Heins. *Risk Management and Insurance* [M]. New York: McGraw - Hill, 1985. 67

不确定的同时，提出概率作为度量风险的指标，“风险是未来收益的不确定性，可以使用概率来测度这种不确定性。”① 即当概率在0至0.5之间时，随着概率的增加，不确定性也随之增加，风险也就越大；概率为0.5时，风险最大；概率在0.5至1之间，随着概率数值的增加，不确定性随之减少，风险也随之减少。当概率为0或1时，也就意味着这个事件肯定不发生或者肯定发生，不确定性也就消失了，就无所谓风险了。

2. 经济风险研究领域内容不断拓展。金融市场和保险市场的发展，推动着风险研究不断地突破。金融风险吸引了较多学者的注意力，“风险是金融变量变动引起的未来预期结果的分布，正的和负的偏差都可以是风险的来源”②，承认风险可以带来收益。而对金融危机导因颇具影响力的观点就有五种：欧文·费雪的“债务—通货紧缩理论”、海曼·明斯基的“金融不稳定假说”、金德尔伯格的“过度交易论”、沃尔芬森的“资产价格下降论”、托宾的“银行体系关键论”。很多学者认为，仅从金融的角度来研究金融风险问题是远远不够的，必须联系企业风险和财政风险，研究三方的传导机制和传导效应，才能全面认识并化解金融风险。经济风险的研究并不仅限于认识层次，更多的是探寻防范和控制经济风险的方法。格拉尔在《费用控制的新时期——风险管理》中第一次提出了“风险管理”一词。独立的风险管理理论体系在考夫的《风险控制学》中形成了。N.L. 鲍尔斯在《风险理论》中认为，保险体制是减轻随机事件所带来财务上不利影响的一种机制，并详细论述了短期个别风险模型、短期聚合风险模型、长期聚合风险模型的原理及应用。美国学者威廉姆斯和海因斯将风险管理拓展为“通过对风险的识别、衡量和控制，以最

① 兹维·博迪. 投资学［M］. 北京：机械工业出版社，1999.12

② 菲利普·乔瑞. VAR：在险价值［M］. 北京：中信出版社，2003.73

少的成本将风险导致的不利后果减少到最低限度的科学管理方法”。

3. 产生经济风险的因素分析得到深化。对产生经济风险的因素分析，可以归结为这样五个方面：①产业因素与经济风险。分析产业政策的目的，探讨通过产业政策维护一国经济面对外来经济因素的冲击。②科技因素与经济风险。阐述科学技术对国家经济的重要性，指出科技是一国面临经济风险不容忽视的重要因素。③贸易因素与经济风险。主要涉及对李嘉图（Ricardo）理论和要素禀赋论的质疑，新的政策模型如克鲁格曼（Krugman）模型、布兰德（Brander）—斯潘赛（Spencer）利润转移模型[①]的提出，以及贸易政策与经济风险的关系。④战争、生态环境因素与经济风险。主要涉及战争对经济发展的不利影响，军事安全与生态环境因素对经济风险产生的影响问题[②]。⑤国家竞争力因素与经济风险。从不同角度分析了国家竞争力与经济风险程度的关联问题，同时以一些国家为例，如撒哈拉沙漠以南的非洲不发达国家竞争力下降对其经济产生的负面影响[③]。

4. 经济全球化作为经济风险研究的重要领域。经济全球化既有利于世界经济的发展和资源配置效率的提高，同时又对国家经济安全带来负面影响，如毒品泛滥、环境灾难、核技术和其他大规模杀伤性武器的扩散，以及全球互联网和金融交易系统的脆弱性。经济全球化还使人们面临更多的经济风险，如外来竞争的加剧、就业机会的丧失等。这些可能对国家安全带来严重的威胁与挑战，用传统的军事手段应付这些威胁往往很难奏效，必须采用经济手段。面对经济全球化的时代背景，西方国际关系学家、危

① 陈晓文．经济全球化背景下的贸易保护与资源配置［J］．北京：国际贸易问题，2006.1

② 刘卿．论东亚非传统安全合作［J］．北京：国际问题研究，2006.1

③ 朱明忠．印度与非洲（1947～2004）［J］．北京：南亚研究，2005.1

机管理学者和经济学家们逐步意识到经济全球化所引发的经济风险。

国家经济风险本质上与国家经济安全密切相关，是一个国家最为根本的核心利益。由于各国学者大都从本国的现实情况和未来发展出发，以本国经济利益为核心，探讨可能引发的外部经济风险，不可避免地会带来某些体制色彩及特殊性，其中的某些观点还可能带有歧视性。因此，在借鉴国外研究成果时不能全盘接纳，而应去其糟粕，取其精华。

二、国内对经济风险的研究

20世纪90年代末爆发的亚洲金融危机，引发了中国学者对经济风险研究的热潮。特别是2009年国际金融危机的爆发，对中国经济运行产生了深刻影响，经济风险及其理论问题受到了中国国内理论界前所未有的关注。越来越多的学者从经济哲学、运行机制及其具体表现等方面开展经济风险研究。

目前，中国国内学者对“经济风险”有许多不同的解释。吴鸣认为：“经济风险是指在商品的生产和流通过程中，由于各种事先无法预料的（即不确定的）因素的影响，使商品生产经营者的实际收益与预期收益发生背离有蒙受经济损失或获得额外收益的机会或可能性。”① 梁广海认为：“经济风险是指在市场经济中，经济行为主体的预期经济目标与实际结果的偏差。”② 苏慧文、刘永平用系统论的观点认识和研究风险，认为风险系统是由风险原因、风险对象和风险损失变动等三种要素相互作用形成的整体，离开任何一种要素，风险都不会存在，而“所谓经济风险

① 吴鸣．经济风险论［M］．人民出版社，1989.5

② 梁广海．社会主义经济风险论［M］．陕西人民出版社，1996.8

是指特定主体在特定期间内，由于内部因素和外部因素的变动性和复杂性，使特定主体可能发生的利益损失的变动”①。马艳在《风险利益论》中认为：“风险的本质是指构成风险特征并影响风险产生、存在、发展以及结果的因素。纵观风险活动的全过程，风险利益则自始至终贯穿于其中。”这种观点把风险定义为一种收益，即将风险的本质与核心确定为风险利益，风险不作为一种被动的经济活动来研究，而是作为人类的一种主动性的经济行为，或主动追求风险利益的过程（本书研究的风险不考虑这一层含义）。

虽然风险性与不确定性在概念上不尽相同，但近年来风险文献一般并不加以严格区分，而是两个术语并用，这主要是从实用的角度出发的。因为两者在用途上是基本相同的，都是用以描述某种行为不肯定性的概念；两者一般是同时存在、同时发生、不可分离的。目前，对风险定义较普遍被国内学术界所接受的，还是美国学者 A. 威廉姆斯的“结果变动说”，即“在某个特定状态下和特定时间内可能发生的结果的变动”。这是通常人们所说的，只要某项活动的未来结果存在两种或两种以上的可能性，就存在风险，即未来结果的不确定性。

20 世纪 90 年代中后期以来，中国经济风险研究有了较大的进展，取得了丰硕的理论成果，具体表现在以下几个方面：

1. 经济风险研究的基本框架得以确立。经济风险问题研究框架的构建，有助于准确界定国家经济风险的含义，探讨经济风险问题的研究方法和背景，分析影响中国经济风险态势的主要因素，并揭示这些因素之间的相互联系。赵英在《中国经济面临的危险——国家经济安全论》中，对经济安全的概念、影响经济安

① 苏慧文，刘永平．关于经济风险含义的商榷与探讨［J］．经济与管理研究，1998. 4

全的因素、经济安全战略等方面进行了深入探讨[①]。梁广海在《社会主义经济风险论》中，对社会主义经济风险的概念、性质、特点、分析方法、定量模型和定性对策等，进行了较为全面系统的研究。吴鸣的《经济风险论》[②] 主要从社会主义经济风险基本理论出发，紧紧围绕中国现实经济问题，较为全面系统地考察经济风险的表现形式。此外，对经济风险识别、预测、评估研究进展明显，如王琛的《国家风险评价指标体系对比研究》[③]、王海平的《经济风险的预警、防范与化解》[④]、孙致江、黄辉的《有效防范经济风险的机制建设问题》[⑤] 等。

2. 规避经济风险的对策研究更加深入。由于对经济风险含义理解的差异，在对策研究上主要有两种类型：①将社会主义国家基本国情融入某一类经济风险的对策研究当中。王卫东的《现代银行全面风险管理》，从风险与风险量化、风险管理的组织两个方面展开研究，主要从中国国情出发论述了金融风险管理问题。②把国家经济风险问题作为各个领域风险问题的叠加进行对策研究，提出各个领域的防范对策措施。

3. 全球化条件下的经济风险研究受到广泛重视。对于一个全面开放的中国来说，经济全球化无疑是我们最值得关注的外部环境和条件。1997 年亚洲金融危机以后，国内学术界对经济全球化、特别是一国金融全球化风险防范的关注日益高涨，涌现出一大批有关金融风险的学术成果，如刘华俊的《金融风险管理及其发展趋势》、穆春舟的《中国金融风险评估与风险预警研究》等。在具体论述经济全球化使中国经济面临风险与挑战时，主要

---

① 赵英．中国经济面临的危险——国家经济安全论［M］．云南人民出版社，1994

② 吴鸣．经济风险论［M］．人民出版社，1989

③ 王琛．国家风险评价指标体系对比研究［J］．经济与管理研究，2008. 6

④ 王海平．经济风险的预警、防范与化解［J］．信息，2004. 1

⑤ 孙致江，黄辉．有效防范经济风险的机制建设问题［J］．交通财会，2008. 2

有两种思路：一是侧重于从金融全球化、国际经济规则、跨国公司等方面，论述经济风险产生的原因；二是侧重于从经济主权、金融体系、民族产业、生态环境、信息科技、国际贸易等方面，论述经济风险的主要表现。

三、国外对防务经济风险的研究

目前，国外学者在研究国家经济风险问题的同时，也或多或少涉及防务经济风险的内容。根据论题的不同，主要涉及以下几个方面的内容：

（一）经济学和防务经济学对防务经济风险问题的初步涉猎

在理论形态上最初触及风险问题的是经济学和防务经济学在对战争经济研究的文献中。凯恩斯的《如何筹措战费》、庇古的《战争经济学》、亚当·斯密的《国民财富的性质和原因的研究》[①] 中集中地论述了如何解决战争需要与国家经济力量之间的矛盾关系，不同程度地提出了战争时期出现国防经济风险的原因及解决方法。这是对特定的战争状态下国防经济宏观风险问题的初步涉猎。在二战后长达几十年的冷战和后冷战时期，国防经济学研究的重点，开始由战时转向对冷战与和平时期的国防经济运行规律的探索。一些学者在相关的国防经济理论著述中，从不同角度研究了和平时期国防经济发展的外部经济风险问题。例如，刘易斯·F. 理查森的《军备与不安全》、甘斯勒的《经济有效的

① ［英］亚当·斯密．国民财富的性质和原因的研究（下卷）［M］．北京：商务印书馆，1974. 1～40

国防建设》[①]、希奇和麦基因的《核时代的国防经济学》[②]、《美国国防工业转轨》[③] 等。

美国国防部认为，国防领域中的风险可以定义为：在一定费用、进度和技术约束条件下，对不能实现整个项目目标的可能性的一种度量。它包含两个层面的含义：一是因目标不能实现而导致的后果，二是不能实现具体目标的概率[④]。在美国国防采办大学出版的《风险管理——国防采办指南》一书中指出：国防采办风险是指不具有在规定的成本、时间以及技术约束条件下，实现项目目标的潜在可能性，同时对风险和风险事件进行了区分，风险事件是国防采办项目的组成部分，认为风险事件是指那些可能导致系统或项目运行方向发生偏转的事情。在国防采办过程中，应该对这些风险事件进行评估，并确定风险的水平[⑤]。对于风险管理问题，发达国家也进行了比较深入的研究。美国国防部认为："风险管理是指应对风险的行动或实际做法"[⑥]。美国国防系统管理学院认为，风险管理是为了满足部队作战对武器装备以及其他作战物资的需要，对那些可能影响项目生产能力的因素实施管理的活动和过程[⑦]。

为加强风险管理，美国审计总署（GAO）作为评审国防部技术风险评估的成员，早在1986年就制定了一整套采办风险评估准则，为美国国防采办风险管理提供理论指导。20世纪末以来，

---

① ［美］甘斯勒．经济有效的国防建设［M］．北京：中国国防科技信息中心，1992

② ［美］查尔斯·J. 希奇，罗兰·N. 麦基因．核时代的国防经济学［M］．北京：北京理工大学出版社，2007

③ ［美］甘斯勒．美国国防工业转轨［M］．北京：国防工业出版社，1998

④ 刘晋豫．国民经济动员准备风险管理研究［D］．博士学位论文．北京：国防大学，2004

⑤ Risk Management Guide for DOD Acquisition：Fifth Edition，Defense Acquisition University

⑥ Risk Management Guide for DOD Acquisition：Fifth Edition，Defense Acquisition University

⑦ Fort Belvoir. "Scheduling Guide for Program Managers"，Defense System Management College Press，p. 3

美国审计总署连续出版了《高风险系列研究报告》，对美国国防建设以及相关领域的风险问题进行了系列评估，并对如何加强风险管理提出了对策建议。美国国防部在强制性武器装备采办管理条令 DOD·5001、DOD·5002 中，明确了武器装备采办管理的地位、作用和实施办法。美国国防系统学院出版的《国防采办风险管理指南》，比较详细地研究了国防采办领域的风险管理问题。美国国防采办大学出版的《防务采办管理概论》也涉及采办风险管理问题。美国国防部出版的《国防电子商务概论》，从推进国防采办信息化建设的角度，探讨了信息时代国防采办所面临的风险。美国国防部采购及采办管理政策办公室出版的《不断变化环境中技术转移管理指南》，从技术转移的角度阐述了风险管理问题。在美国国防系统管理学院出版的《澳大利亚、日本、韩国、新加坡和美国国防采办比较研究》和《法国、英国、德国和美国国防采办比较研究》等著作，系统阐述了日本、英国、法国、德国和美国国防采办风险管理研究的现状和发展趋势。

（二）考察国家经济安全时，探讨防务经济风险问题

部分学者从国家安全层面考察了防务经济与国家经济安全之间的相互作用与影响，例如，Pollard，A. Robert 所著的“Economic Security and the Origins of the Cold War（1945～1950）”[①]、Sperling James 和 kirchner Emil 合著的“Economic Security and Problem of Cooperation in Post-cold War Europe”[②]、Barry Buzan，

---

① Pollard，A. Robert. *Economic Security and the Origins of the Cold War*（1945～1950）［M］. New York：Columbia University Press，1985

② Sperling James，kirchner Emil. *Economic Security and Problem of Cooperation in Post－cold War Europe*［M］. Review Of International Studies，1998

Ole Wover 所著的"Security：A New Framework for Analysis"[①] 等。

（三）研究跨国公司经济问题时分析跨国公司对防务经济产生的影响

伴随着跨国公司地位与影响的日益扩大，跨国公司与国家间的关系也逐渐受到国际政治经济学者的关注。如 R. Vernon 所著的"Sovereignty At Bay"[②] 一书主要从跨国公司与国家关系的角度探讨了跨国公司对政府政策的影响和制约作用；S. H. Hymer 的"The Multinational Corporation：A Radical Approach"[③] 一书，从经济力量与政府决策互动对海外投资的影响出发，剖析了跨国公司对发展中国家经济及防务经济利益的影响及后果。Cillpin Robert 在" U. S. Power and the Multinational Corporation：*The Political Economy of Foreign Direct Investment*"中，认为跨国公司作为国际经济体系中的重要力量，可能威胁到东道国的战略目标甚至国民经济的正常发展，使东道国的经济主权和经济利益受到侵蚀，并对防务经济安全带来负面冲击和严重影响。

（四）研究自由贸易对发展中国家经济安全利益及防务经济安全的负面影响

Paul Prebisch 和 Singer 通过对贸易数据的考察，论证了发展中国家贸易条件长期恶化的命题。国际政治经济学家 Jagdish N. Bhagwati 提出国际贸易中著名的贫困化增长理论，研究发展中国家的贸易利益分配对国家经济发展的负面影响。一些激进学者还

---

① Barry Buzan, Ole Wover. *Security*: *A New Framework for Analysis* ［M］. Colorado: Lynne Rienner Publishers Inc, 1998

② R. Vernon. *Sovereignty At Bay* ［M］. New York: Basic Books, 1971

③ S. H. Hymer. *The Multinational Corporation*: *A Radical Approach* ［M］. Cambridge University Press, 1979

从结构角度分析发展中国家的贸易安全问题，如 Samir Amin 在 "Unequal Development：An Essay on the Social Formations of Peripheral Capitalism"① 中指出，从不平等的国际交换机制出发，使发展中国家陷入了比较优势陷阱，并进而损害到发展中国家的贸易利益和贸易安全。Paul Prebisch 等学者还从国家经济安全的角度出发，提出发达国家与发展中国家之间的自由贸易，可能导致本国经济过度依赖国外，从而危及国家经济及防务经济安全，因此，必须重视保护本国基础产业，强化平等、自由的国际贸易体系。

（五）研究国际资本流动的过程中也涉及防务经济风险的相关研究

例如，瑞士经济学家 Christian Suter 在 "Debt Cycles in the World - Economy：*Foreign Loans*，*Financial Crises*，*And Dedt Settlements*，1820 ~ 1990" 中提出了国际债务危机理论，并用以阐释发展中国家的金融危机及其对防务经济安全的影响。世界银行经济学家 Sara Calvo 和 Reinhart（1996）② 从金融危机的传递效应角度，分析了发展中国家的金融安全问题及对防务经济安全方面的威胁。

四、国内对国防经济运行风险的研究

国防经济作为国民经济的子系统，不可避免地存在风险问

---

① Samir Amin. Unequal Development：*An Essay on the Social Formations of Peripheral Capitalism* [M]．New York：Monthly Review Press，1976

② Sara Calvo，Reinhart. *Capital Flows to Latin America*：*Is There Evidence of Contagion Effects*? [M]．World Bank Working Paper，No. 1619，1996.

题。目前，学术界对经济风险问题的研究主要集中在市场经济尤其是金融领域，而对国防经济运行发展所面临的外部经济风险研究还很少有人涉足。就国防和军队建设领域中的风险问题研究来看，目前研究的重点主要集中在武器装备领域。此外，学者们在论及国防科学技术、国防费投入、军事人力资源、国防工业、军民融合、国民经济动员等问题时，直接或间接地对国防经济运行风险问题进行了阐述。

从总体上看，国内对国防经济运行风险理论的研究工作还相对比较薄弱，一些研究成果散见于相关专著的部分章节和一些学术论文中。到目前为止，国内还没有专门和系统研究国防经济运行风险问题的专著。与国防经济运行风险研究相关的专著，主要是国防大学刘晋豫的博士学位论文《国民经济动员准备风险管理研究》。该著作从国民经济动员准备理论基础的角度出发，系统论述了国民经济动员准备面临的主要风险，从信息非对称、不确定性、"有限理性"、市场特殊性等角度，分析了国民经济动员准备风险的成因，确立了国民经济动员准备风险管理的目标和原则；通过对政府与企业的主要行为分析，以国民经济动员准备风险管理的逻辑体系为依据，分别从风险识别、风险管理计划制定、风险应对、风险监控等方面建立起国民经济动员准备风险管理方法论体系，在此基础上针对中国国民经济动员准备风险管理存在的主要问题，提出了加强中国国民经济动员准备风险管理的对策建议[①]。该著作弥补了中国宏观经济风险研究还没有涉及国防经济领域的不足，填补了国防经济理论研究中关于风险研究的空白。

此外，在蒋宝祺的《中国国防经济宏观分析》[②]、万东铖的

① 刘晋豫．国民经济动员准备风险管理研究［D］．博士学位论文．北京：国防大学，2004

② 蒋宝祺．中国国防经济宏观分析［M］．北京：国防大学出版社，1991

《军事经济资源有效配置研究》[①] 中，均提到了国防经济发展在很大程度上受外部经济因素的干扰，就如何优化国防经济资源的有效配置问题，论及了外部经济因素的制约。陈俨在博士学位论文《国防经济非均衡研究——从对中国国防经济供求关系的制度性角度考察》中认为，“国防经济具有巨大变动性或非确定性”而产生国防经济非均衡的根据便深深地隐含在这种巨大变动性或非确定性之中，“从一国来看，只有最大限度地保持国防经济外部与内部的均衡，才能避免资源浪费，国防建设才是有效率的，国家的安全才是有保障的，甚至国家的经济发展才具有可持续性”，提出过度非均衡对国防经济运行形成程度不同的损害，甚至会对国民经济发展带来负面影响，进而指出这些问题的极端复杂性决定了国防经济运行存在各种风险[②]。赵占龙（2006）所著的《面向战略对抗演练的战争经济风险模型设计》依托战略对抗演练，分析了战时面临的风险问题及解决对策。于连坤在《中国国防经济运行与管理》中提出，对国防经济运行进行监测的目的，是为国防经济运行的宏观管理服务，通过建立起反映国防经济宏观运行状态与趋势的基本指标体系，建立起监测系统，搜集并整理这些能反映这些指标的各项指数，并对这些指数进行研判，准确把握国防经济运行状态，科学预测国防经济运行趋势，有针对性地采取宏观管理政策[③]。郭中侯的《军事经济预警研究》从军事经济预警理论基础的角度出发，分析了国民经济预警理论的发展历程以及经济预测与经济预警的关系，在阐述军事经济运动基本理论的基础上，分析了军事经济预警的逻辑过程、体

① 万东铖．军事经济资源有效配置研究［M］．北京：军事科学出版社，1994

② 陈俨．国防经济非均衡研究——从对中国国防经济供求关系的制度性角度考察［D］．博士学位论文．北京：国防大学，2009

③ 于连坤．中国国防经济运行与管理［M］．北京：国防大学出版社，2002

系和形成结构；以军事经济预警的逻辑体系为依据，从指标体系的构建、预警警限的确定、运动状态的评估和预测、警情的预报等方面建立军事经济预警的方法论体系，进而以军事经济财力运动为对象，构建了中国军事财力预警系统[①]。

当前，经济风险与经济安全的界限日益模糊。不安全必然存在风险，风险本身也代表了不安全。近年来，中国国防经济领域的许多学者立足于大安全观，就维护中国国防经济安全问题提出了诸多有益的研究成果。王贵明在《中国国防经济安全研究》[②]一书中，从经济安全的一般理论和研究方法入手，分析了国防财力规模和结构、国防人力资源规模和结构、国防战略资源、国防科技资源、国防经济体制及外界环境等因素对国防经济安全的影响，构建评估国防经济安全的 AHP - FCE 模型，对中国国防经济安全态势进行了评估。陈晓和等编著的《中国国防经济安全研究》[③]，论述了经济全球化、军民一体化、产权多元化、装备信息化、决策民主化等与国防经济安全之间的联系及其对国防经济安全的影响，并有针对性地提出了对策建议。

此外，还有其他一些学者在国家经济安全的相关著作中，也涉及与国防经济风险相关的内容或观点，主要有：徐桂华的《中国经济安全的国家战略选择》，对中国战略性资源面临紧缺的危险、选择二元组合的国防军事战略和构建完善的战略性资源储备制度等问题，提出了许多新观点；聂富强等著的《中国国家经济安全系统研究》对经济安全的评估方法、指标体系的建立、警限的划分及对外经济安全、粮食安全、能源及战略资源安全、信息安全等问题进行了相关分析；赵英、李海舰在《大国之途——21

① 郭中侯．军事经济预警研究［M］．北京：解放军出版社，2004

② 王贵明．中国国防经济安全研究［M］．北京：军事科学出版社，2009

③ 陈晓和．中国国防经济安全研究［M］．上海：上海财经大学出版社，2009

世纪的中国经济安全》一书中，对中国能源缺口及进口来源、经济利益与军事战略及加入 WTO 后的中国军事战略等面临的风险问题进行了探讨；马维野、张士铨的《全球化时代的国家安全》对战略物资和战略产业安全、国家科技安全等问题进行了分析。这些著作的研究视角和提出的理论观点，对研究国防经济运行风险问题均具有很强的理论指导意义。

从总体上看，对国防经济风险进行直接研究的学术论文为数不多。到目前为止，公开发表的学术研究成果主要有：徐勇主编的《国际金融危机对我国国防经济的影响与对策研究》[①]、郭中侯、孙邦栋、蔡永刚的学术论文《应对国际金融危机，加强国防经济风险管理》[②]，郭中侯的《加强国防经济风险管理》、《我国国防经济面临的风险分析》[③] 等。这些文章论述了中国国防经济面临国际、国内风险的主要表现方面，分析了当前中国国防经济存在的外生风险和内生风险；提出建立国防经济预警机制、加强国防经济应变能力建设、提升国防经济危机处置水平等国防经济风险管理的长效机制。与国防经济风险研究相关联的学术论文主要有：曹廷泽、尚喆的《军民融合式发展的风险防控机制研究》；顾建一的《经济全球化与中国国防经济的战略调整》；李晓松、蔡文军、郭全魅的《军事装备动员风险管理研究》；刘淑芳、李幼的《中国国防经济安全面临的潜在威胁及应对思路》；侯光明、范建民的《基于现代组织观的武器装备研制风险管理研究》；胡绪杰、张志峰、高飞的《浅析军事装备采办中的风险因素》；王德军的硕士学位论文《我军武器装备采办风险管理研究》；张嘉

---

① 徐勇．国际金融危机对我国国防经济的影响与对策研究［M］．北京：军事科学出版社，2012

② 郭中侯，孙邦栋，蔡永刚．应对国际金融危机，加强国防经济风险管理［J］．中国军事科学，2009.6

③ 郭中侯．加强国防经济风险管理［N］．科技日报，2009－10－15；我国国防经济面临的风险分析［N］．湖北日报，2010－03－04

的硕士学位论文《武器装备采办风险预警研究》等。

这些学术论文，一般都是从局部或某一方面探讨国防经济运行风险问题，主要是界定国防经济运行风险的概念，分析国防经济运行风险产生的主要因素，提出防范和控制国防经济运行风险的对策。在对影响因素进行分析时，由于研究的内容和角度不同，提出的侧重点也不尽相同。例如，郭中侯主要研究内部结构与经济全球化对国防经济产生的风险；曹廷泽从军民融合式发展的风险防控机制角度，分析了军事因素、市场因素、军事供应链断链等产生风险的因素；刘淑芳、李幼从国际金融危机对国防经济内部冲击以及战略物资、国防经济实力等方面进行风险因素分析。另外，提出的对策建议各有侧重。例如，郭中侯强调国防经济结构，建立国防经济预警机制，加强国防经济风险管理；曹廷泽认为，要建立风险防范机制，健全组织结构，突出风险评估，规范市场运作秩序，强化法律法规约束；刘淑芳、李幼强调扩大内需、制度创新、科学储备机制和优化防护手段；王德军主要从费用预算、人才培养、法律约束、市场竞争、国际合作等方面，对武器装备采办风险管理提出了对策建议。

目前国内有关国防经济风险研究理论成果，对某些方面或某一领域的分析是透彻的，对本课题研究在学习借鉴、启发思考等方面都有着重要的借鉴和指导作用。但是，如果从历史发展、中外比较和实践需求等方面来看，目前对该问题的研究仍存在诸多不足和缺陷，具体表现在以下几个方面：

1. 理论研究与现状需求结合紧密性还有待提高。从现有的研究成果来看，对中国国防经济运行面临风险的特色研究还不够，尤其是面临外部经济风险的研究明显滞后。而对国防经济内部经济风险的研究大多是套用国家经济风险理论与方法，或嫁接国外的理论模型，还没有涉及国防经济风险度、风险定量评估等重要领域。从国家经济风险理论出发消化和吸收国防经济风险理论成果不足，国防经济运行过程中面临各种经济风险理论创新明显不够；从国家安全战略、国防战略、国防经济发展的大背景出发研究中国国防经济发展外部经济风险的成果较少。

2. 国防经济发展面临风险研究的系统性还有待深化。现有的成果虽然涉及了国防经济运行风险评估指标的选取、安全状态的划分和临界确定，但都仅仅局限于武器装备研发、采购、使用等某些方面，或者从国际金融危机某一特定角度进行了理论上的探讨，系统性不强。目前，还没有从国防经济运行风险的理论基础、理论框架、系统构建、风险度划分等方面进行系统性的专门研究。特别是没有着力研究国防经济运行风险管理机制，也没有提出防范国防经济运行风险的决策处置能力等对策措施。

3. 国防经济发展面临风险研究的深度还有待加强。例如，对国防经济发展外部经济风险的概念、特点等基本理论尚未达成共识，经济学基础分析也缺乏深入的理论探讨。现有的研究成果仅仅是对国防科研成果转化、武器装备采购风险、国防财力安全等问题进行分析，在国防经济发展外部经济风险评估指标体系的建立、指标风险度量化、可供操作的风险评估系统的构建等方面，无论是定性分析还是定量分析，实证分析还是规范研究，都存在着比较深度不够的缺陷。

中国国防经济发展的外部经济风险问题，如果缺乏一般意义上的理论研究，必然会导致在实践中对外部经济风险问题和现象认识的肤浅。从总体上看，现有理论不能圆满地、确切地对国防经济发展外部经济风险问题加以说明和阐释，致使实践中呈现出过多的盲目性，并引发出诸多新问题。而现有研究存在的不足和问题，为本书的深入研究提供了特定的发挥空间。本书将规范分析与实证分析有机结合，尝试建立一个综合性分析框架，为系统研究中国国防经济发展外部经济风险提供一定的理论借鉴和启示。研究中国国防经济发展的外部经济风险问题，需要研究者具有更加宽广的战略视野和综合的分析能力，提出具有针对性和可操作性的对策与措施。

第三节 研究方法

本书在运用唯物辩证法的基础上，依据国防经济发展的内在规律，在研究国防经济发展外部经济风险过程中主要采用了以下几种方法：

一、专家咨询法（Delphi）与问卷调查

本书采用专家咨询法（Delphi）与问卷调查对国防经济发展外部经济风险源进行了分析，并对外部经济风险评估指标权重的设定提供量化依据。一是通过专家咨询法（Delphi），选择适量的国防经济学界的专家、教授、研究员，请他们对国防经济发展面临的外部经济风险进行评估；二是考虑本书工作量和计算的方便，以调查问卷的形式，采用专家权重等权的确定权重方法，对不同层次的各个评估指标进行赋权重。

二、层次分析法（AHP）

主客观相结合的层次分析法（AHP），是确定多属性对象系统评估指标权重的方法，是目前一种被广泛应用的分析评估指标

权重的方法。本书采用了 AHP－层次分析法分析国防经济发展外部经济风险评估指标权重。在应用层次分析法之前，首先建立相应的国防经济外部经济风险评估指标体系，其次确定国防经济外部经济风险评估指标权重系数，最后完成对正互反矩阵的一致性检验。

三、风险模糊综合评估法

本书在国防经济发展外部经济风险综合评估数据处理过程中，使用了风险模糊综合评估法。评估指标选取分数值的综合处理，首先算出国防经济风险因素的风险程度指数，然后算出整个国防经济系统的风险程度综合指数，最后对照国防经济系统风险状态评分得出国防经济风险状态。

第四节　研究的基本思路与总体框架

一、基本思路

本书以马克思主义经济学为理论基础，以国际政治、经济和军事战略形势为背景，以中国国防经济面临的风险态势为对象，按照经济风险研究的一般方法和步骤，运用现代经济学的分析工具和方法，深入研究了中国国防经济发展外部经济风险的内涵、成因、风险来源、风险传导机理、风险评估体系等问题，对中国国防经济发展面临外部经济风险进行综合分析，在此基础上提出了防范国防经济发展外部经济风险的对策措施，以期为国防经济防范风险决策及实施提供具有一定参考价值的论证（见图 1－1）。

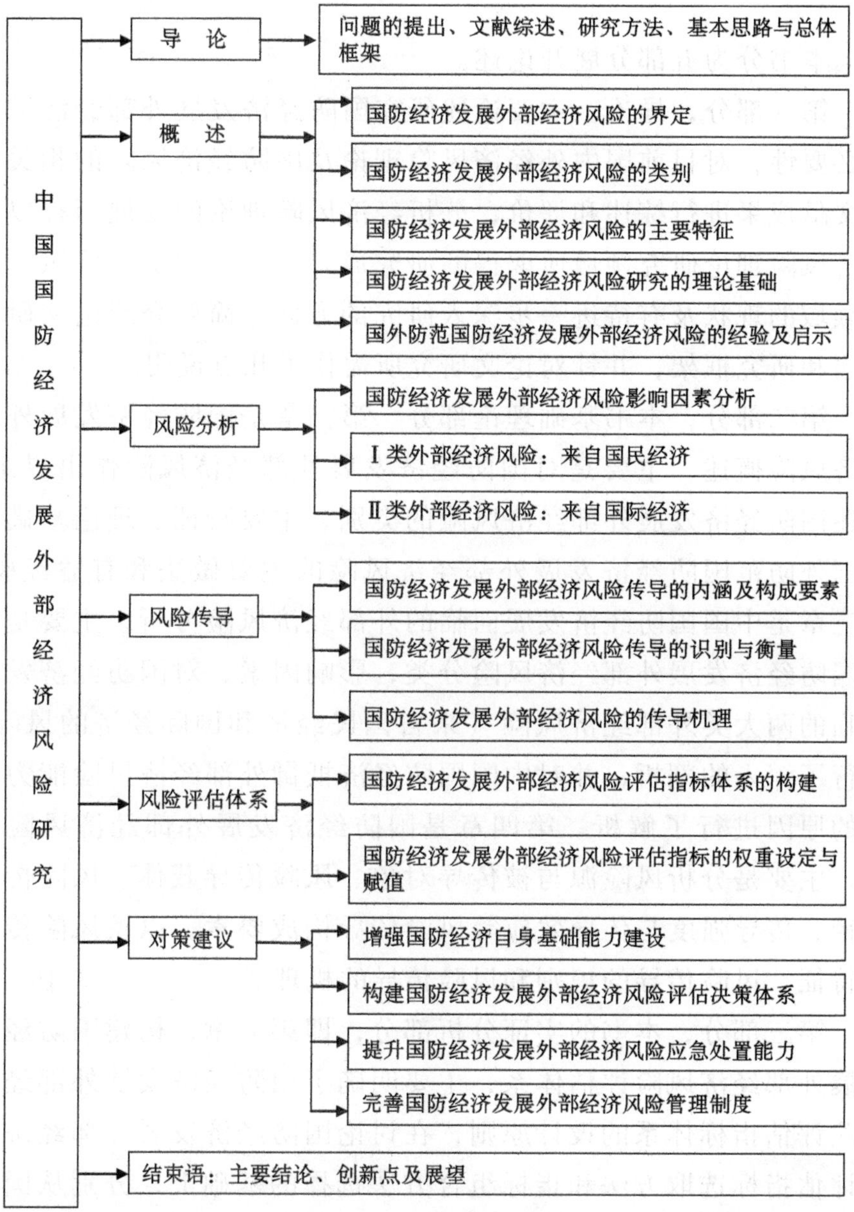

图 1－1 本书结构图

二、总体框架

本书分为五部分展开论述。

第一部分，导论。主要论述研究国防经济发展外部经济风险的必要性，对目前国内外经济风险理论及国防经济风险的相关研究文献成果进行综述和评价，分析经济风险理论的发展历程以及经济风险理论研究领域所取得的研究成果，介绍国防经济风险研究领域的现状及有待进一步深入研究的方面，简要介绍论文研究方法和研究框架，并针对论文研究所需作了几点说明。

第二部分，本书基础理论部分。第二章是国防经济发展外部经济风险概述，主要是对国防经济发展外部经济风险作出界定，阐述国防经济发展外部经济风险的类别、主要特征、理论基础以及国外防范国防经济发展外部经济风险的主要做法和有益经验。第三章是中国国防经济发展面临的外部经济风险分析，主要是根据国防经济发展外部经济风险分类，影响因素，对国防经济发展面临的两大类外部经济风险（来自国民经济和国际经济的风险）进行了深入的剖析，并对中国国防经济抵御外部经济风险能力薄弱的原因进行了解析。第四章是国防经济发展外部经济风险传导，主要是分析风险源与被传导对象、风险传导载体、风险传导路径、传导强度与传导效应等风险传导构成要素，以及风险传导的特征、风险传导的识别和风险传导的机理。

第三部分，本书的实证分析部分，即第五章，构建国防经济发展外部经济风险评估体系，主要明确了国防经济发展外部经济风险评估指标体系的设计原则，在讨论国防经济发展外部经济风险评估指标选取方法和指标组合方法选择的基础上，分别从国防财力资源、国防物力资源、国防科技资源、国防经济体制等一级指标层，逐级构建了国防经济发展外部经济风险评估指标体系。明确了国防经济发展外部经济风险模糊综合评估的步骤，运用层次分析法确定国防经济发展外部经济风险评估指标的权重。

第四部分，本书的策论部分，即第六章，防范国防经济发展外部经济风险的对策建议。主要针对中国国防经济发展中存在的矛盾问题和面临的外部经济风险，提出防范外部经济风险的对策建议，包括增强国防经济自身基础能力建设、构建国防经济发展外部经济风险评估决策体系、提升国防经济发展外部经济风险防范的应急处置能力和完善国防经济发展外部经济风险管理制度。

第五部分，本书的结束语，即本书的主要结论、创新点和展望。主要对研究过程中取得的阶段性成果作一回顾，对研究的创新点进行归纳和总结，并对下一步需要继续开展与本课题相关的研究工作作出展望。

三、几点说明

本书界定的外部经济风险，主要是指来自国民经济和国际经济两大类风险。这里，需要作以下几点说明：

1. 本书仅研究国防经济发展的外部经济风险，而不考虑自然风险、政治风险、军事风险等非经济因素风险问题。

2. 本书主要是从风险损失防范的角度出发，在国防经济发展外部经济风险可能带来的机会与收益一定的前提下，使风险最小化。外部经济风险除了有使国防经济主体蒙受损失的可能性外，还有带来丰厚收益的可能性。一般来说，市场经济条件下风险与收益是成正比的，风险越大，收益也越大。正因为这两种可能性并存，才诱使国防经济主体不断开拓进取、改革创新。因此，可以利用风险中承担经济损失的压力和取得意外收益的机遇，刺激国防经济主体的积极性。例如，军民融合式发展，最大的收益就是为国防经济发展提供更为丰富的保障资源，实现经济建设与国防建设协调发展和良性互动，但这种发展方式也面临着风险与挑战，如核心军事技术向外扩散的隐患、国防市场信息非对称带来的寻租行为、多重委托代理关系的逆向选择与道德风险等，一方面，我们承认军民融合式发展方式所带来的丰厚收益，而且在某种程度上，这种发展方式也减少了国防经济发展面临的外部经济风险；另一方面，每一种改革创新都存在风险，我们在坚持正确选择的前提下，在保障其应有收益的前提下，应不断降低军民融合式发展方式所带来的风险。正是从这一角度出发，本书主要是从外部经济风险防范的角度论述，暂不考虑风险收益问题。

3. 本书不考虑国防经济发展的内部风险因素。国防经济运行面临诸多风险，有来自外部国际经济、国民经济的风险，也有其自身的内部风险。例如，国防经济发展的战略判断、决策带来的风险、政治制度改变带来的改革风险、内部体制机制调整带来的风险等。由于篇幅有限，也为研究更加深入，本书旨在利用经济学分析工具研究国防经济发展面临的外部经济风险问题。

4. 本书从经济要素的角度来构建国防经济发展外部经济风险评估体系，应包括国防财力、国防物力、国防人力、国防科技以及国防经济制度等方面面临的风险，但本书在外部经济风险分析以及风险评估中未对国防人力风险加以分析。虽然国防人力是国防经济发展中不可或缺，而且是必不可少的重要资源与经济发展要素，但从中国国防经济面临的外部经济风险来看，国防人力资源受外部干扰的因素较少，具有相对稳定性，因而本书不对国防人力资源运行面临的外部经济风险进行分析。

第二章
国防经济发展外部经济风险概述

国防经济发展外部经济风险问题的研究，是原理一般性与实践特殊性相结合的过程。因此，必须准确把握国防经济发展外部经济风险的本质内涵、类别和表现特征，为探求外部经济风险防范的目标与路径选择奠定理论基础。

第一节 国防经济发展外部经济风险的界定

“国防经济发展的外部经济风险”，从词素上看，这不是一个简单的名词，而是一个复合词。这一“复合词”的主体是“风险”，限定词是“经济”、“外部”、“国防经济发展”，如何理解这一“复合词”，准确把握其本质，是构筑本书理论体系的基石，也是分析研究的逻辑起点。

一、国防经济发展的外部经济风险

风险（risk），意味着损失的可能性[①]。在权威的《新帕尔格雷夫经济学大词典》中，“风险是指不确定性和由不确定性引起的不利后果”[②]。对风险的认识，应该把握三个方面：一是风险源于不确定性，没有外界的不确定因素，就不会产生风险。二是风险可以从三个角度来考察，即风险与人们有目的的活动有关；风险同行动方案的选择有关；风险与世界的未来变化有关。三是风险的构成要素。风险的产生或存在应包括风险因素、风险事项和风险损失三个方面的要素[③]。风险是由未来可能发生的消极事件的两个特征决定的：发生的概率与产生的结果。

经济风险（economic risk），指经济活动中足以导致预期目标与实际结果发生背离的各种破坏性因素的总和。经济风险是一种客观经济现象，产生于市场经济运行中的不确定性。对于经济风险的界定，主要有以下几种观点：①“有经济损失后果的风险就是经济风险；经济风险主要是指个人（或组织）财产和（或）预期收入的损失或损坏”[④]。②“经济风险是指个人或团体的经

① 海尼斯（Haynes）．“Risk as an Economic Factor”［M］．1895

② 新帕尔格雷夫经济学大词典［M］．北京：经济科学出版社，1996. 56

③ 风险因素是促使某一特定损失发生或增加发生的可能性、或扩大损失程度的潜在因素或条件。风险事项是造成风险损失的偶发事件，是造成损失的直接或外在的原因，它是使风险造成损失的可能性转化为现实的媒介，是风险因素到风险损失的中间环节。风险损失是由于自然灾害或意外事故所造成的非故意、非预期、非计划的经济价值的减少或消失。风险本质上就是由风险因素、风险事项和风险损失等三个要素构成的统一体，三者之间存在着因果关系：风险因素增加或产生风险事项，风险事项引起风险损失。也就是说，风险事项是风险损失发生的直接与外在原因，而风险因素是风险损失发生的间接与内在原因。三者是密不可分的有机整体，离开任何一种要素，风险都不会存在。

④ 顾孟迪，雷鹏．风险管理（第2版）［M］．北京：清华大学出版社，2011. 39

营行为或者经济环境变化而导致的经济损失的风险"[①]。③经济风险是对经济利益所形成的某种威胁，而这种威胁能否造成损害经济利益的后果，则取决于经济风险的三个要素，即风险成本，风险选择和风险障碍。这三个要素的结合，构成了现实的经济风险[②]。可见，在执行某种经济行为时，如果存在发生不利结果的不确定性，这种经济行为就会承担经济风险。

国防经济发展的外部经济风险，是指国防经济运行中所面临的来自国防经济系统之外的经济风险。国防经济既依赖于国民经济又独立于国民经济，市场经济体制及经济全球化决定了国防经济发展外部经济风险的客观存在。本书界定的国防经济发展外部经济风险，主要是指来自国民经济和国际经济两大系统对其影响或冲击而产生的经济风险。

卡尔·冯·克劳塞维茨（Karl Von Clausewitz）在《战争论》一书中所指出的："任何理论首先必须澄清杂乱的、可以说是混淆不清的概念和观念。只有对名称和概念有了共同的理解，才可能清楚而顺利地研究问题，如果不精确地确定它们的概念，就不可能透彻地理解它们的内在规律和相互关系。"[③] 因此，有必要对国防经济发展外部经济风险的相关概念及其相互关系作出准确界定。

对国防经济的基本定位：在人类社会发展中，军事与经济、国防与经济并不是截然分开的，而是在社会演进和经济发展中相互联系、相互影响、相互作用、相互渗透和相互融合。在这种渗透和融合的过程中，就产生了战争与经济、国防与经济的基本关系问题。国防经济是经济与国防交叉形成的一种特殊的经济形

① 邵辉，赵庆贤，林娜．风险管理原理与方法［M］．北京：中国石化出版社，2010.17

② 赵传君．风险经济学［M］．哈尔滨：黑龙江教育出版社，1989.7

③ 克劳塞维茨．战争论［M］．柳若水译．北京：辛垦书店，1934.2

态，国防经济活动通过经济活动来满足军事需求，最终实现保障国家安全的目的（陈波，2010）。“国防经济是为保障国家安全、满足国防需求的经济资源、经济活动、经济组织以及与此相适应的经济关系的总和。”[①] 库桂生、沈志华等认为：国防经济从物质内容来看，主要包括用于国防的物力资源、财力资源、人力资源、知识资源；从部门来看，不仅包括国防科技、国防工业，也包括农业、交通运输业、物资储备等部门中为国防服务的部分；从社会形式来看，国防经济是国防生产、国防流通、国防分配、国防消费的方式和它们之间的各种关系。姜鲁鸣认为：现代国防经济是市场经济条件下的国防经济资源配置和各有关行为主体的行为[②]。国防经济发展是一个动态过程，前进、上升的变化是以达到保障国家安全、满足国防需求为目的，同时，又是以资源的稀缺性为约束条件的。影响国防经济运行的总体效能的变量很多，关系复杂，存在极大的不确定性，即存在风险。因此，如何规避和防范外部经济风险，发挥国防经济的最优效能，是国防经济发展过程中必须研究的战略问题。

随着世界新军事革命的迅猛发展和战争形态的根本性转变，武器装备系统出现了断代性飞跃，作战样式、作战理论和作战方法都发生了深刻变化，军事组织形态正走向一个全新的构架。作为为战争和军事活动提供经济保障和物质技术基础的国防经济，正孕育着一场整体性、方向性和结构性的变革。20 世纪 90 年代以来，世界军事强国进一步加大军事战略调整力度，世界战略力量对比的不平衡性进一步加剧，发达国家与发展中国家的军事技术形态和组织形态将可能出现又一轮的“时代差”。随着世界新军事变革的不断推进，另一场军事变革——军事资源配置和保障

① 库桂生，沈志华．国防经济学［M］．北京：国防大学出版社，2008. 12

② 姜鲁鸣，王树东．现代国防经济学［M］．北京：中国财政经济出版社，2007. 1

方式的革命紧随而至，其核心是强调系统整合，把战略需求规划与资源配置紧密结合起来，集中统一使用资源[①]。目前，世界各国特别是西方发达国家对国防经济领域进行了全面调整和改革创新。例如，美国国防部在2002财年《国防报告》中，强调要利用商业革命促进军事革命的深入发展。军事革命就是把工业时代的机械化军事形态改造成信息化时代的信息化军事形态的过程[②]。在国防经济运行过程中，如何合理有效地配置和利用国防经济资源，尽可能减少各种不确定、不稳定因素带来的影响、冲击与风险，是当前中国国防经济发展面临的迫切需要解决的重大课题。

从计划经济体制到市场经济体制的根本性转变，是改革开放以来中国社会发生的最广泛、最深刻的变化，同时也深刻影响着国防经济运行。国防经济领域涉及的要素日益增多，参与国防经济的成分和所有制复杂多样，国防经济运行与管理难度不断加大，面临的外部经济风险也日益增多。随着经济主体的多元化、企业行为的自主化、利益分配的市场化，要求国防经济运行既要遵守安全效益准则，又要遵循经济效益准则。从系统论的角度出发，系统对外部各种刺激因素所做出的反应是否合理，主要依赖于系统的各种运行机制是否合理有效，依赖于系统中要素与要素、要素与系统之间联系是否紧密[③]。当前，中国国防经济运行的体制机制还没有完全突破传统的计划经济模式，结构性矛盾依然突出，国防经济资源配置和使用效率较低，抵御外部经济风险的能力较低。这就需要从体制层面上推进国防经济体制改革，不

① 姜鲁鸣．中国国防经济学转型的基本趋向［J］．国防大学学报，2007. 3

② 商业革命和军事革命的本质都是实现信息化，因而前者对后者具有促进和借鉴作用，具有以民促军的基础和条件。目前，美国国防部以商业革命促进军事革命的重点领域是国防管理与国防采办，改革的重要目标之一就是节约国防经济资源，特别是节约国防采购经费，确保将国防经济资源集中用于提高美军的核心作战能力。

③ 刘化绵．新时期中国军事经济研究荟萃［M］．军事科学出版社，2000. 224

失时机深化重点领域改革，为国防经济稳定运行提供有效的制度保障，尽可能减少国防经济发展的不确定性和国防经济运行的风险。

随着经济全球化的深入发展和中国经济融入国际经济体系的不断加深，国防经济领域的国际交流与合作进入一个新的阶段，规模不断扩大、领域日益拓宽、层次逐步提升，同时也给国防经济运行带来前所未有的风险和挑战。有学者认为，未来十年，可能是世界最危险的时候①。2008 年席卷全球的国际金融危机警示我们，对外开放越是深化拓展，越要注重维护国家经济安全。国防经济领域也同样如此。当前，国防及国防经济活动的领域发生了一系列深刻变化，国家间相互依存的利益关系不断加深，在经济全球化过程中伴生了许多影响国家经济安全的因素：经济渗透、经济制裁、经济封锁等，同时也使中国国防经济发展面临的风险与威胁发生了新的变化。中国始终奉行独立自主的“不结盟”外交政策，国防经济领域的对外开放在一定程度上增加了中国在资金、技术、人才、装备等方面受制于人的风险。在世界局势充满不确定性，通过国际协调合作和多边机制解决国家安全与发展问题的情况下，如何维护中国国防经济安全；在国防经济领域日益开放的大背景下，如何保护中国国防产业；在引进先进技术的基础上如何走出一条自主创新之路，实施创新驱动发展战略，提升核心竞争力，降低国防产业运行风险，等等，都值得我们认真研究、妥善解决。

对国防经济与国民经济、国际经济之间关系的把握：在世界新军事变革和经济全球化深入发展的大背景下，“我们的任务应当是，将产生于早期和简单安全环境的经济学方法、观点改造成

① 杨军．十八大后未来十年执政之路如何走？［J］．南风窗，2012. 24

适用于当今不安全的更为复杂的世界，不使其干扰我们的视野。”① 研究国防经济发展的外部经济风险问题，必须深刻认识在当今复杂环境下国防经济与国家经济、国际经济之间的相互关系，深入辨析三者之间是如何循环、相互影响的。

著名国防经济学家麦圭尔（McGuire，1995）指出经济与国防之间相互作用，至少表现为以下四个层次②：

- 经济管理对于提高防务效益和效率非常重要，国家管理经济的政策和方法都可被防务部门所借鉴；
- 国民经济作为防务的资源支撑，贸易政策、援助计划、金融杠杆、债务水平及其杠杆，以及其他所有种类的经济政策工具都可配合防务需要来使用；
- 国防宏观效益对于国民经济以及国际经济关系都有重要影响，尤其是国防对经济增长、稳定和繁荣有着重要影响；
- 国家安全可以用经济或经济学来进行解释。

国防经济与国民经济、国际经济之间相互联系、相互依存、相互影响。如果将国际经济、国家经济、国防经济作为三个独立的经济体系，国防经济发展更多地受国民经济和国际经济环境的影响与制约。来自外部提供的养分，尤其是来自国家提供的财政支持是国防经济发展的直接动力，也是国防经济正常运行的前提和基础。因此，国防经济发展的外部经济风险，也主要来自国民经济体系与国际经济体系这两大经济体系。

从根本上说，国民经济是国防经济的基础和源泉，国防经济受国民经济的制约。国防费来源于国家财政支出，国民经济发展状况较好时，国民生产总值增长，国家通过税收取得的财政收入

① Hartley & Sandler. 国防经济学手册——全球化进程中的国防（第2卷）［M］. 北京：经济科学出版社，2011. 23

② 陈波. 国防经济学［M］. 北京：经济科学出版社，2010. 5

就多，国家安排的国防投入就会多一些。反之，国防投入就会相应减少。因此，脱离国民经济基础，走“自成体系、自我发展”的道路是行不通的。事实证明，只有在国民经济充分发展的基础上，国防经济才能获得充足可靠的源泉；而国防经济的无规则运动，也必然会引起国民经济比例失调，加剧了全社会原材料、能源、交通的紧张状况。虽然国防经济往往具有最先进的生产力，但它仍然要依赖于国民经济大系统的功能。例如，国民经济系统为国防科技工业提供什么样的生产资料，国防科技工业就只能生产和供应什么样的产品[①]。同时，国防经济对国民经济发展具有反作用。如果国防费投入过多，必然会影响国民经济持续健康发展。国防经济需求具有很强的不确定性，受各种因素的制约，必须与国民经济发展相协调。也就是说，国防经济建设必须坚持平战结合、军民结合，走军民融合式发展路子。

国防经济作为国民经济的重要组成部分，在经济全球化的大背景下越来越具有强烈的国际化、多边化和开放化特征，促进了若干国家开展国防经济领域的合作与交流，出现了共同保卫国家安全利益的新形式。随着地区性军事政治联盟的加强，军事援助、军事合作、军工生产、军火贸易等方面都将会有新的变化[②]。国际经济环境的变化和国际市场的“风吹草动”，都会对一个国家的国防经济运行产生深刻影响。国际经济对国防经济运行的影响因素主要包括：一是对外开放程度。一般来说，对外开放程度越高，国内经济同国际市场的联系越广泛，国防经济运行受国际经济的影响越大，国防经济发展的外部经济风险也就越大；相反，一个国家实行闭关锁国的政策，对外开放程度低，与其他国

① 《论我国现阶段国防经济问题》编辑组．论我国现阶段国防经济问题［M］．北京：国防大学出版社，1990. 43

② 郭中侯．论中国国防经济发展方式转型［J］．军事经济研究，2011. 2

家经济交往与联系较少，受国际经济的影响相对比较小，国防经济发展的外部经济风险也相对较小。二是国际经济活动管制情况。对国际经济活动管制较严的国家，国防经济运行一般较少受国际经济的影响；相反，对国际经济活动管制较松的国家，国防经济发展受国际经济的影响很大。三是国际经济传递渠道。由于各国国防经济运行的基础和条件不同，国际经济体系对不同国家国防经济运行的影响途径也不一样。不同的影响途径所可能引致的外部经济风险程度也不一样。例如，对于引进间接投资的国家来说，国防经济发展的外部经济风险较大；而对于引进直接投资的国家来说，国防经济运行的外部经济风险相对较小。四是国际经济体系。不同的国际经济体系对各国国防经济运行的影响程度也不一样，多极化的国际经济体系可能会导致过度的国际竞争，引起各国国防经济运行的不稳定。一体化的国际经济体系降低了世界各国国防经济运行的自主程度，国防经济运行状况是与国际经济体系紧密联系在一起的。五是国际经济环境。在现代开放经济条件下，国际经济环境对各国国防经济运行会产生较大的影响。一般来说，国际经济环境不稳定，或出现全性化经济衰退，各国国防经济运行的波动就会较大。六是国际经济协调状况。国际经济协调能力强，协调机制较为完善，整个世界经济发展状况较为稳定，各国国防经济运行也会较为稳定。如果国际经济协调能力较弱或无序运动，就会在很大程度上影响各国国防经济运行的稳定性①。

国防经济活动在很长一段时期内主要局限在本国进行，国家作为国防经济活动的主导力量，有效协调国防经济主体之间的利益关系，在控制和分配风险方面发挥着重要的职能，保证国防经

① 窦祥胜．宏观经济风险探析［J］．经济学家，2002.4

济活动的正常进行。事实上，一个国家的国防经济政策只要不是完全封闭的，外部经济风险必然会超越国界，在相互联系的国家之间产生传递效应，可能给各国国防经济发展带来外部经济风险。历史与现实表明，国与国之间之所以发生某种经济关系，必定是基于共同的利益基础。而一旦保持这种经济关系对自身不利，就会试图弱化或取消其存在。同样，国与国之间发生军备合作或国防经济领域的业务往来，也都是以共同利益为基础，一旦失去这个利益基础，国防经济领域的国际合作必将受到极大的威胁和面临风险。另外，军工研制生产的全球化，必然会导致国防经济运行风险的国际化。所谓外部经济风险的国际传递，研究的是造成一国损失的因素如何影响另一国的国防经济活动，从而导致另一国国防经济运行风险。国防经济运行的国际化无疑是其中的枢纽之一。

由于国与国之间的国防经济业务往来是通过不同的渠道实现的，因此，外部经济风险的国际传递也必然要遵循不同的渠道。国防经济运行风险的国际传递，可以通过国际商品市场和国际资本市场（包括汇率波动、利率波动、国际收支差额调整）等渠道进行。因此，一般来说，一个国家国防经济规模愈大，参与国际分工程度愈深，外部经济因素对国防经济安运行的影响也就越大。在国防经济领域，外部经济风险的国际传递渠道主要集中于国际军贸市场。国际上的军备合作一旦形成，就会在较长时期内保持稳定。在一个主权国家，有些军品或部门虽然并不直接与国际市场发生联系，但由于在国内市场中同样存在传递的问题，某一国防产业或军工企业，也同样会受到其他部门或企业产品供求变动和价格涨落的影响。因此，当一个国家与国际市场有直接联系的军工企业受到国际军品市场的影响而发生波动时，就会很快将这种波动传递到国内军品市场，涉及相关的国防产业或军工企业。

国防经济发展的外部经济风险，还体现在国际局势的深刻变化上。国际经济、政治和军事等方面发生的变动，也会导致国际局势的复杂化。国防经济安全通过各种风险链引起的效应，往往表现为综合“钟摆效应”，使得一个国家必须全面审视并及时调整和完善国防经济安全战略。国家间的国防经济活动，本身就是一场“博弈”游戏，外部经济因素的风险链往往会波及“始作俑”者的自身安全和利益。开放的社会与外部联系紧密，外部经济因素的扰动也会产生局部的放大效应，形成国防经济发展的外部经济风险转移。因此，从这个意义上讲，外部经济环境对国防经济安全的“钟摆效应”，与风险域值成正比。

为避免产生歧义与混淆，有必要准确区分国防经济发展的外部经济风险与国防经济发展的内部经济风险。

“内部”的基本解释是：里边或围起来的地方或空间；某一范围之内等。与其相对应的“外部”是指：表面、外表；某一范围以外[①]。从本书研究外部经济风险的视角出发，国防经济发展的内部经济风险应是指国防经济发展过程中由于自身的原因而导致的经济风险，而不考虑外来因素的影响。国防经济发展的内部经济风险因素可以从这样几方面来理解：一是国防经济运行体制机制不顺；二是资源配置使用效率低；三是军工企业内部管理不科学；四是国防科技自主创新能力弱；五是国防战略资源发展不可持续。当然，国防经济作为一个复杂的经济系统，其自身的良性运转取决于多种因素，这里不可能一一列举，但正是这多种内部因素带来的不确定性，导致国防经济发展的内部经济风险。

国防经济发展外部经济风险的生成，主要有两类基本途径：

① 百度百科．baike. baidu. com

1. 市场机制的内生性风险。即与市场机制运行本身有关的风险生长机制。市场经济本身所具有的竞争性、自主性、平等性等特征，决定了市场经济活动的复杂性和结果的不确定性。在市场经济条件下，市场机制在国防经济运行和国防经济资源配置中发挥重要作用。国防生产与国防消费越来越多地需要依托市场交换来实现，国防生产在市场机制的作用下分工协作，国防产业社会化程度不断提高，生产、交换、分配和消费等各个环节的不确定性、不稳定因素也日益增多，国防经济运行的外部经济风险也随之发育起来。同时国防经济部门作为一种典型的“非经济系统”，在市场经济运行中会处于十分不利的地位，当多个经济主体竞争某种战略资源时，国防经济系统总是不具备“筹码”的，这也是国防经济发展过程中面临外部经济风险的一个重要方面。可以说，市场经济运行的不确定性，是国防经济发展外部经济风险产生的经济原因。

2. 市场机制的外生性风险。即市场外部多种因素的诱发、传导和作用所引起的外部风险。国防经济发展本质上是开放的，它与外界保持着更大的能量交换，并从外界置换信息和资源。在引发国防经济发展外部经济风险的各类因素中，除了市场机制本身的运行特点之外，还有许多因素是超乎经济逻辑之外、远非经济手段本身所能解释和控制的。外生机制与国防经济运行的社会政治环境密切相关，特别是当国防经济运行面临着国际政治经济的外部不确定性因素时，经济风险的外生机制会把无数外来的经济风险强制传导到国防经济运行中。当然，国防经济发展的外部经济风险并不是一开始就显现出来的，其积累是在潜在中进行的。一旦外部经济风险积累超过一定的临界值，潜在风险就会伴随着某一诱发事件的发生转化为现实风险。

二、国防经济风险度

风险度一般指依据不确定性的随机性特征，衡量某一风险单位的风险程度。胡宜达、沈厚才等学者提出了风险度的概念，即在特定条件下、特定时间内，实际损失与预测损失之间的均方误差与预测损失的数学期望之比，它表示风险损失相对变异程度（即不可预测程度）的一个无量纲的量；而 VAR 法，则是 1997 年 P. Jorion 提出的利用“在正常的市场环境下，给定一定的时间区间和置信度水平，预期最大损失”[①] 的测度方法来度量风险。

“国防经济风险度”是表示国防经济运行面临风险程度的概念，表达的是国防经济主体受外部因素的影响而产生波动，从而导致危险的程度。虽然目前还无法制定一个统一量化的标准，以从数量上刻画国防经济风险度，但在不太严格的意义上，对国防经济风险度还是可以作出一定质的描述。例如，国防经济运行是完全存在风险，还是在一定程度上存在风险，还是已经处于危险之中，甚至处于极度危险的境地，或者是已经受到某种具体的侵害，这实际上就表达了国防经济运行面临风险的不同程度，即不同的国防经济风险度。如果我们把完全没有危险的国防经济称之为国防经济安全，即国防经济运行完全不存在风险，没有受到任何威胁且没有任何隐患的国防经济安全状态，即国防经济运行的理想状态，可称之为国防经济风险度为 0；把受到外部因素的现实侵害而使国防经济运行处于危机状态界定为 100。同时，可以从理论上找到衡量国防经济风险度的其他参数，并把这些参数尽可能量化，就可以定量测定国防经济风险度。

---

① 胡清芳．浅议 VAR 方法的应用［J］．技术与市场，2012．4

测定国防经济风险度，应正确理解国防经济风险与国防经济安全之间的联系与区别。风险是与安全相对应的概念，不安全本身就意味着存在风险，而风险本身也代表了不安全。一般来说，安全是指免受各种破坏性行为或异己力量威胁的一种状态，而风险主要是指未来结果的不确定性。安全的显著特征表现为：不受侵害的保障程度和稳定状态，它强调的是对某种状态的达成度。"经济安全是指一个国家具备这样一种能力或处于这样一种状态——其国家安全免于因经济方面的问题而受到威胁。"[①] "国家经济安全是国家的根本经济利益在不受伤害的条件下正常运行的态势"[②]；"把经济安全的本质规定为经济和政权机构的一种状态。在这种状态下，国家利益的捍卫，政策的社会目标，足够的国防能力，即使在内外环境均不利的条件下，都能够得到保障。"[③] 从总体上看，区分经济风险与经济安全，主要是根据经济主体在特定时期进行某种经济活动所存在的不确定性来定义。

国防经济安全是指国防经济免于因战争、市场紊乱、通货膨胀、生态危机等因素的威胁或破坏而处于稳定、均衡和持续发展的状态，核心在于国防经济利益和国家安全利益不受侵害[④]。也就是能够避免或化解可能发生的全局或局部的危机，应对来自内部或外部的安全威胁，并对国家或国防安全的其他要素起到支撑和保障作用，它既包括排除外在的干扰因素，也包括化解内部矛盾冲突和秩序调整。因此，国防经济安全表现为一种客观状态，从根本上说，是对国防和军队建设在生存、利益和发展过程中的一种经济力保障[⑤]。

---

① 姚有志，熊明锋．经济安全与军事安全［J］．中国国防报，1998－01－06

② 张士铨．国家经济安全的整体研究［J］．国际技术经济研究，2003.1

③ 宿景祥．现阶段我国国家经济安全的核心问题［J］．国际关系学院学报，2006.2

④ 吴鸣，李向京，李楠．经济全球化与国家经济安全［J］．求实，2004.6

⑤ 王贵明．中国国防经济安全研究［M］．北京：军事科学出版社，2009.41

国防经济发展的外部经济风险是普遍存在的，外部经济风险愈大，则国防经济安全系数愈低，对国家安全与发展利益的影响和打击愈大。国防经济安全与国家利益之间的依存度问题不容忽视，其程度并不亚于政治安全和军事安全。国防经济安全涉及的主要产业，包括由战略武器工业和常规武器工业构成的国防科技工业，由战略性农业和基础工业构成的国防公共品产业，由高技术产业、金融业等构成的国防相关产业①。国防经济安全处于一种动态的平衡，主要受到两种力量的影响：一种是威胁国防经济安全的力量，包括来自市场经济的自发力量和来自国际经济的有组织的力量等；另一种是维护国防经济安全的力量，包括国防经济实力和潜力，抵御国防经济运行风险的能力，以及国家为维护国防经济安全所能采取的经济、政治、军事、外交等各种手段和力量。国防经济安全状态是一种相对状态，是威胁和维护安全的两种力量相互作用的结果②。

国防经济安全的核心在于国家经济利益和国防经济利益不受侵害。国防经济安全受到的威胁或破坏，即存在着外部经济风险，主要表现在以下几个方面：一是国民经济受到侵害或者外界冲击而不能健康稳定发展，使得国防经济赖以生存和发展的国家经济基础受到影响和破坏，危害到国防经济安全。二是国防经济得以维持和发展所依赖的国家战略资源供给受到威胁，特别是国防战略物资的短缺将会使国防经济安全受到严重威胁。在经济全球化进程中产生的国防经济安全问题，就是属于这种表现。三是敌对国家使用武力或以武力相威胁，破坏或摧毁对方具有战略意义的国防经济目标和设施，削弱支持战争的国防经济实力和潜

---

① 李立群等．对我国国防经济安全的思考［J］．中国国防经济，2000.5

② 李怀信．关于国家经济安全的几点思考［J］．军事经济研究，1999.2

力，这是对国防经济安全的最直接威胁和破坏[①]。

在现实中，国防经济风险度为0的理想状态是不可能存在的，即国防经济绝对安全在现实生活中是根本无法实现的。因此，可以用“国防经济风险度”来描述国防经济运行所面临的风险程度。“潜在风险”、“风险”、“危机”是国防经济风险度的三种状态。而其中风险又可以区分为低度风险、中度风险与高度风险。毫无疑问，国防经济运行并不是静止不动的，它是随着国防发展战略和国家经济发展态势的改变而发生变化。因此，在现实研究中，人们可以用“国防经济风险度”来描述国防经济运行所面临的外部经济风险程度。

第二节　国防经济发展外部经济风险的类别

国防经济作为国民经济、国际经济大环境中的特殊组成部分，直接为军事和战争服务。国防经济的规模、结构和发展速度，受到两个方面的影响制约：一是受国家能够提供用于军事和战争的经济规模和结构的影响制约；二是由于国防经济总是在一定的国际环境中建设和发展，国际战略格局、国际政治局势和世界经济环境的调整变化，都不可避免地对国防经济运行产生深刻影响。如果将国际经济、国民经济、国防经济作为三个独立的经济体系，国防经济发展更多地受国民经济和国际经济环境的影响

---

① 李向京．WTO例外条款与国家经济安全问题研究［D］．硕士学位论文．长沙：国防科学技术大学，2003.24。例如，1997年开始爆发的亚洲金融危机，严重破坏了一些东南亚国家经济的正常运行，大大削弱了其国防经济潜力，国防经济安全也受到很大的影响。在科索沃战争中，北约大规模空袭使南联盟损失惨重，许多铁路、公路、桥梁等民用设施遭到严重破坏，而军用油库、军工厂和军用机场等国防经济的重点目标和设施由于防护措施得当，没有遭受太大损失。

与制约。“国防经济学必须承认国防活动对更大经济范围内的国际经济的影响，同时也必须承认经济体系对国防部门的影响。这是一个棘手的问题。”① 正是这种外部影响的存在，国防经济发展的外部经济风险，也主要来自国民经济体系与国际经济体系这两大经济系统（见图 2－1）。

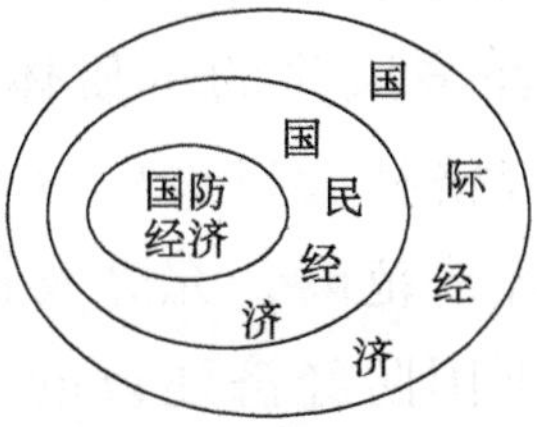

图 2－1 国防经济与国民经济、国际经济的关系

随着国防经济与国民经济融合度、与世界经济关联度的不断增强，导致国防经济发展所处的外部经济环境的不确定因素日益增加。本书以国防经济作为独立的经济系统为研究视角，从国防经济与国民经济、国际经济运行关系的角度出发，如图 2－1 所示，研究国防经济面临来自国民经济与国际经济两大经济体系的波动与影响而引发的经济风险。为使研究更加明晰，将来自国民经济的风险视为Ⅰ类外部经济风险，将来自国际经济的风险视为Ⅱ类外部经济风险。

一、Ⅰ类外部经济风险：来自国民经济的风险

作为国民经济的子系统，国防经济并不是自我封闭、自我循环的，而是与国民经济之间有着天然的紧密联系，在运行过程中不可避免地要同国民经济在人财物、供产销、技术和信息等诸多

① Hartley & Sandler. 国防经济学手册（第 1 卷）［M］. 北京：经济科学出版社，2003. 14

方面发生千丝万缕的联系[①]。国民经济的周期性波动，必然要影响到国防经济运行。国民经济自身发展的潜在风险及其所受到的外部影响，都有可能成为国防经济发展的外部经济风险源。目前，中国市场化改革尚未完成，配套制度环境尚不健全，经济体制转轨过程中存在诸多矛盾和问题，再加上市场经济体系自身的不稳定因素，极易引发国防经济领域的外部经济风险。

国防经济发展外部经济风险的本质体现是市场风险。当前，市场机制已经成为中国经济社会发展中资源配置的基础途径。将国防经济建设纳入市场经济范畴，充分发挥市场配置资源的重要作用，是市场经济条件下国防经济建设的必然要求。而市场在配置资源问题上，带有一定的自发性、盲目性和波动性。在一个国家内部，市场对资源配置是需要通过周期性的经济危机来强制调节的[②]。经济全球化的迅猛发展，既为各种生产要素在国际上优化配置提供了条件，又把市场风险扩大成“国际级”的市场风险。当今世界在全球范围内遇到的问题，从本质上看，是在世界范围内如何驾驭市场的自发性、盲目性和波动性，从而尽可能减少其破坏性的问题。中国国防经济作为国民经济的一个重要组成部分，自改革开放以来逐步引进市场机制，随着军民融合式发展战略的实施，在关键的四大领域加大与国民经济体系的融合度，所有这些使得国防经济发展必定受市场经济的导向和市场环境的制约，都将进一步增大国防经济面临外部经济风险的系数。

1. 政策调整引发的外部经济风险。政府考虑国家经济发展所处的不同阶段以及国际经济环境的变化，调整相应的经济政策。

---

① 《论我国现阶段国防经济问题》编辑组．论我国现阶段国防经济问题［M］．北京：国防大学出版社，1990：62

② 市场经济的这种自发性、盲目性，在人们没有充分认识它之前，曾经酿成1929～1933年的世界经济大危机。随着人们对市场经济缺陷认识的加深，以及采取了一系列宏观经济调控手段和措施，才把这种周期性的经济波动控制在对经济不造成太大损失的范围内。

国家宏观经济政策的变动，如利率调整、税率变动、汇率波动以及能源政策、科技政策、进出口政策、产业政策、环保政策等的变化，会导致宏观经济环境的变化，必定会对国防经济运行产生一定的影响。例如，逐步放开非公有制经济进入国防科技工业领域的限制，可以扩大国防工业基础，但通过调研也发现，参与军品科研生产的非公有制企业普遍存在武器装备预研能力、后续产品研发能力、系统集成能力弱等问题，对于完成所承担的军品科研生产任务存在较大风险，同时也存在军工国有资产流失的风险；出口退税政策的调整，对军工企业的出口产生较大的风险。同时，一项经济政策或经济改革的目的是为解决经济运行中的突出矛盾和问题，但也可能在解决这个矛盾和问题的同时，又会产生其他矛盾和问题。从风险的角度分析，就是又增加了一些新的外部经济风险因素。而这些新的外部经济风险因素，都会对国防经济产生一定的影响和风险。在政策性风险中，利率变动导致的外部经济风险会对国防经济运行产生极大影响。一般来说，资金存储、投资运营等结构是相对稳定的，而利率变动会引起国防资金的实际价值发生变化，如果没有相应的应对措施，就会产生风险损失。可见，政策性风险是国防经济决策和风险防范时首先应该充分考虑的，特别是当国家制定的经济政策或发展战略出现失误时，往往会引发系统性风险。

2. 由市场波动引发的外部经济风险。因物价上涨、货币贬值使购买力下降带来的损失，也被称为市场风险。当前，市场机制已经成为中国经济社会发展中资源配置的基础途径。将国防经济建设纳入市场经济范畴，充分发挥市场配置国防经济资源的重要作用，是社会主义市场经济条件下国防经济建设的必然要求①。

---

① 市场经济的发展，要求打破各部门各领域自成体系、自我封闭的发展格局，通过开放有序的竞争，在全社会范围内优化资源配置，以实现经济运行效率的最大化。

随着国家经济体制改革的不断深化，国防生产的原材料和中间产品改由市场供给，部分与国防生产协作配套企业脱离国防科技工业领域，由原来的隶属关系转变为供货关系；计划价格控制的范围逐渐减少，国防经济资源和国防产品的市场定价逐步开始增多[①]，例如，对于中国这样一个经济高速增长、制造业迅速扩大的国家来说，石油与主要原材料等大宗商品价格的剧烈波动，严重冲击了生产成本与产品的价格关系，导致了国防经济运行不确定性的大大增加。另外，资本市场运行的周期性，也会造成军工企业在经济环境利好时资金充沛，经济环境不好时融资困难，造成军品市场的波动。由于市场经济所固有的自发性、功利性、竞争性以及国内市场经济还处于发育阶段，体制机制不完善、法规不健全等原因，国防经济运行面临着一系列矛盾和问题。

国防经济活动目的的政治性、手段的计划性和时间的紧迫性，与市场经济条件下经济利益的多重性、市场机制的自发性和市场调节的时滞性，不可避免地要发生冲突[②]。例如，国防经济主体在采购时遇到的市场风险，包括原材料、能源的价格上涨等。国防经济部门的需求和采购会对产品的供求和价格产生一定影响，甚至会影响国家的投资、产业结构和对外贸易。由于军品研制生产所需原料的特殊性、技术参数要求高、需求批量小、生产难度大等原因，使得军品研制生产所需的原材料涨价幅度比一般原材料还要高一些[③]。同时，国内外产品的供求、价格和对外贸易，又会对国防经济部门的需求和采购产生一定的影响和制约。这些外部经济风险是由市场情况的动态变化引起的，从风险

---

① 陈俨．国防经济综合均衡法［M］．北京：海潮出版社，1999. 131

② 常进，朱庆林．中国军事斗争经济保障模式研究［M］．北京：军事科学出版社，1999. 155～156

③ 不同的军工行业受产业链长短以及供求环境的影响程度差异，价格敏感程度有所不同，抵御价格风险的能力也存在很大差异。

管理的角度讲，有些现在可以控制，有些将来可以控制，有些则要国防经济主体自己承担，但需要有明确、系统的外部经济风险评估和应对措施，否则也会出现失控。

3. 由军民融合式发展引发的外部经济风险。探索军民融合式发展道路，不能仅考虑融合所带来的综合效益，还必须对相关领域，如军事安全、市场风险、军事供应链断裂等问题进行风险评估，强化风险管控，以促进军民融合式发展的稳步推进。军民融合式发展打破了国防经济原有的自成体系的封闭格局，要求在更高层次、更广范围上实现军地衔接，在为国防经济发展提供更为丰厚的保障资源基础的同时，也使得国防经济运行面临着更多的风险和挑战。例如，在军民融合式发展过程中，涉及国家、军队和地方，存在着多重委托代理关系，目标选择有着显著差异。对于国家而言，要谋求经济建设与国防建设的平衡点，实现经济建设与国防建设的协调发展和良性互动；对于军方而言，要谋求军事部门的生存发展利益，实现军事效益的最大化；对于地方承包商而言，则主要着眼于经济利益，谋求经济效益的最大化①。信息经济学认为，信息非对称会使市场产生两种不同的效应，即逆向选择和道德风险。国防市场作为典型的信息非对称市场，逆向选择和道德风险也是不可避免的。国防经济主体谋求自身利益最大化，那么道德风险、信息不对称和边际效益递减等，都会制约委托人对代理人的监督管理。

以军方（委托方）与承包商（代理方）之间的委托代理关系为例，由于军方和承包商存在着诸多非对称信息，如果目标激励不足，约束机制不完善，代理人自然会选择有利于自身利益的行为策略，甚至会出现损害委托人利益的行为，军方采购需求目

① 曹廷泽，尚喆．军民融合式发展的风险防控机制研究［J］．军事经济研究，2011．1

标的实现最终往往大打折扣，从而对国防经济运行产生诸多不可预料的风险。在现实生活中，参与国防经济建设的主体都是有限理性的，都会朝着趋利避害的方向寻求自身利益的最大化。在激励机制不健全的条件下，激励不足或错位，制度上存在明显漏洞，很容易导致国防经济主体的行为扭曲，为寻租行为带来了巨大的空间，从而导致国防经济领域出现行贿受贿、漫天要价、不正当竞争、暗箱操作等情况，军品质量难以保证，诸多显性或隐性的外部经济风险不可避免地产生[①]。

在市场经济条件下，国防供需链条维系着军队和地方之间稳定的保障关系，一旦断裂将会严重影响国防经济系统的正常运转，这是国防经济运行面临的最大风险。一方面，由于承包商的不确定性，造成军品供应源的不稳定性。军品承包商是国防供应链系统中的一个重要环节，是在军队与社会资源之间建立起合作关系的桥梁和纽带。由于承包商的趋利性以及军方在信息资源掌握上的明显劣势，存在着典型的道德选择风险。由于信息的不完全、不对称，军方往往无法及时、清楚地掌握承包商的风险偏好与供应能力。而且，由于军品研制生产的特殊性，对承包商有着许多严格的限制和要求，这必然会增加承包商的生产和管理成本。为了追求利润最大化，有些承包商可能会去选择生产利润更为丰厚的民品，违约中止军品研制生产，或消极对待国防采购合同。另一方面，由于平战环境的显著差异，造成军品供应流程以及供需对接的不稳定性。特别是在战时，国防供应链面临着更为恶劣复杂的环境，战场保障需求在时间、地点、数量、规格和品种上都会发生急剧变化。因此，能不能主动适应战场需求，适时、适地、适量满足战场保障需求，是市场经济条件下国防经济

① 曹廷泽，尚喆．军民融合式发展的风险防控机制研究［J］．军事经济研究，2011. 1

发展需要解决的最大难题，也是国防经济运行面临的最大风险。

将原先分离的军用工业基础与民用工业基础融合为统一的国家工业基础，大力开发军民两用技术，促使高度保密的国防科技工业逐渐对外开放，与社会相关的产业部门共享资源、信息和技术，这就带来了核心军事技术向外扩散的隐患。美国政府对核心军事技术的扩散极为敏感，为了防止高技术武器的扩散，多个政府管理部门联合成立了防止武器扩散特别小组，加强对核心军事高技术的监管，防止核心军事高技术未经“脱密”处理就流入民用领域。在国防经济领域引入市场机制，必然会引入大量的社会资源，使得监管对象日益多样化、复杂化，军工企业的核心能力和优势资源外泄，核心军事技术机密面临严重的威胁和风险。特别是随着公开招标、网上采购等新型电子商务手段的广泛应用，国防经济领域面临更大的泄密风险，给国防经济运行带来前所未有的挑战[①]。同时，国家要对原有的军用技术标准和民用技术标准实行全面改革，使两大技术标准尽可能相互融合。在军用技术标准中逐步引入民用技术标准，建立统一的国标体系，使军用技术标准公开化，有可能使军用技术标准泄露，引发军用技术标准的保密安全问题。

二、Ⅱ类外部经济风险：来自国际经济的风险

国防经济发展的外部经济风险是在经济全球化的进程中表现出来的。在相对封闭的经济环境下，特别是在高度集中的计划经济体制下，一国国防经济运行具有相对独立性，受外界因素的影响不大。随着现代经济和科学技术的发展，尤其是信息通讯产业

① 曹廷泽，尚喆．军民融合式发展的风险防控机制研究［J］．军事经济研究，2011.1

的发展和运输效率的提高，经济全球化已成为不可阻挡的发展趋势。经济全球化的发展使各国国防经济的相互影响进一步扩大深化，国家之间国防经济活动的连锁影响日益紧密。一方面，使生产要素在国与国之间的流动更加便利，从而使一个国家既定的国防经济资源能得到优化配置；另一方面，也会使一个国家国防经济发展的外部经济风险系数增大。特别是一个国家国防经济发展的进程，会受到外界因素的强烈冲击（如国际金融危机、汇率急剧变动等）而处于剧烈动荡之中。特别是伴随经济全球化产生的国际社会矛盾与冲突表面化，使国际冲突已从企业之间的民间对立上升到国家利益与主权的尖锐对立，投资风险、贸易风险、技术转让风险等以更尖锐的表现形式渗透到国防经济运行的各个环节、各个方面。

随着经济全球化的深入发展，商品、资本、技术、劳动力、信息等生产要素在世界范围内广泛、迅速而自由流动，跨国经济活动广泛而迅速地展开，国际电子商务广泛而迅速地拓展，世界各国的经济技术交流与联系日益密切，相互依存、相互影响和相互促进日益加深，各国经济千丝万缕地联结在一起，形成了一个有机的统一整体。经济全球化也促进了国防经济运行的跨国化，加快了军工生产全球化的进程。世界各国在国防经济领域的利益相互影响、相互交融、相互制约，已经形成了“你中有我、我中有你”，一荣俱荣、一损俱损的共同体。由于军事技术传播的加速，发展中国家可以直接通过购买或合作开发来得到先进的军事技术，从而大大缩短军事科研创新的进程，为国防经济实现跨越式发展提供条件和可能。然而，任何国家或地区的经济运行出现了重大问题，发生了严重危机，都将直接或间接地影响到其他国家国防经济运行，产生多米诺骨牌效应[①]。

① 张文元．经济全球化对我国国防经济安全的挑战与维护对策［J］．东南大学学报（哲学社会科学版），2003．3

经济全球化是由西方发达国家主导的，经济全球化的过程不只是各种生产要素在全球加大和加快流动的过程，还是市场规则和竞争机制在全球作用的过程。国际通行的规则和惯例是在西方发达国家主导下制定的，在很大程度上有利于西方发达国家，而发展中国家在市场竞争中往往处于明显的不利地位。因此，经济全球化不可避免地还会给发展中国家的经济主权和国防经济安全带来风险和挑战。这样，在国家和民族利益存在的情况下，就必然会出现保护国家经济利益、防范经济全球化对本国经济包括国防经济的冲击、威胁和侵害的问题。中国作为世界上最大的发展中国家，经济实力和核心技术等在参与经济全球化进程中虽然有很大发展，但在总体上还远远落后于西方发达国家，在优胜劣汰、弱肉强食的国际市场竞争中处于明显的不利地位。经济全球化带来的“无国界化”，对包括中国在内的发展中国家的经济主权和国防经济安全构成了巨大风险和严重威胁。再加上国防经济是一种比较典型的对抗性经济，中国国防经济在经济全球化进程中欲谋求发展，往往会遭到不同利益主体的遏制甚至破坏。

一方面，经济全球化使国防经济运行国际化。经济全球化加快各民族国家市场与世界市场的融合，从而使各国国防经济运行面对的不纯粹是自己一国或一个地区的市场，而是要面临国内外市场的激烈竞争[①]。经济全球化使各国国防经济相互渗透、相互依赖和相互影响的程度日益加深，呈现出利益联结和交错的格局，为国防经济运行提供了历史性的机遇和有利的国际环境。国防经济运行将逾越国界而具有明显的开放化、国际化和多边化的特征，世界各国之间在军品研制生产、军火贸易、国民经济动

① 由于科技的进步、生产的增长和流通的扩大，推动各种生产要素的自由流动，国际上正在逐步实现各种生产要素在多国或全球范围内的优化配置。世界经济主体在国际市场“游戏规则”的指导和制约下，相互参与、相互渗透、相互影响、相互作用、相互融合。

员、军队后勤保障等领域的相互合作和交往日益增多。世界上不同类型的国防经济开始汇入市场经济的洪流，出现了广泛的国际分工合作的局面，各国间在国防经济领域的交流与合作将日益密切。国防经济运行国际化的结果，使一国经济的兴衰对另一些国家国防经济发展的影响进一步加强；一国经济的繁荣可能带动另一国国防经济的发展，但其衰退也会导致一些国家国防经济陷入严重的困境之中。例如，受国际金融危机的影响，欧美一些重要军工生产企业出现资金链断裂，法国、印度、美国等国家纷纷宣布调整军队改革和采购计划[①]。由于经济全球化的迅猛发展，进一步加快从传统封闭型的国防经济模式向现代开放型的国防经济模式转变，国与国之间相互依存、相互制约、相互借重关系不断扩大深化，使得世界各国国防经济运行中出现了“一损俱损，一荣俱荣”的局面。

另一方面，经济全球化使国防经济运行市场化。经济全球化意味着世界进入了一种全新的资本类型市场，世界经济正在发生根本性的变化。世界贸易组织的行为准则都是以市场经济为基础，以市场导向为前提的，实质上是市场化原则[②]。中国加入世界贸易组织后，就要在市场经济的原则下进行国际贸易，遵守国际惯例，开展各种形式的经济贸易合作与竞争，充分发挥国内、国际两个市场配置资源的积极作用，将国内市场与国际市场融为一体，充分发挥市场机制对资源配置的基础性作用[③]。经济运行的市场化，也必然引起国防经济运行的市场化，使市场在国家宏

① 谢守和等．应对国际金融危机，推进战略储备创新发展［J］．中国军事科学，2009.6

② 郝万禄．加入世贸组织对中国国防经济的影响及政策选择［J］．后勤指挥学院学报，2001.1

③ 当前人类正生活在一个技术、资本、商品、人员和信息越来越自由流动的开放世界，一个旧有的、传统的经济手段已失去其优势的世界，一个国家经济实力和经济安全越来越依赖于对外开放、经济一体化、经济全球化和市场化的世界。

观调控下对国防经济资源配置起重要作用。中国国防经济走向现代化之路，也是通向经济全球化、市场化和世界经济主流之路。

随着中国对外开放的不断扩大和融入国际经济体系的不断加深，国外资本开始进入国家战略性产业，产权多元化对国防科技安全、国防产业安全、国防资金运行安全以及国民经济动员的影响，已经引起人们的广泛关注。根据国家权威部门的统计，中国三大支柱产业主权的80%已被外方所控制或主导。2009年中国信息产业总产值的77%、增加值的79%被外资所占有或主导；机械工业中85%的芯片精密制造设备、70%的数控与机械制造设备、80%的石油化工生产制造设备为国外所占有（或从外国进口），这对中国国防经济运行造成了极大的风险①。

在经济全球化的背景下，信息不对称的现象更为严重，相应的，一国国防经济运行的不稳定性大大增强。从国防需求分析，经济全球化影响国际战略格局、大国战略走向和国防政策。世界主要国家国防政策和军事战略的变化，将从根本上影响国际安全形势，使国防经济的需求导向发生变化；从国防供给分析，经济全球化影响国防经济资源配置、国防产业结构和产业布局调整，将对国防经济的供给效率产生重大影响。而国防经济运行的国际化和市场化，使国防科技工业、国防资金运行、国防战略资源安全等方面都面临着前所未来的挑战和风险。例如，人民币大幅度升值，将导致中国军工企业出口产品的价格大幅提高，降低产品的价格竞争力；中国巨大的市场潜力将驱使国际跨国军工集团纷纷投资中国，国防科技工业将直接面临着强有力的竞争和挑战；军事技术转移中保护主义抬头，军事技术贸易摩擦加剧；石油与主要原材料等大宗商品价格波动，严重冲击了生产成本与产品的

① 陈晓和．中国国防经济安全研究［M］．上海：上海财经大学出版社，2009.6

价格关系，导致国防经济发展的不确定性大大增加[①]；国际金融资本进出大大加快，强化了国际市场波动的传递系统，使国内金融安全环境更容易受到来自国际经济和金融风险的影响，进而对国防经济运行产生深刻影响和强烈冲击；经济全球化使得对国防经济信息的争夺、控制和利用处于一个更广阔的国际环境之中，国防经济信息传递的国际化和网络化使得信息的国家边界日益模糊，国防经济信息安全面临更为严峻的挑战。

从经济发展的制度结构层面看，经济全球化就是市场经济的全球化。随着市场从局部地区扩大到一国范围，再扩大到国际，最后扩展到全球，市场风险覆盖的范围越来越宽广，潜在风险转化为现实风险的可能性也越来越大。经济全球化一方面加重了市场中的失衡，产生了外部经济风险的放大效应；另一方面使得国民经济的各个部分、各个层面的联系更加紧密，某一部分、某一层面的失衡会迅速引起其他部分、其他层面的失衡，具有显著的风险传导效应。一个很小的市场缺陷，通过“多米诺骨牌效应”和“蝴蝶效应”的交互作用，很可能会导致整个全球经济体系的失衡甚至崩溃，造成无可挽回的灾难性后果[②]。国防经济活动的关联性与互动性，也是外部经济风险传导的重要根源。在经济全球化的推动下，世界各国的国防经济联系越来越紧密，既提高了国防经济资源配置和利用的效率，使各国之间的关联度和依存度增加，也为外部经济风险传导提供了市场基础。一个国家对经济冲击所做出的政策调整，可能迫使与之有紧密联系的国家采取相似的政策，这样，外部经济风险就有可能在两国之间传输。

---

① 以石油为例，根据世界经合组织（OECD）的估计，国际市场上原油价格每桶上涨 10 美元，全球通货膨胀率就会上涨 0.5 个百分点，经济增长率就会下降 0.25 个百分点。参见谢守和等. 应对国际金融危机，推进战略储备创新发展［J］. 中国军事科学，2009.6

② 聂文星. 浅议经济全球化的风险［J］. 社会主义研究，2000.5

从当前世界国家间的关系来看，在维护本国国防经济安全的活动中，既有“零和博弈”局面，又可能出现“非零和博弈”局面，甚至可以出现互利双赢的局面。当今世界各国在国防经济领域存在着利益的摩擦性，使得国与国之间的利益关系在竞争中相互对抗，甚至引发经济制裁[①]。国与国之间相互依存、相互制约和相互借重的关系进一步扩大深化，当今世界国防经济领域的许多重大问题，需要世界各国加强沟通协调，共同迎接挑战，才有可能得到妥善解决。在许多情况下，合作才能带来国防经济的共同繁荣和发展。维护国防经济安全是一场错综复杂的“总体战”、“综合战”和“持久战”，既要积极推进国防经济领域的对外开放，又要慎重地把握国防经济领域的开放度，使开放程度与抵御外部经济风险的能力相适应；既要看到世界各国之间在国防经济领域的矛盾、竞争、斗争和对抗，更要看到世界各国之间在国防经济领域的联系、依赖、借重和合作；既要看到世界各国之间利益的差别性和对抗性，更要看到世界各国之间利益的关联性和一致性[②]。只有充分认识和把握这些基本关系，在维护国防安全问题上才能少走弯路，减少盲目性，增强自觉性，最大限度地规避或防范国防经济发展的外部经济风险。

在现实生活中，外部经济风险的种类不同，外部经济风险所导致损失的严重程度也有所不同。国防经济发展的外部经济风险源识别是一项持续性、系统性的工作，需要不断地去识别，随时发现原有风险的变化，以及可能出现的新的潜在风险。对任何一个置身于经济全球化浪潮中的国家和地区来说，要实现国防经济健康稳定持续增长，必须注重防范参与经济全球化进程中可能带

---

① 在当今世界资源、市场、经济权益的激烈竞争中，由于经济利益是一个固定的量，所以一方所得往往是另一方所失。这是一种“零和博弈”局面。

② 李怀信．关于国家经济安全的几点思考［J］．军事经济研究，1999.2

来的外部经济风险。而且，这种防范绝不能停留在事后应对的层面上，必须要有超前的战略眼光，进行系统、主动、长期的战略性考虑，并落实于具体的体制机制和政策制度上。从根本上说，坚持独立自主是防范外部经济风险内部化的根本要求。不论是源于内部的国防经济问题，还是外部经济风险内部化，都要立足于自己解决问题，妥善应对危机，这才是防范国防经济发展外部经济风险的唯一选择。

第三节　国防经济发展外部经济风险的主要特征

国防经济发展的外部经济风险，除了具有一般经济风险所具有的必然性、客观性、普遍性、不确定性等特点，还具有以下特征：

一、具有公共风险属性

公共风险，是指产生社会影响的风险。它一般具有三个基本特征[①]：一是内在关联性。公共风险在发生过程中，对企业和家庭来说是相互关联、相互影响的，国防经济不安全，涉及国家安危，构成公共风险。二是不可分割性。如同无法排斥社会中某一社会成员享受公共产品一样，每一个国防企业与家庭也无法游离于公共风险之外。国防经济安全是公共产品，如社会成员遭受损

① 马丁·冯，彼得·杨．公共部门风险管理［M］．天津大学出版社，2003.2～5

害的可能性是同等的，谁也无法逃脱。三是潜伏性。公共风险很难正面识别，通常需要积累到一定程度才会被发现，引致一系列损失。国防经济发展的外部经济风险，从本质上说，属于公共风险，具有公共风险的属性。公共风险是不适合被“市场管理”的，国防经济风险管理是公共部门的一项基本职能。

二、属于衍生性风险

衍生性风险或次生性风险是指一种风险通过某种渠道、媒介传输或感染到其他载体和其他地区，触发或引起其他类型风险的发生，从而放大风险影响范围。国防经济蕴含于国际经济与国民经济之中，无论是国民经济风险还是国际经济风险甚至危机，都会通过一定的传导机制波及国防经济领域，引发国防经济发展外部经济风险。国防经济是国民经济的一个子系统，在其之下的每个组成部分又可自成一个小系统。这些小系统之间既相互联系又各自保持相对的独立性。每个风险要素在独立发挥作用的同时，也存在相互影响、相互作用、相互依赖的关系。国防经济运行过程中任何一个风险要素的变化，都可以通过相应的传导机制，影响其他风险要素的变化。

三、风险损失涉及国家根本利益

国防经济发展外部经济风险所带来的非正常的、非预期的经济价值减少的损失，往往涉及国家根本利益，这是由国防经济的特殊性质决定的。国防经济是经济与国防交叉形成的一种特殊的经济形态，国防经济活动通过经济活动来满足军事需求，最终实现保障国家安全的目的（陈波，2010）。可见，国防经济安全发展绝不仅仅是某一国防经济领域或某一国防经济因素的成功与失败，而是一个关乎国家安全与发展战略全局的根本性、长远性的重大问题。国防经济安全发展涉及的是国家根本利益，关系到国家的生存与安危、全体民众的生存与发展。因此，国防经济发展外部经济风险所引起的风险损失不仅仅代表经济主体及个人利益，而是与国家根本利益息息相关。防范国防经济发展的外部经济风险不仅是制定国防经济安全战略的基础，也是国家最高决策部门在政治层面考虑问题的基础。

四、风险规避的可控性强

一是中国国防经济仍以计划调控为主；二是出于国家安全考虑，具有一定的保护政策。国防经济作为"公共物品"，这种特殊性使得其面临外部经济风险时，可以通过体制机制、相关保护政策来减轻损失或规避风险，使其比一般经济风险更具可控性。而且在面对不可避免的外部经济风险时，也可以通过对国防经济安全态势的全面考察，依据国防经济运行状态及面临外部经济风险程度的大小，建立健全相应的国防经济安全制度，尽可能消除隐患或降低国防经济发展的外部经济风险，实现相对安全目标。国防经济发展外部经济风险是客观存在的，但风险由潜在因素演变成现实，必须有合适的环境条件才能促成，其结果会随着外界环境条件的变化而出现很大的不确定性。如果外界环境条件中的阻止因素大于促成因素，或传导路径被强制阻止，那么外部经济风险对国防经济运行就不会造成较大的影响或损失。国防经济发展外部经济风险是客观存在的，因而也就呈现出一定的规律性，只要遵循国防经济运行的内在规律，防范机制健全，应对策略科学，利用科学的预测方法对相关的客观状态进行测量评估，就可以有效防范和规避外部经济风险。[①] 防范国防经济发展的外部经济风险的首要原则，就是做到超前预防，尽可能把国防经济安全隐患消除在萌芽状态。因此，国防经济发展的外部经济风险，大多数都是可以控制和防范的。

第四节　国防经济发展外部经济风险研究的理论基础

国防经济发展外部经济风险问题的研究应从国防经济总体上的利益得失和国防经济根本利益不受损害的战略层面入手，故其理论依据涉及宏观经济理论、战略管理理论、复杂系统理论、经济安全理论、危机管理理论等多个学科，对国防经济发展外部经济风险的研究，必然要求我们对其主要的理论基础有全面而深刻的认识和理解。

一、宏观经济理论

1933 年挪威著名经济学家、诺贝尔经济学奖获得者之一 R. 费瑞希（R. Frisch）提出宏观经济学（macroe - conomics）的概念。1936 年约翰·梅纳德·凯恩斯（John Maynard keynes）出版

① 按风险的可控程度，国防经济发展的外部经济风险可分为可控风险和不可控风险两类。可控风险是指在一定程度上可以控制或部分控制的外部经济风险，主要是人们对此类外部经济风险的运行规律已有较多的了解，并能较好把握，或找到相应的有效方法进行预测和控制。不可控风险是指国防经济系统自身无法左右和控制的外部经济风险，主要指国防经济主体仅仅依靠自己的力量难以预防、抵御和管理的外部经济风险。总体上说，国防经济运行过程中的大多数外部经济风险都是可控的。

的《就业、利息和货币通论》（The General Theory of Employment, Interest and Money）一书被认为是现代宏观经济学产生的标志。凯恩斯主义[①]的宏观经济理论和政策主张奠定了宏观经济管理的基础，开创了资本主义国家实行宏观经济管理的先河，并逐渐发展成为当代经济学中的一个独立的理论体系。

大体经历了四个阶段：第一阶段：17世纪中期到19世纪中期，是早期宏观经济学阶段，或称古典宏观经济学阶段；第二阶段：19世纪后期到20世纪30年代，是现代宏观经济学的奠基阶段；第三阶段：20世纪30年代到60年代，是现代宏观经济学的建立阶段；第四阶段：20世纪60年代以后，是宏观经济学进一步发展和演变的阶段。现代宏观经济学研究的是经济资源的利用问题，以国民经济总过程的活动为对象，为国家干预经济的政策服务。宏观经济理论包括：国民收入决定理论、消费函数理论、投资理论、货币理论、失业与通货膨胀理论、经济周期理论、经济增长理论、开放经济理论。战后凯恩斯主义宏观经济政策在西方各国得到广泛的运用，相当大程度上促进了经济的发展。

凯恩斯宏观经济理论的基本结论是：资本主义经济不存在一种“自我协调”的机制以确保实现充分就业。资本主义经济在偏离充分就业状态时就应该施以宏观经济稳定政策，以便使之更加接近于充分就业水平。因此，凯恩斯主义的政策主张是一种积极的政府干预性政策。凯恩斯将古典理论视作自己理论的一个特例，认为古典理论只是在特定的条件下方能成立。其条件为：（1）价格和工资完全可以自由变动，特别是下降方向可自由变动；（2）在不甚严重的经济活动下降时，如不产生大规模地削减

---

① 凯恩斯主义又称凯恩斯主义经济学，是体现在凯恩斯的著作《就业、利息和货币通论》中的经济理论思想，凯恩斯主义认为社会的就业量取决于有效需求。它以有效需求理论为依据，得出必须依靠政府来调节和干预经济，才能使总需求与总供给在充分就业水平上达到均衡的论断。

工资时，才有可能使之调整到充分就业水平；（3）存在着一些制度，使得投资和储蓄对利率的变化比较灵敏。但是，20 世纪 70 年代初以后，由于西方国家出现了“滞胀”局面，凯恩斯主义对此无法提出对策，其他学派的宏观经济学纷纷出笼。在与凯恩斯主义的激烈冲突和争论中除了正统的凯恩斯主义宏观经济学（新古典综合派）在修改自己的理论上做了许多努力外，还产生了几个其他学派，如货币主义学派、理性预期学派以及新凯恩斯主义等。以上各学派在理论观点上的相同之处是：①强调了市场的有效性，只要让市场充分发挥作用，市场是能够更好地运行的；②强调寻找宏观经济学的微观基础。其中，货币主义学派代表人物美国芝加哥大学教授弗里德曼认为政府的积极的宏观经济干预政策是引起宏观经济不稳定的罪魁祸首，认为政府唯一该做的事情就是给这种市场力量创造一个良好的发挥作用的环境。新古典宏观经济学、理性预期学派经济学家普遍认为凯恩斯主义理论方面缺少微观经济学基础。20 世纪 70 年代以来，宏观经济学研究上出现了一种试图把宏观经济学与微观经济学相结合的探索力量即理性预期学派，其代表人物是芝加哥大学教授卢卡斯（Robert Lucas），理性预期学派使宏观经济学研究方法向古典主义复归，因此被称为新古典主义。新凯恩斯主义一方面吸收了新古典学派的理性预期思想，使其理论成为建立在微观个体行为理性和优化行为之上的宏观经济理论；另一方面，又继承了传统凯恩斯主义关于市场不完全竞争的观点，坚持国家干预经济的政策主张。新凯恩斯主义理论与传统凯恩斯主义理论比较，其特点就是强调个人行为的理性，做到了从微观的角度来解释宏观经济现象，从严格的微观基础出发去研究宏观经济问题，实现了从微观到宏观的彻底的逻辑一致与统一。其代表人物有费雪（Fischer）、泰勒（Taylor）、曼昆（Mankiw）。

宏观经济学（macro－economics）是相对于微观经济学（micro－economics）而言的。宏观经济学研究社会总体的经济行为及其后果（总体属性），即对经济运行的整体，包括对整个社会的产量、收入、价格水平和就业水平等进行分析。微观经济学研究个体经济单位行为及其后果（个体属性）。宏观经济学的研究方法是总量分析方法。宏观经济理论以整个国民经济活动作为考察对象，研究社会总体经济问题以及相应的经济变量的总量是如何决定及其相互关系。宏观经济学的内容体系图示如下（见图2－2所示）。

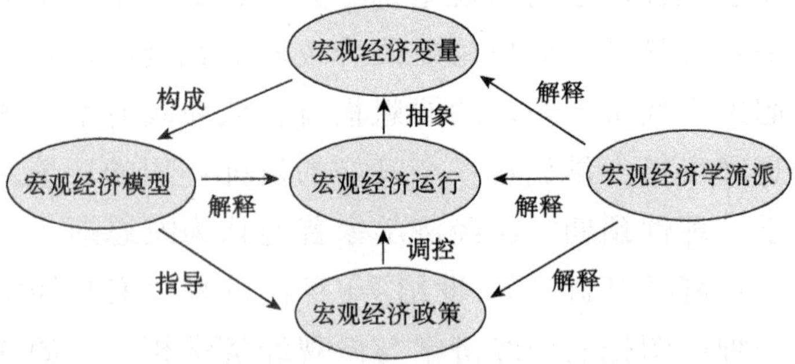

图2－2 宏观经济学的内容和体系

宏观经济理论先后经历了以阿尔文·汉森（Alvin H. Hansen）和保罗·萨缪尔森（Paul A. Samuelson）为代表的新古典综合学派、以米尔顿·弗里德曼（Milton Friedman）为代表的现代货币主义学派、以芬恩·基德兰德（Finn E. Kydland）和爱德华·普雷斯科特（Edward C. Prescott）为代表的新古典宏观经济学派、以格里高利·曼昆（Gregory Mankiw）和约瑟夫·斯蒂格利茨（Joseph E. Stiglitz）等为代表的新凯恩斯主义学派以及以亚瑟·拉弗（Arther B. Laffer）为代表的供应学派等主要宏观经济理论流派的发展。西方宏观经济管理理论的产生和发展，及其在西方国家的实践，为中国宏观经济管理理论研究提供了借鉴和帮助。改革开放以来，中国宏观经济理论研究适应经济改革和经济发展的理论需要，在马克思主义经济理论指导下，从中国具体国情出发，批判性地吸收和借鉴了西方经济学的前沿成果，在宏观经济理论观点、研究方法、政策主张等方面进行了卓有成效的探索，做出了不负时代希望的理论贡献。宏观经济管理理论为我们改革国防经济管理体制、促进国防经济结构优化、制定科学的国防经济宏观发展战略、实现国防经济持续健康发展提供了有力的理论工具，对国防经济发展外部经济风险的理论研究无疑具有重要的指导意义。

二、战略管理理论[①]

战略管理理论（strategic management theory）主要是研究组织或者个人涉及长期发展的重要活动的组织与实施。从概念上讲，与战略管理相关的有战略研究、战略规划、战略决策等，即主要是指集中在组织上层的、涉及长期发展的重要管理活动；从过程角度讲，战略管理主要涉及战略的制定或战略决策、战略筹划、战略实施三个环节；从研究的角度看，战略管理关注环境的重要变化和组织如何与之相适应，从而发现组织长期稳定和发展的机会[②]。战略管理主要是为组织的长期发展目标服务的，具有很强的战略性，强调组织要根据环境条件和自身的变化，主动争取和形成有利于自身发展的竞争优势并实现其战略目标。

战略一词源于军事术语。《中国大百科全书》中的解释是：

---

① Teece D. J. , PisanoG. , Shuen A. . Dynamic capabilities and Strategic Management [J] . Strategic Management Journal, 1997 (14) . 61 ~ 74

② 席酉民．经济管理基础［M］．北京：高等教育出版社，1998. 204

战略是指导战争全局的方略。英语中战略叫“strategy”，在《简明不列颠百科全书》中的解释是：在战争中利用军事手段达到战争目的的科学和艺术。1965年，美国著名的战略学家安索夫在其著作《企业战略》一书中开始使用战略管理一词，将战略从军事领域拓展至经济管理活动。对于战略管理的看法有两大学派，即行业结构资源学派和内部资源学派。管理大师明茨伯格将战略管理划分为十个学派：设计学派、计划学派、定位学派、企业家学派、认识学派、学习学派、权力学派、文化学派、环境学派、结构学派。这十个学派可以分成三类。从性质上看，最前面的三个学派属于说明性的学派，它们关注的是战略应如何明确地表述。其后六个学派对战略形成过程中的具体方面进行了思考，它们侧重于描述战略的实际指定和执行过程，而不是侧重于描述理想的战略行为。最后一个学派是其他学派的综合。但各个学派都是从某个角度定义和论述战略的。

战略管理理论的主要观点：

1. 安索夫的资源配置战略理论观点。安索夫是美国国际大学的特级教授、著名的战略管理学专家，他曾担任过美国洛克希德公司的副总裁，1963年离开实业界进入学术界。由于他的成果显著，获得“公司战略之父”的美誉。其核心理论是以环境、战略、组织这三种因素作为支柱，构建战略管理理论的基本框架。

2. 波特的竞争战略观点。迈克尔·波特是美国哈佛大学商学院的教授，是目前世界上关于竞争战略的最高权威。他认为战略说到底就是在寻找高于平均的报酬。那么如何寻找这种报酬呢？通过竞争战略达到目的。波特的著作《竞争策略》、《竞争优势》和《国家竞争优势》被称为竞争优势三部曲。波特关于竞争战略要考虑五种力量的观点具有非常重要的影响。哈佛大学的一位教授曾说过，世界上几乎每一位MBA毕业生都记住了波特的五种力量。波特认为，企业在竞争中要考虑的因素不外乎五种力量，应该重点研究之：（1）新竞争者的加入（当有新人加入时，企业要做出竞争性反应，因为市场的利润蛋糕将被瓜分）。（2）代用品的威胁。（3）买方讨价还价的力量（利润的升降）。（4）供应商讨价还价的力量（影响成本利润）。（5）现有竞争者的对抗力（营销、广告等策略）。这五种力量的合力就是企业的竞争能力和赚钱能力。

3. 安德鲁斯的目标战略理论观点。其认为目标是第一位的，企业的目标几乎决定了一切。

战略管理理论的产生和发展只有四十多年的时间，要对理论的演进作精确的分期或阶段划分可能是困难的，因为理论的探讨有其连续性和反复性，对同一问题的探讨在不同的阶段、不同层次存在联系、交叉和重叠。但理论的发展总是随实践的发展而发展，并和实践产生互动。若承认历史实践发展规律性，则战略管理理论的发展有其内在的逻辑。

战略管理理论研究展望：第一，战略管理学说将从对一个个要素研究而形成复杂的学说丛林局面逐步走向融合，即将复杂要素结合在一起，形成一个统一的、严密的学说体系，当然，在融合的过程中，不排除对单个维度或要素的重新认识或深化。第二，在战略管理的理论中，历史分析将进一步加强。战略管理理论作为一个学科或一门科学，必须有历史的分析，包括经济发展不同阶段、产业发展的不同阶段和企业发展的不同阶段中企业内外部各要素地位和作用分析。这种分析将更有利于发展中国家的企业立足于本国、本企业的现实制定战略，而不会依照国外战略理论盲目模仿国外企业发展战略。第三，战略管理研究方法将进一步规范和完善。伴随着战略管理理论走向完善，必然要求战略管理研究方法的规范化。战略管理作为一门经验性科学，其理论的形成主要是通过观察、调查研究得到经验资料，然后对经验资料进行比较、归纳、提炼形成通则。随着资料的不断丰富、全面和系统，通则将通过分析—综合而不断完善，逐渐形成具有指导性的、相对科学的理论。通过对目前战略管理理论的考察，其研究的方法主要是定性方法，包括案例方法、比较方法。其中案例方法是管理研究中普遍使用的方法，但大多数研究运用少数案例甚至个别案例形成通则，很少研究运用众多的案例包括产业案例和国家案例（如波特的钻石模型）来形成理论。在案例方法中运用发展史进行研究的也不多见。而在案例方法中，只有将经济发展阶段同事物发展史结合起来才能发现成长的逻辑，才能发现研究对象的战略逻辑。

所谓国防战略，就是国家为了保卫领土、主权的完整和统一，抵御外国武装侵略和颠覆，在国防建设总方针的指导下，从全局上筹划和指导国防建设中运用的科学和艺术[①]。战略管理理论对国防经济发展外部经济风险研究具有重要的指导作用。首先，国防经济发展建设不仅自身是一个动态连续的过程，还关系到整个国防和军队现代化建设的连续发展与稳定运行，因此，必须从宏观、全局的高度进行研究、规划与管理，以保证其沿着长期目标所规定的总体发展方向前进。其次，国防经济是一个开放的系统，面临来自国民经济和国际经济两大经济系统的影响，与外界进行物质、资源和能量的交换，要防范国防经济发展外部经济风险，确保国防经济安全，必须密切关注环境的变化并与之相适应，并努力寻找和创造有助于其长期稳定和发展的机会。最后，国防资源的合理配置与高效使用是防范国防经济发展外部经济风险的基础，加强国防经济安全发展的战略管理，就是要从战

① 房功利．中国国防战略演变研究［D］．北京：中共中央党校．2004.5

略层面对国防资源进行管理与规划。中国学者芮杰明等指出："管理是对组织的资源进行有效整合以达成组织既定目标与责任的动态创新性活动，管理的核心在于对资源的有效整合。"[①] 战略管理不应仅限于战略规划的制定、实施与评估等有关战略本身的分析，而应站在全局、长远的角度对战略物资进行管理，不仅要实现资源在国防经济系统与社会经济系统的合理规划，还要注意协调好资源在国防系统各个领域之间的分配，实现国防资源的有效整合。所以说，所有这些国防经济发展建设活动均离不开战略管理理论的指导。

战略管理理论的一个重要的阶段或者说是分支，即企业核心能力的基本理论。1990 年美国战略学家普拉哈拉德（C. K. Prahalad）和加里·哈默（Gary Hamel）在《哈佛商业评论》上发表"The Core Competence of the Corporation"，企业核心能力作为企业管理尤其是战略管理的前沿问题引起了国外学术界和实业界的广泛关注。企业核心能力是结合经济学、战略管理学、知识经济学等众多学科的一个重要概念，是近年来人们研究企业成长、培育企业竞争优势的一个新视角。准确把握企业核心能力的基本理论，对于我们制定国防经济发展外部经济风险防范策略至关重要。普拉哈拉德（Parahalad）和哈默（Hamel）指出，核心能力是"组织中的积累性学识，特别是关心如何协调不同生产技能和有机结合多种技术流派的学识"[②]。美国麦肯锡（Mckinsey）咨询公司也认为，"核心能力是某一组织内部系统互补的技能和知识（skills and knowledge）的结合，它具有使一项或多项业务达到世界一流水平的能力"。从本质上讲，核心能力是所有能力中对企

① 罗珉．管理理论的新发展［M］．重庆：西南财经大学出版社，2003.7

② C. K. Prahalad, G. Hame. The Core Competence of the Corporation［J］. Harvard Business Review, May ~ June, 1990.

业创造价值边际贡献最大的部分，它能为企业带来产品差异化的长期优势，比竞争对手更有效地利用内外部资源，是企业持续竞争的基础。从这一观点出发，核心能力理论强调知识和技术的重要性，这种知识和技术的很大一部分是以不规则或内部规定的特殊形式存在，从而使核心能力隐形化或内部化，这是其他竞争对手无法仿制和模仿的，必须经过长期的培育和积累才能够形成。总的来说，企业核心能力理论认为核心能力是一个系统，是一个以知识、创新为基本内核的某种关键资源或关键能力的集合，是能够使企业、行业和国家在一定时期内保持和实现潜在竞争优势的动态平衡系统。虽然国防经济系统与企业在表现形式、生产产品、外部机制等方面存在差异，但它们均作为生产特定最终产品的经济组织而存在，都是各种能力的集合载体。因此，企业核心能力理论对于我们研究国防经济发展抗风险能力具有指导意义。

三、复杂系统理论

复杂系统理论（complex system theory，CST）源于系统论和控制论，是重要的现代企业管理理论之一。复杂系统理论强调用整体论和还原论相结合的方法去分析系统。目前，复杂系统理论还处于萌芽阶段，它可能蕴蓄着一场新的系统学乃至整个传统科学方法的革命。生命系统、社会系统都是复杂系统，复杂系统理论的应用在系统生物学的研究与生物系统计算机数学建模中具有重要的意义。1984 年在默里·盖尔曼（Murray Gell - Mann）、菲利普·安德逊（Philip Anderson）和肯尼思·约瑟夫·阿罗（Kenneth Joseph Arrow）三人的支持下在美国新墨西哥州组建了一个研究机构——圣塔菲研究所（Santa Fe Institute，SFI），聚集了一批不同领域的科学家，试图通过在各种不同的系统之间找出一些共性，并称之为“复杂性”的研究[①]。1994 年，该研究所的霍兰（Holland）正式提出了复杂适应（complex adaptive system，CAS）理论，从而为人们认识、理解和管理复杂系统提供了新的思路[②]。中国在著名科学家钱学森的指导和参与下，提炼与总结出了开放的复杂巨系统的概念，以及处理这类系统的方法论，并于 1990 年初正式发表了《一个科学新领域——开放的复杂巨系统及其方法论》[③]。复杂系统理论认为，系统是由某些相互联系的部件集合而成。这些部件可以是具体的物质，也可以是抽象的组织。它们在系统内彼此相互影响而构成系统的特性。由这些部件集合而成的系统的运行是有一定的目标的。系统中部件及其结构的变化都可能影响和改变系统的特性[④]。因此，要侧重于用“系统”的观念从全局上和整体上来研究组织结构及其管理问题。复杂系统，就是由不同属性的子系统（或要素）相互交织、相互作用、相互渗透而构成的具有特定结构和功能的开放复杂的动态大系统。复杂系统常常表现为，构成该复杂系统的每一个子系统大多是由多因素、多结构、多变量构成的系统，都包含着许多具有复杂关联关系的要素，构成要素按照一定方式相互作用着。系统的运行效果取决于各子系统的相互配合和作用[⑤]。我们在观察和处理问题时，要求树立全局观念、着眼于系统的整体功能和效益，处理好整体与局部的关系；要求优化系统的结构，实现系统整体的最佳功能；要求协调好系统不同层次之间的关系，确保系统发展的有序性；要求正确处理好与外界之间的关系，创造良好

---

① Waldrop M.. Complexity [M]. USA: Simon and Schuster, 1992.

② 许国志，顾基发，车宏安. 系统科学 [M]. 上海：上海科技教育出版社，2000. 249

③ 钱学森，于景元，戴汝为. 一个科学新领域——开放的复杂巨系统及其方法论 [J]. 北京：城市发展研究，2005. 5

④ 顾培亮. 系统分析与协调 [M]. 天津：天津大学出版社，1998

⑤ 罗珉. 管理理论的新发展 [M]. 重庆：西南财经大学出版社，2003. 153

的外部环境。只有具备了上述特征，系统才能够和谐有序地发展，否则，系统内各个组成部分之间以及系统与外部环境之间经常相互抑制和相互冲突，必定会造成系统能量相互抵消、总体功能下降等问题。

显然，国防经济系统是一类复杂系统。国防经济系统除了具有一般系统所具有的整体性、相关性等特征外，还体现为结构复杂、关系复杂和行为复杂的特性，是动态、开放的系统，是经济、社会、政治复合的复杂系统。国防经济系统与其他社会系统一样，是一个开放式的动态发展过程。首先，外界因素能够影响甚至改变国防经济系统本身，使系统与外部环境之间产生不协调。其次，国防经济系统内部各个组成部分的变革和它们之间的矛盾与摩擦，会导致系统内部的不和谐，从而破坏系统自身的有序结构和整体功能的发挥。具体地说，国防经济系统作为一个动态的开放系统，主要表现为以下几个方面：首先，国防经济系统作为国民经济的一个重要组成部分，其发展要受国民经济发展状况影响并随着国民经济的不断调整而相应地做出调整；其次，国防经济系统是国防系统的重要组成部分，国防经济作为军队建设和发展的经济基础，其发展方向、规模、结构与布局等必须符合国防利益和要求，并随着国防政策的调整而不断变化；最后，国防经济系统是由许多子系统组成，各个子系统的发展状况及子系统之间的协调程度，直接关系到整个系统的安全与稳定。

我们在研究国防经济发展外部经济风险问题时，必须用复杂系统理论作指导，坚持国防经济资源配置与中国特色新军事变革和军队信息化建设战略方针相协调，国防经济资源的配置规模、结构、布局要符合信息时代的国防经济安全的需求；坚持国防建设与经济建设协调发展，统筹好国家总资源在军用与民用之间的配置；坚持国防经济系统与国民经济和国际经济之间的协调发展，增加国防经济、国民经济与国际经济之间系统的结构关联度，最大限度降低国防经济发展的外部经济风险。

四、经济安全理论

1943 年，利普曼（W. Lippmann）发表《美国外交政策》[①]一书，书中首次提出“国家安全”一词[②]。20 世纪 60 年代后期，美国有学者开始关注美、苏两大军事集团的对峙对于各自最为根本的经济利益“是利是弊”的问题。但这时“国家经济安全”只是一个模糊的概念，缺乏系统、深入地研究。经济安全只是被看做一种手段，强调经济力量对国家安全尤其是军事安全和国家权力的支撑，以及经济因素对国家安全的威胁和削弱国家权力的危险。到了 70 年代世界第一次石油危机爆发之后，日本以重工业和化工业为主的产业结构遇到了挑战，于是，一些日本学者开始关注日本的生存空间和经济安全问题。面对日益激烈的国际竞争，日本政府于 20 世纪 80 年代初，发表题为《以确保经济安全保障为目标》的国家经济安全报告[③]，将保障国家经济安全的战略构想和政策运用贯穿于日本经济发展实践之中。冷战结束后，国家之间的竞争由军事领域转向经济和科技领域，经济安全逐渐成为国家利益的重点，各国的经济安全已在相当程度上制约着国家安全，因而经济安全也被提升到国家安全的战略地位上来。克林顿在 1993 年 2 月就明确表示“把贸易作为美国安全中首要因

① Abdul Monem, Al Mashat. National Security in the Third World [M]. Westview Press, 1985.

② 这是曼戈尔德（Mangold）的考察结果，见 Peter Mangold. National Security and International Relations [M]. 1990. 2

③ 中国现代国际关系研究院经济安全研究中心．国家经济安全 [M]．北京：时事出版社，2005. 386

素的时机已经到来”[①]。在1994年美国的《国家安全战略报告》，白宫将强大的经济实力、国防力量及全球自由市场经济和民主人权列为美国外交政策的三大支柱[②]。俄罗斯也明确提出了“国家经济安全战略”和“国家基本安全构想”，力求保证俄罗斯经济在世界上的独立性，保证俄罗斯经济顺利接轨和持续发展[③]。印度等也提出了本国经济安全思路[④]。目前，美国、印度、法国、英国、俄罗斯、日本等都有专门机构进行国家经济安全问题的研究。国际货币基金组织和世界银行、联合国非洲经济委员会、OECD、美国 Lawrence Livermore 国家实验室、斯坦福研究院、兰德公司、Sarkey 能源中心、加拿大社会发展院、德国柏林 Thunen 研究所、俄罗斯经济研究所、韩国产业研究所、中国现代国际关系研究院经济安全研究中心、清华大学经济管理学院国家经济安全研究中心、法国及印度有关机构，都在有组织地研究国家经济安全问题。

经济安全的影响可以归纳为五大因素[⑤]：①国家竞争力与经济安全。从不同角度分析了国家竞争力的问题，同时分析了一些国家，如撒哈拉沙漠以南的非洲不发达国家竞争力下降对其经济安全的影响[⑥]。②产业政策与经济安全。主要涉及产业政策的目的，怎样通过产业政策维护一国经济安全。③贸易政策与经济安全。主要涉及对李嘉图（Ricardo）理论和要素禀赋论的质疑，新的贸易政策模型如布兰德（Brander）—斯潘塞（Spencer）利润

---

① 谭世坪．冷战后美国的全球战略与美台关系［D］．广州：暨南大学，2005. 29

② 铁锴．论冷战后美国国家安全战略的演进及其国际影响［J］．陕西：宝鸡文理学院学报（社会科学版），2006. 2

③ 聂富强．对国家经济安全预警问题的思考［J］．上海：新东方杂志，2006. 1

④ 高建生．从拉美到印度：发展问题对发展中国家的警示［J］．北京：社会科学，2005. 11

⑤ 王贵明．中国国防经济安全研究［M］．北京：军事科学出版社，2009

⑥ 朱明忠著．印度与非洲（1947 ~ 2004）［J］．北京：南亚研究，2005. 1

转移模型[①]、克鲁格曼（Krugman）模型[②]的提出，以及贸易政策与经济安全的关系等。④科技政策与国家经济安全。主要涉及科技对国家经济安全的重要性，政府科技政策的主要目标，科技政策如何为国家经济安全服务。在这一方面美国政府及有关研究机构对联邦科技的评估最具特色。⑤战争、生态环境与经济安全。主要涉及战争与经济发展，生态环境与国家经济安全的协调，军事安全与生态环境安全的协调等问题[③]。冷战结束后，以经济竞争为中心的综合国力的较量越来越激烈，跨国界、跨地区乃至全球的经济安全问题，如人口、环境、信息、粮食、能源、国际贸易等问题，越来越成为世界各国关注的焦点。国外一些学者认识到国家安全不仅仅是政治和军事，还有经济环境、意识形态和人口等诸多维度，经济在国家安全中的相对地位上升，甚至有人认为它已经超过对军事安全的关注[④]。如 McNamara（2002）指出："发展是国家安全的本质，美国的安全不仅仅在于或首先在于军事力量，同样重要的是国内和世界经济与政治发展的稳定，安全是发展的前提，而没有发展谈安全也没有意义。"[⑤] 霍尔森（John Holsen，2001）和维尔波耶克（Jean Waelbroeck，2003）认为，"经济主权"意味着"控制所有政策工具的力量——国家可能把其影响国内经济水平的能力的削弱视为对经济安全的威胁，即使这种削弱并没有产生可见的经济损失"[⑥]。可以说，国家安全的重

---

① 陈晓文著．经济全球化背景下的贸易保护与资源配置［J］．北京：国际贸易问题，2006. 1

② 黄泽民著．我国多中心城市空间自组织过程分析——克鲁格曼模型借鉴与泉州地区城市演化例证［J］．北京：经济研究，2005. 1

③ 刘卿．论东亚非传统安全合作［J］．北京：国际问题研究，2006. 1

④ 王永县．国外的国家经济安全研究与战略［M］．北京：经济科学出版社，2000. 5～6

⑤ Qian wenrong. features of the international situation in 2005 as seen from the U. N. reform［J］. Beijing：Peace and Development，2006（1）. 59

⑥ 卢文刚，刘沛著．浅析金融安全及其战略地位［J］．北京：经济前沿，2002. 9

点已从传统意义上的军事安全转变为经济安全。

中国对经济安全问题的研究大约始于20世纪80年代中后期，是从粮食问题开始研究的。美国布朗（Brown）提出了“下一个世纪谁来养活中国人”① 的问题，“布朗预言”在世界上引起了强烈反响，无疑也提醒了国人关心“粮食安全问题”。从80年代中后期到90年代中期，随着中国对外开放程度的不断扩大，外商在华投资的比重越来越大，一些学者和研究机构开始对“外资进入后的制造业安全”② 问题进行研究。国内方面，经济安全的内容是确保人民的衣食住行和发展进步，抵御自然灾害、环境污染、人口失衡、失业、贫困、通货膨胀、经济危机等侵袭，维护经济稳定和经济繁荣；国际方面，经济安全的内容是确保有利于国家经济发展的良好的国际环境，能够便利地进入世界市场，同时，尽可能避免国际市场波动对国家经济体系的冲击，以及防止外部势力对国家经济体系的冲击，以及防止外部势力对国家经济体系的控制和操纵③。

20世纪90年代中后期以来，中国经济安全的研究有了较大的进展，取得了丰富的理论成果。其具体表现在以下几个方面：

1. 国家经济安全研究框架得到确立。国家经济安全问题研究框架的搭建，对于界定转轨时期国家经济安全的含义，探讨经济安全问题的研究方法和背景，分析决定中国经济安全态势的主要因素，揭示这些因素之间的相互联系及国家经济不安全与危机形成的机理，无论是对政府决策还是对深化学科的研究，都有着重要意义。中国学者赵英和清华大学经济管理学院国家经济安全研

---

① 果增明．经济全球化对我国国家经济安全的影响及其政策选择［J］．兰州：甘肃社会科学，2006.3

② 赵连阁．政府监督与矿产业安全投入的经济分析［J］．北京：经济学家，2006.1

③ 夏保成．国家安全论［M］．长春：长春出版社，1998.276

究中心在经济安全研究方面卓有成效。赵英在《中国经济面临的危险——国家经济安全论》一书中，对经济安全的概念、影响经济安全的因素、经济安全战略等方面进行了深入探讨[①]。清华大学经济管理学院国家经济安全研究中心出版了《国家经济安全的理论与方法》、《国外的国家经济安全研究与战略》、《中国金融安全——制度与操作层面的问题》等3本专著。主要观点有，国家安全包括主权利益、生存利益、发展利益和战略利益不受伤害。经济安全与国家安全处在同一个层面。还提出界定安全、不安全乃至危机的标准，指出威胁安全的几种“渠道”和方式[②]。中国学者张士铨评估说：“无疑，深入探讨并建立‘国家经济安全体系’，是当今的一个迫切问题。清华大学经济管理学院国家经济安全研究中心出版的《关注国家经济安全丛书》，尽管在某些方面还不够成熟，对某些相关因素的分析也还不是很充分，但毕竟走在了前面，搭起了框架，督促我们为之努力”[③]。还有另外一些学者也开展了研究，如学者卢林于20世纪90年代初在《世界经济与政治》上发表《经济安全问题的性质、发展及影响》，对经济安全问题卓有成效地进行了探讨。还有李少军、吕有志、倪健中、谢伏瞻等，都对经济安全问题进行了相关研究。

2. 国家经济安全的监测预警研究进展明显。赵英在完成课题《国家经济安全的监测预警》的基础上写出《超越危机——国家经济安全的监测预警》，聂富强等著作《中国国家经济安全预警系统研究》等，这些学者建立了中国经济安全监测预警的量化指标体系和国家经济安全的计量模型，从而使这方面的研究从一般

---

① 赵英．超越危机——国家经济安全的监测预警［M］．福州：福建人民出版社，1999.10

② 清华大学经济管理学院国家经济安全研究中心．国家经济安全的理论与方法［M］．北京：经济科学出版社，2000

③ 张士铨．国家经济安全研究主要内容之我见［J］．北京：国际关系学院学报，2005.5

性的理论探讨提高到了定量研究水平。同时，他们也实事求是地对定量研究在经济安全问题方面的局限性进行了分析，认为国家经济安全的监测预警要建立在定性与定量研究结合的基础上。他们还从哲学高度对“量化的国家安全战略”进行了论述，有关章节还分别对能源、粮食、矿产资源、信息、外资等方面的安全问题，以及相关的经济安全问题的监测预警进行了深入的论述，并且提出了有关领域的预警指标体系和量化监测预警方法。他们还对中国经济安全总体态势进行了深入分析，并提出了相关的策略。还对中国国家经济安全监测预警体系和危机管理体制方面进行了探讨与设计，提出了自己的初步构思。还对国外维护国家经济安全的政府组织机构、体制，维护国家经济安全的战略、策略，对国家经济安全问题的监测预警的方法进行了分析，并提出了值得中国政府借鉴的对策建议。

3. 全球化条件下的国家经济安全研究受到重视。对于一个开放的中国来说，全球化无疑是最值得我们关注的外部环境和条件。20 世纪 90 年代中后期，就有人对这一问题进行过相关研究，1997 年东南亚金融危机以后，国内学术界对这一领域、特别是一国金融安全的关注日益高涨。如上海社会科学院世界经济研究所张幼文、伍贻康，从金融全球化的角度探讨了经济安全问题。他们认为，国家经济安全虽然不仅仅局限于金融领域，但金融无疑是影响国家经济安全最重要的方面，这一方面是由于金融在现代市场经济中的命脉地位，使由金融系统产生的问题迅速成为整体经济中的问题，从而金融安全成为经济安全的核心①。郑通汉博士则从制度经济学的角度来研究全球化与一国经济安全的关系，他认为经济全球化实质上是经济制度的全球化，讨论任何社会经

---

① 张幼文．金融安全的国际条件与国内条件［J］．上海：上海金融，1999. 7

济现象或经济问题均不能脱离经济规则（或者叫制度）这个要素。作者采用了新制度经济学的基本理论和制度分析方法，来分析研究经济全球化条件下国家经济安全问题。但在较为具体的安全问题如产业安全、金融安全等方面探讨有待于深入，尤其是在维护中国国家经济安全的对策方面研究有待于进一步深入[①]。在具体论述经济全球化对中国国家经济安全挑战时，有几种研究方法：一是侧重于经济全球化，从金融全球化、跨国公司、国际经济规则等方面，论述经济全球化对中国国家经济安全的影响；二是侧重于中国国家经济安全，从经济主权、民族产业、金融体系、贸易、生态环境、信息科技等方面论述来自经济全球化的挑战。

4. 国家经济安全领域范围的研究与划分。理论界目前主要是按两种划分方法分析经济安全领域范围。一种是从不同区域上来划分，认为国家经济安全的领域范围包括两个方面：一是国内经济安全，即一国经济免于国内各种风险因素的影响和冲击，从而使国内经济处于稳定、均衡和持续发展的正常状态；二是国际经济安全，即一国内部经济发展所依赖的外部要素都能获得有效的保障，从而形成一个有利于本国经济稳定、均衡和持续发展的国际环境。另一种是从不同领域上来划分，认为国家经济安全的领域范围包括：国家经济体制与秩序安全；本国金融与货币安全；国内产业与市场安全；战略物资与能源安全；对外贸易与投资安全；经济网络与信息安全等。

5. 中国国家经济安全影响因素的研究逐步一致。目前，关于中国现阶段究竟有哪些现实的和潜在的风险影响因素的问题，学者们一致认为，中国现阶段国家经济安全的主要威胁既有发展中

① 郑通翰．金融自由化下的国家经济安全分析［J］．桂林：广西大学学报，2003.11

国家所特有的不利因素，也有经济全球化给发展中国家所带来的不利因素。具体的国内不利因素大致有：经济发展基础薄弱、经济违法行为增多、国际竞争能力相对下降、科技教育投入不足，生态环境破坏严重、人口数量不断上升、经济情报安全意识较差等。国际不利因素大致有：国际市场的不公平竞争、世界范围的贸易保护主义、发达国家对发展中国家经济主权的干预、金融投机商对发展中国家金融市场的冲击等。

6. 维护中国国家经济安全的对策研究更加深入。由于对国家经济安全含义理解的差异，造成在对策研究上主要有两种类型：一是把国家经济安全问题当作纯粹国内经济问题来进行对策研究，具体表现主要有五个方面：（1）深化经济体制改革；（2）稳步推进对外开放；（3）大力增强综合国力；（4）加强政府宏观调控作用；（5）实施可持续发展战略。二是把国家经济安全问题当作各个领域安全问题叠加来进行对策研究，这种思考方法研究的对策就是各个领域的具体针对性对策。不安全即存在风险，研究国防经济发展外部经济风险问题，必须借鉴经济安全理论成果，结合经济风险管理理论，降低外部风险度。

五、危机管理理论

1962 年在加勒比海地区发生的美苏“古巴导弹危机”开启了对危机管理理论研究的先河。之后，有关危机的理论和危机管理的研究开始逐渐受到重视。“从某种意义上说，危机管理理论主要起始于研究核战争阴影下复杂的讨价还价和妥协过程，它与威慑论的研究密切相关”。20 世纪 70 ~80 年代，危机管理理论得到长足的发展，危机管理被引入和研究的范围迅速放大，逐渐扩展到自然灾害、企业管理、技术事故、金融、社会等多个领域，并且取得实效。1982年，“泰诺”中毒案例的成功解决，是现代危机管理史上的一个标志性事件[①]。1986年，史蒂文·芬克在《危机管理》一书中首次对危机管理进行了比较系统的研究。80年代后期，日本开始研究危机管理问题，但当时主要侧重于自然灾害以及企业的危机管理。20世纪90年代，危机管理的研究进入繁荣期，出现了一批具有代表性的著作，如美国罗伯特·希斯的《危机管理》、劳伦斯·巴顿的《组织危机管理》、英国迈克尔—里杰斯特的《危机公关》。他们对危机的理论框架体系和具体内容作了进一步的研究，同时对危机中的危机沟通、危机公关都作了比较详细的论述，从而使得危机管理的理论更具有实际的可操作性。2001年，在美国领土上爆发的9·11恐怖袭击事件，使得危机管理研究的重点由原先的军事领域（高级政治）开始转向非传统安全领域，危机管理的研究进入一个复杂的转型期。

危机是一种客观存在，具有客观性、复杂性、双重性、随机性、连带性、动态性、可管理性等七大特征，而危机管理是人类发挥主观能动性和创造力的一次充分展示。危机发生后不会因为时间的推移而自行得到解决，进而必须对其进行有效管理。有效的危机管理必须包括以下八条基本原则：

1. 可能性原则。危机中的随机性和隐蔽性往往导致人们在主观上对其认识不够，尤其对一些“低概率，高风险”的危机。危机管理中最大的障碍就是否认，长期以来的平稳的环境容易形成行为僵化的作风，缺少对危机的警惕性。而事实上，危机的最高准则就是什么都可能发生。

2. 优先原则。在整个危机过程中，人、财、物都可能遭到损害，但是，人是这个社会的承载主体，所有的财物只有在人的支

---

① 葛晓春，戴立文．危机管理理论述论．商丘师范学院学报．2006.8

配下才能体现出它们的价值，所以在处理危机过程中，要始终树立以人为本的思想。同时，要能舍弃眼前利益顾及长远利益，考虑全局利益而放弃局部利益。

3. 灵活性原则。危机是沿着动态的不确定的轨迹发展，不同时期，不仅危机本身的特点各不相同，外部作用环境也有很大差异，所以对于危机管理决策者来说，要能够具体分析、适时灵活地处理各种危机。

4. 有效性原则。一种无效的危机管理、错误的危机决策本身也是一种危机，有效性原则考察的是作为一个决策者的智慧和处理危机的能力，实际上它是对危机管理决策人提出的一种高水平的要求。

5. 沟通原则。危机的爆发，不仅是各个利益相关者利益之间的冲突，更是一种情感上的对抗，所以在危机爆发过程中，信息沟通是否通畅将直接关系到危机能否被有效地化解。危机沟通是危机管理的主要工具，甚至有人就直接将危机管理等同于危机沟通。有效的危机沟通一方面可以降低危机中的风险成分，另一方面可以增加危机中的机会成分。

6. 合作性原则。危机的复杂性和连带性决定了危机管理中的合作性原则，当代危机现象愈趋复杂，很多危机共生共存、互为条件、相互交织。这就要求危机管理主体不仅能够协调统一组织内部的各种人力、物力和财力资源，同时还要与相关组织、有关专家、普通民众进行密切的合作，共同解决危机。

7. 适度性原则。虽然在整个危机事件过程中，危机本身体现了危害性、紧迫性和震撼性的特征。但是我们不能对危机事件过于敏感，反应过度。凡事过犹不及，如果我们对每一个潜在的危机不加分析地予以管理，那么我们手头现有的本职工作量就难以完成，从而造成很多不必要的额外资源的浪费。所以，任何危机管理都应当以适度性、可操作性为前提。

8. 学习性原则。这一原则包括学习历来危机管理的经验和教训，当引以为戒；在危机事件的处理过程中，能够不断地总结前期的工作成果，同时对前期工作过程中的不足，应当在后期处理过程中尽量避免；学习性原则最后一个方面，也是容易被人们忽视的一个方面，就是危机的事后学习机制。能够正视危机需要勇气，但是在危机事件后能够反思危机、学习危机则需要更大的勇气。

中国五千年的历史文化沉淀中不乏危机管理的思想，危机思维方式也深刻地体现在博大精深的中国历史文化之中。例如，“居安思危，有备无患”；“存而不忘亡、安而不忘危、治而不忘乱”等所强调的都是预防在先的危机意识。但是，具有危机管理的思想不等于具备了危机管理的能力。目前，在西方国家，对危机管理的研究已经达到一种很高的水平，学者们从各个领域、各个学科的视角建立了很多危机管理的模型，危机管理已经走向一种量化和制度化的水平。中国的危机管理研究起步很晚，9·11事件触动了中国人危机管理的神经，RS危机事件是中国危机管理的里程碑式的事件，自此危机管理才真正为人们所重视。清华大学教授薛澜等人的研究表明：一个国家发展到人均GDP 500～3000美元时，往往也是人口、资源、环境、效率与公平等社会矛盾较为严重的瓶颈时期，比较容易造成社会失序、经济失调、心理失衡等问题，形成一些不稳定的因素。换言之，目前中国正处于危机事件的高突发期。进而，国内有些学者提出“中国危机论”的概念，也就是说，短期内中国所面临的问题不在于大国之间的冲突或战争，而在于中国内部自身结构的调整和应对各种危机事件的能力。

研究国防经济发展外部经济风险问题，不可避免地涉及危机管理理论，尤其是在探讨国防经济发展外部经济风险防范的研究中，有必要区分风险管理、危机管理和应急管理。目前不同研究领域的学者对上述三者的概念尚未完全统一，但随着学术界研究的深入和现实的发展，这三个核心概念有了一定程度的统一认识。

1. 三个概念之间的内在逻辑包括：风险与危机之间的潜在因果关系，即突发事件的演化过程不断将风险与危机之间潜在的因果关系显性化；危机与应急之间的突变因果关系，即突发事件将之前的显性因果关系最终演化为突变因果关系，一旦进入临界点，突发事件发生，进入应急状态 。与风险、危机、应急概念相应，从管理学的角度，衍生出风险管理、危机管理和应急管理。其逻辑关系如图 2 – 3 所示。

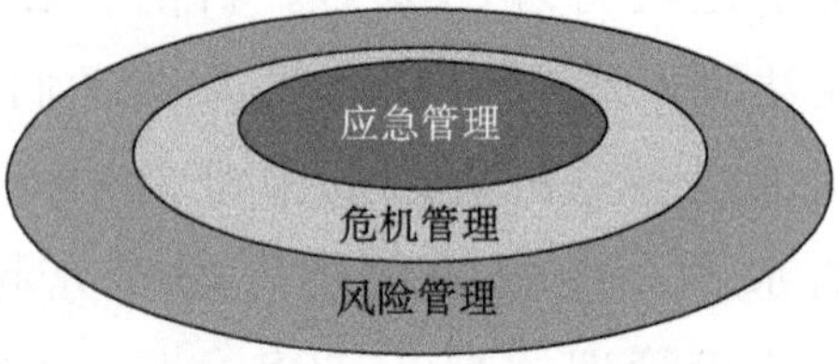

图 2 – 3　逻辑关系图

2. 三个概念不断演变和融合：“非典” 以后，中国把应急管理提到了很高的地位，强调要把应急处置的关口前移，包括准备、预防、预警和应急处置，甚至包括后面的恢复重建工作。从目前中国现实看，我们国家的应急管理和危机管理，在某些方面相对来说是一样的概念 。之所以如此，因为在中国的传统文化中，国家强调危机管理，可能大家很难理解，似乎到处是“危机”。但是相对来说，应急管理的概念通俗易懂——根据突发的紧急事件采取相应的处置行动。因此，中国的应急管理已经扩展为包括风险管理、危机管理在内的动态管理过程。应急管理在西方国家也是一个年轻的学科，其应急管理（emergency management）对象是突发紧急事件（emergency），从时间序列上讲，它包括突发事件从酝酿到发生、应对和恢复的全过程；从处置要素上讲，它包括不同的响应系统；从预防方面来讲，它包括风险管理的各种要素。

3. 三个概念的其他区别和侧重：从关注的阶段过程上看，应急管理和危机管理主要是针对非常态而言，风险管理则是居于常态管理和非常态管理中间地带，主要解决如何防范和应对各种风险，以避免演化为危机事件；从研究对象和手段角度，风险管理和危机管理侧重于对研究对象的关注，而应急管理则着重于管理手段的研究。在国外，危机管理用得比较多；在中国，危机管理在学术界用得比较多的，而应急管理在政府用得比较多。

4. 应急管理的基本概念。虽然应急管理带有一定概念的模糊和争议，我们的认识是：应急管理是针对各类突发事件，覆盖预防与应急准备、监测与预警、响应与应急处置、事后恢复与重建过程全方位的管理。

可以说，风险管理是居安思危之基石，危机管理是居安思危之篱笆，应急管理是居安思危之后路。

第五节　国外防范国防经济发展外部经济风险的经验及启示

由于国防经济活动具有浓厚的政治、军事色彩，事关国家的生存与发展，世界各国尤其是军事强国都非常重视国防经济发展所面临的外部经济风险。在防范外部经济风险问题上，概括来说，主要有以下几个方面的有益做法及经验。

一、高度重视外部经济风险管理

（一）加强对国防经济运行风险的监管

美国等西方发达国家的国防经济运行，虽然都是建立在私有制和市场经济的基础之上，但都无一例外地重视利用国家政权机器来加强对国防经济运行的政策引导、宏观调控和监督管理，以防范风险。美国国防部负责采办、技术与后勤的副部长办公室，专门设立负责工业政策的副部长帮办，负责国防工业基础、能力建设和市场监管等工作。美国国防部和国防经济部门对国防经济活动的监管，还通过国防采办合同来实施，包括国防采办系统的管理、任务分析、所需物资的确定、计划目标的确立、计划和预算、经费管理、签订合同、生产控制权等，都有明确的规定。同时，对军品研制生产进行严格的计划管理，国防部、宇航局等部门制定短期军品研制生产预测和中长期发展规划；通过完善军品价格制度，加强对军品研制生产的监管。另外，美国通过科研拨款、财政补贴、税收等经济手段以及经济立法，对整个国防经济活动进行有效调节，利用部门干预政策促进军品研制生产的有序发展①。

法国实行集中统一的军工管理体制，议会、总统及总统领导下的内阁会议是国防科技工业的最高决策机构，负责国防科技工业立法和发展战略及政策的决策。国防部武器装备总署下属的合作与工业事务局负责制定国防科技工业政策，对军工企业进行宏

① 刘义昌等．国防经济研究［M］．北京：军事科学出版社，1993. 226～227

观调控和严格监管，与欧洲国家合作研制生产高精尖武器装备等[①]。法国政府明确规定，一些核心国防工业必须由国家掌控，不得由私营部门进入。

俄罗斯国防科技工业管理体制改革的总体趋势是，国防科研和生产的规划与费用管理权逐步向国防部集中，由国防部对武器装备研制生产进行统一的管理，推行竞争基础上的合同订货制[②]。国防经济运行具有自己的特点和规律，国防经济活动不能只靠市场机制的自发调节，必须加强国家在这一领域的作用，否则就会导致国防经济安全的完全丧失。俄罗斯的经济改革尤其是国防工业综合体改革进程，已经很有说服力地展示了这一点[③]。

（二）注重外部经济风险评估工作

20 世纪初，以美国为首的西方国家（美国）就开展了国防经济运行尤其是国防科学技术转化的技术风险评估，先后建立了美国国会技术评估办公室（OTA）、美国管理科学开发咨询公司（MSD）、美国审计总署（GAO）等第三方评估机构进行评估[④]。作为评审国防部技术风险评估的成员，美国审计总署早在 1986 年就制定了一整套采办风险评估准则，为美国国防采办风险管理提供理论指导。20 世纪末以来，美国审计总署连续出版了《高风险系列研究报告》，对美国国防建设以及相关领域的风险问题进行了系列评估，并就如何加强风险管理提出了对策建议。

对于像日本这样的国家来说，经济发展以出口为导向，国

---

① 于连坤，罗永光，王淑平．世界国防经济学教程［M］．北京：国防大学出版社，2008. 161

② 姜鲁鸣，刘晋豫．经济建设与国防建设协调发展的制度保障［M］．北京：中国财政经济出版社，2009. 81～82

③ 张国风，吴雄文．俄罗斯的军事经济安全问题［J］国外理论动态，2002. 4

④ 曹廷泽，尚喆．军民融合式发展的风险防控机制研究［J］．军事经济研究，2011. 1

内战略资源又极度匮乏，由此决定了防范外部经济风险、确保国防经济安全的重心，是实现海外战略物资的稳定供给和海上战略通道的安全。日本政府要求有关机构准确迅速地掌握可能出现的危机动向，充分把握和评价各种紧急事态对国防经济安全的影响[①]。

（三）制定应对国防经济运行风险的法律法规

世界各国都以立法、行政规定的形式，来应对国防经济发展的外部经济风险。美国为了防止国外资本对其重要产业的控制，1988 年美国国会通过的《综合贸易法》规定：美国政府可以阻止外国投资者在美国公司取得控制性的极权。由八个联邦机构负责人组成、财政部长任主席的“外国投资委员会”，被授权可以审查外商购买某家美国企业的申请是否有“损害国家安全”的危险[②]。另外，世界各国还通过参加国际组织、签订各种投资和知识产权、市场开放等国际条约，来指导和规范本国国防经济活动，降低国防经济发展的外部经济风险。美国政府颁布的《国防工业安全纲领》于 1965 年生效，它设立了授予外国投资者在国防工业投资安全通行证的一系列原则。授权国防部长颁布法规，保护被指定为机密的国防工业部门，并对国家安全资讯提供防范措施。外商在美国国防工业投资的最大障碍是要通过“为外国人控制和影响”（FOCI）的测试这道门槛[③]。2009 年 1 月 15 日，美国国防部出台了新版《联合作战顶层概念》文件，明确把“导致军队对私人部门的过度依赖”作为“运用《联合作战顶层概

① 杜为公．经济战争与国家经济安全［M］．北京：海潮出版社，2001.302

② 杜为公．经济战争与国家经济安全［M］．北京：海潮出版社，2001.298

③ 李作战．美国国防领域对外商直接投资的产业战略探微及其启示［J］．西南大学学报（社会科学版），2009.6

念》过程中面临的众多风险之一”。为防止外部风险的出现，美国国防部通过出台、修正或补充《美国法典》、《国防授权法》、《国防部指令》等法律法规，调整私人承包商进入国防工业领域的边界[①]。

二、注重国防高科技的自主创新能力

为了迎接新军事变革的挑战，巩固国防经济基础，增强外部经济风险防范和控制能力，世界主要国家都加大了对国防科技工业自主创新的投入和政策支持力度，并将国防投资集中在一些核心技术领域。在国防市场和国防产业安全方面，西方发达国家更注重国防战略物资和能源安全，避免重要产业、战略物资和关键技术的供给不受敌对国所控制[②]。对于发展中国家而言，由于经济发展水平落后，发展民族工业是当务之急，高技术自主创新能力在国防产业安全中相应地显得尤为重要。虽然创新本身也存在风险，而且创新的力度越大，风险也就越大，但相比之军事核心技术受制于人的风险来说，大多数国家宁愿加大国防科技工业的自主创新能力来规避外部经济风险。美国根据新的安全形势和军事战略的要求，加大国防投资力度，以巩固和进一步提高美国的军事核心技术实力，特别是加大了武器装备的研发费用，优先发展高新技术和新概念武器装备，以巩固美国的高科技领先地位，维持美国在全球的军事霸主地位和利益。英国国防部加大对武器装备研究和技术领域的投资力度，并将资金集中投入到重要军事领域和具有重大战略意义的优势科研领域，并寻求与工业界、贸

① 谢玉科．国防工业基础军民融合的边界研究［J］．国防大学国防经济研究中心 2012 年年会论文，2012

② 杜为公．经济战争与国家经济安全［M］．北京：海潮出版社，2001. 292

易工业部、研究委员会和学术界之间的广泛合作，以避免重复投资、分散投资，最大限度地降低国防科技工业尤其是军事核心技术研发的风险。

受综合国力和技术基础的限制，发展中国家，如印度在引进国外先进军事技术时，比较注意采取多元化的引进方法。例如，在引进军事技术和武器装备系统时，既注意从俄罗斯引进廉价可靠的武器系统，也引进昂贵而先进的西方电子设备。同时，重视对这些技术的消化、吸收和创新，对部件的仿制从原件装配到先用进口原料仿制部件，再用本国产品替代仿制部件，不断提高武器装备的国产化水平，最终目标是建立现代化的高技术科研生产体系，实现武器装备的完全自给[①]。

三、强化国防战略资源的控制能力

伴随着《国家安全法》的颁布与实施，美国建立了国家安全资源委员会，“就协调军事、工业、民防动员等问题给总统当顾问”。在朝鲜战争期间，国家安全资源委员会改组为国防动员局，1962 年改组为紧急准备局，1973 年改组为联邦准备局，1979 年改组为联邦紧急管理署，逐步完善了机构及其职能，加强了对国家战略资源的管理能力和紧急情况下的反应能力[②]。鉴于战略资源在国防经济发展中的极端重要性，再加上战略资源全球分布的不均衡以及稀缺性，世界各国都十分重视国防战略资源控制能力问题。一方面，封存一些战略性高、存储量少或污染度高的战略资源，确保战略资源供给的可持续性；另一方面，尽可能多地从其他国家进口稀有的战略资源，并且进行大量的储备。美国早在

---

① ［印］拉朱·汤姆斯. 印度武器装备发展政策［J］. 外国军事学术，1998.9

② 李霖，赵勤轩. 新时期军事经济理论研究［M］. 北京：军事科学出版社，1995.218

1962 年就制定了向国外采购原料和建立战略资源储备的专门计划，大量购买使用全球廉价的战略资源，并通过经济和军事援助、海外投资等手段，有效控制了他国的稀缺战略资源。对于本国资源性公司到国外勘查开发战略资源的活动，美国政府给予了强有力的支持。例如，美国为了支持本国石油公司获得在伊拉克、伊朗和利比亚的石油勘探开采权，甚至不惜采取推翻伊拉克、伊朗和利比亚政府的行动。为了确保国防战略资源的稳定供应，提高对国防战略资源控制能力，美国、法国、日本等发达国家还建立战略资源储备制度。1985 年，美国储备的战略资源共计 63 类 93 种，价值高达 168 亿美元。冷战结束后，美国储备的战略资源有所减少。到 1998 年 9 月 30 日，美国战略资源的总储备价值为 41 亿美元，石油储备量大致相当于 60 天的净进口量。美国在修订 1999 年物资战略储备计划时，由于铍、铌、金刚石、锰、铂族金属、钽等国防战略资源的库存量为零或很低，计划大幅度购进。根据 1992 年出台的《石油供应安全法》，法国成立了一个新的机构——战略石油储备专业委员会，专门负责制定储备政策以及战略石油储备的运作，建立石油储备库，购买储备的经费由国家财政负担并绝对控制，明确规定战略储备的成品油量为前一年销售总量的 27%[①]。日本是国防战略资源高度依赖海外供应的国家，国防战略资源的稳定安全供给成为日本历届政府关注的重要问题。例如，日本从 1972 年建立石油储备，1995 年政府和民间储备合计相当于全国 157 天的石油消费量。日本通过的《石油储备法》规定，政府必须储备够全国使用 90 天的石油，民

① 陈德胜，雷家肃．法德美日四国的战略石油储备制度比较与中国借鉴［J］．太平洋学报，2006. 2

间企业必须储备够全国使用70天的石油[①]。此外，日本还把一些用量不大的国防战略资源，如镍、铬、钨、钴、钼、锰、钒、锑、铂和17种稀土元素列为战略资源储备的品种。为确保国防战略资源运输的安全，日本还大力发展海上军事力量，确保海上战略运输通道安全。从未来发展来看，处于优势地位的美国、欧盟和日本等发达国家会继续利用现有的经济、军事和技术优势，根据自身的利益需求，主导全球战略资源的市场行为。

四、加大对军工企业的保护力度

美国国防部制定国防工业发展的新政策，进一步加大对国防工业的投资力度，加强基础研究与技术开发，从根本上提升国防工业的核心生产能力，并采取各种措施鼓励非传统的供应商进入国防工业领域；通过更多地采用商业采购惯例、提高盈利能力，减少供应商进入防务市场的市场障碍；加大对国防科研的支持力度，大部分国防科研资金由联邦政府提供，并把80%的科研拨款用于军事目的；运用军事采购的办法为大型军火公司提供有保障的国防市场，运用税收、补贴等手段使大型军火公司获得更多的收益[②]；以强有力的法律手段保护国防工业企业的知识产权，不断增强自主创新能力，形成更富竞争力和创新性的国防工业基础。美国政府还专门设立了国防工业基金，用于支持重点军工技术的开发，解决重点军品研制生产中的应急问题。更重要的是作为一种导向，吸引和引导企业投资军方急需的项目建设[③]。英国

① 夏世进，王辉．外汇储备、国家物资储备与国家经济安全［J］．沿海企业与科技，2007.4

② 刘义昌等．国防经济研究［M］．北京：军事科学出版社，1993.226

③ 于连坤，罗永光，王淑平．世界国防经济学教程［M］．北京：国防大学出版社，2008.123

的国防工业政策强调通过开展有效竞争，增强国防工业的国际竞争力；强化军民融合，建立起国防部与工业界稳定的合作伙伴关系；加强与盟国的合作交流，为国防经济发展提供更为广阔的空间。日本从经费、政策、管理等方面对军工企业实行倾斜，并采取各种优惠扶植措施。例如，在税收方面实行“倾斜减税”，采取税额扣除、收入扣除、特别折旧、准备金基金制度、压缩记账等。在金融方面实行“倾斜金融”，由政府金融机构予以长期低息贷款，日本开发银行的贷款利率要比民间银行的实际利率低三至四个百分点，主要贷款对象为军工企业[①]。英国国防部对于大型国防采购合同的竞标者，预先进行严格的资格审查，严格审核竞标者的技术水平、财务状况、承制资质等情况，只有符合要求的少数企业才被邀请参与国防采购合同的竞标投标，以确保国防采购的安全可靠，提高国防采购的效率，最大限度地降低国防采购风险。

大多数国家都将武器装备出口作为促进国防工业长远发展的重要手段，采取多种措施促进武器装备的出口。同时，鼓励国防工业更多地进入海外市场。例如，美国国防部通过其主管装备出口的“国防出口服务局”（DESO），为工业界的装备出口和海外投资提供担保和有力支持，创造更多的出口机会。为进一步保证俄罗斯出口武器装备的质量和性能，提高国际市场上的竞争力，在财政资金紧张的条件下，俄罗斯国防部和国防工业委员会联合筹措中央基金，对科学研究和试验设计工作进行预算外补充拨款，对制造最新武器装备和军事技术设备的部门提供优先拨款[②]。

① 孔祥富．日本的国防产业［J］．现代日本经济，2003.3

② 刘洋．世界主要国家发挥国防经济双重效益的做法与启示［J］．军事学术，2003.11

五、积极推进军民一体化发展

当前，国防经济与社会经济、军用技术与民用技术的结合面越来越广、融合度越来越深，以经济实力和科技实力为核心的综合国力竞争越来越激烈。世界各国都根据本国实际，纷纷转变国防经济建设模式，摒弃传统的“军民分离”模式，将国防经济深深植根于国民经济和社会发展体系中，不断拓展军民融合式发展的领域和范围，以谋求军事领域和经济领域的双重竞争优势，以国家整体实力增强国防经济抵御外部经济风险的能力。一是建立健全军民融合式发展的决策管理机构。这是推进军民融合式发展的根本性、长远性举措。美国高层推进军民一体化的机构，主要有国会、国家科学技术委员会和总统科技政策局等。这些高层决策机构，主要是通过颁布法律和制定军民融合式发展战略，确定军民融合式发展的实施措施。二是制定科学合理的军民融合式发展战略规划。美国、日本、英国等军事强国推进军民融合式发展之所以能够取得成功，其中一个重要的原因，就是这些国家都对军民融合式发展制定了科学的战略规划，实施了强有力的调控①。三是重视统一军民技术标准。许多国家注重改革军用标准事宜，统一技术标准，采用必要的商用惯例、规范民用标准，实现军民兼容。美国不断推行军用标准改革，在对过去所有军用标准和规范进行全面清理、审查的基础上，废止了4000余项军用规范和300余项军用标准，采纳了1784项民用标准（非政府标准）②，大大提高了民用技术标准和性能规范在国防部标准化文件中的比

---

① 李波，李想．各军事强国军民融合的探索实践与启示［J］．装备，2010.7

② 姜鲁鸣，刘晋豫．经济建设与国防建设协调发展的制度保障［M］．中国财政经济出版社，2009.76

例。四是加强军民融合式发展的法规建设。美国、日本、英国、法国等发达国家之所以能够顺畅地推进军民融合式发展，其中一个重要原因就是建立了比较完备的相关法律法规体系，同时在实践中能够严格依法办事。例如，美国国防部先后出台了《采办改革：变革的命令》等一系列促进军民融合式发展的法规性文件[①]。五是将国防经济建设与国家基础设施建设深度融合。当前世界主要国家都依据自己的经济科技发展战略和军事战略目标，统筹规划、合理安排，使国防交通和通信的战备建设融入平时的交通和通信事业发展之中。国家在高速公路、民用机场、桥涵隧道、通信设施等基础设施建设中充分考虑军事需求、贯彻国防功能，兼顾经济效益、军事效益和社会效益。

六、积极开展防务经济领域的国际合作

应对外部经济风险，依靠单个治理主体往往是无法完成的，需要建立风险共担的新的治理机制[②]。当前，各国政府在防务经济领域的协调开始增多，出现了由“企业主动、政府管制”向“企业要求、政府协调”的新变化。各国政府都根据其国家安全态势和军事战略，确立防务经济领域参与国际分工与合作的总体发展战略，并积极出面协调，以达成某种国防分工与合作协议[③]。

世界各国均加强了区域防务合作、盟国间防务合作和企业间的跨国合作，以增强防范防务经济运行风险的能力，重点放在加

① 姜鲁鸣，刘晋豫．经济建设与国防建设协调发展的制度保障［M］．中国财政经济出版社，2009. 71

② 《中国马克思主义与当代》编写组．中国马克思主义与当代［M］．高等教育出版社，2012. 70

③ 于连坤，罗永光，王淑平．世界国防经济学教程［M］．北京：国防大学出版社，2008. 4

速高技术的开发和新式武器装备的研制上①。西欧各国规模小、实力有限，在合作研制武器装备上比较普遍。为加强双边或多边合作，西欧国家除签订双边或多边协议外，还成立联合组织。例如，法国、意大利、英国、德国等共同成立“欧洲联合军备合作组织”，负责欧洲的防务装备合作项目，仅法德两国的军工合作项目就有100多项②。欧洲航空防务与航天公司（EADS）是由德国、法国、西班牙三国共同出资成立的航空与航天公司，联合制造各种航天装置，保障欧洲航天事业发展③。同时，EADS希望通过与这些关键供应商建立长期稳定的合作关系，使自身能更好地满足市场需求，增强抵御外部经济风险的能力。日本积极参加国际军备控制，更广泛地与亚太国家进行军事技术合作，并继续加强同美国和欧盟各国的军事合作。目前，世界各国防务合作的方式更加多样，在特许生产、合作生产、联合研发等方式有新的发展的同时，出现了军工国际联盟、产权联合、跨国兼并、参股等新型合作方式④。

加强防务经济领域的合作与交流，根据各国的强项分工，充分发挥群体的优势，缩短项目合作周期，促进各国武器装备研制生产的标准化、通用化，以质量和性能上乘的防务产品增强国际市场的竞争力，还能够起到分担风险、节省费用、缩短研制周期的作用。据国际防务专家估计，两国合作研制一种武器装备，比

① 目前世界主要国家在国防经济领域的合作，主要包括三类：一类是情报与监视技术领域的合作，如卫星领域合作；第二类是动力工程领域的合作，如军用直升机和运输机等；第三类是本土安全防御领域的合作。

② 张跃东，谢文秀．国防经济简史［M］．北京：国防工业出版社，2010.205

③ 任田义．大国国防经济争奇斗艳［N］．香港大公报，2008-04-01

④ 于连坤，罗永光，王淑平．世界国防经济学教程［M］．北京：国防大学出版社，2008.78

一国独立研制节省30%的费用，多国联合则可节省50%左右①。当然，防务经济领域国际合作的缺陷也是十分明显的，一旦战争爆发，或两国关系恶化甚至出现破裂，这种防务合作关系就会立即终止，从而影响本国武器装备采办的进程。

本章小结

市场经济体制及经济全球化决定了国防经济发展外部经济风险的客观存在。作为独立的经济系统，国防经济发展面临来自国民经济（Ⅰ类外部经济风险）、国际经济（Ⅱ类外部经济风险）两大系统的风险。与一般经济风险相比，国防经济发展外部经济风险有其自身的特征。以国防经济发展外部经济风险研究相关理论为基础，通过对国防经济发展外部经济风险源的考察，可知重视防范国防经济发展外部经济风险，是世界各国特别是军事强国的普遍做法。

① 常进，朱庆林．中国军事斗争经济保障模式研究［M］．北京：军事科学出版社，1999. 184～185

第三章 中国国防经济发展面临的外部经济风险分析

为防范国防经济发展的外部经济风险，应当对国防经济运行态势进行广泛调查和深入研究，查找出制约瓶颈和主要问题的根源所在。我们认为，当前对国防经济发展外部经济风险的判断与识别应从这样三个方面加以考虑：一是考察影响国防经济发展总体效能涉及的因素或对国防经济发展造成了影响、波动的因素，如资源（财力、物力、人力）、技术、国防工业发展、军品贸易等。二是考察国民经济存在的经济风险问题，是否同时也是国防经济面临的风险。三是考察国际经济全球化对国防经济发展产生影响较大的因素。从这三个角度考察现有矛盾与问题，有助于我们在国防经济发展过程中发现风险并有重点、有针对性地加以防范。

第一节　国防经济发展外部经济风险影响因素分析

从实践角度来看，导致国防经济运行风险的影响因素，主要来自于两个方面：一是在既定的国防经济基础和结构条件下，来自国内各方面的非正常干扰，如经济波动、政策调整、市场变化等因素；二是在竞争的国际经济环境下，由于国际市场的波动而对本国国防经济运行造成的风险，或一国基于自身利益对另一国经济利益的侵害，如国家之间的经济制裁、贸易战等[①]。国民经济和国际市场的波动对国防经济运行的影响是多方面的，就不同领域来说，外部经济影响因素的差异、影响的程度和可能产生的外部经济风险是不同的。

一、国防经济发展Ⅰ类主要影响因素

（一）国防经济体制

国防经济是国民经济系统的重要组成部分，国防经济若要健康、正常运行和发展，必须建构完善、合理的组织制度体系。加强国防经济建设，增强其防范外部经济风险的能力，除在国民经济与国防经济之间合理分配国防资源外，还必须通过科学高效的国防经济体制提高军事系统对国防经济资源的使用效率。只有具

① 吴鸣等．经济全球化与国家经济安全［J］．求是，2004.6

备良好的国防经济组织制度体系，才能协调和规范各国防经济部门和国防系统内外之间有序运行，杜绝低效率和资源浪费，不断提高国防经济保障效益，积极应对未来信息化战争的需要。

健全的国防经济制度是国防经济风险防范的基石。研究国防经济风险防范问题必须重视制度因素。国防经济制度是国防经济安全建设过程中最具影响力的因素，这是因为国防经济制度是国防经济力转化为战斗力的基础。中国古代兵家讲“凡兵、制必先定。制先定则士不乱，士不乱则刑乃明”[①]。依据现代系统论原理来解析，“制先定”之义，不仅在时序上表明了“无制不成军”的首要作用，而且从深层次说明，制度在治军活动的有机联系中起主导作用。即由“制先定”，而决定着“士不乱”、“刑乃明”。国防经济制度是国防经济主体用来影响国防经济建设，优化资源配置、合理安排各种国防经济资源（包括物质资源和精神资源）的一种手段和条件。邓小平指出：“制度好可以使坏人无法任意横行，制度不好可以使好人无法充分做好事，甚至会走向反面”；“制度问题更带有根本性、全局性、稳定性和长期性”[②]，制度方式非常重要。他还强调：“还是靠制度，靠制度管用一些”。习近平主席多次强调指出：“依法从严治军，按规则、按制度办事。”国防经济资源只有通过健全的国防经济制度将其整合起来，才能充分发挥其效能，并不断提高国防资源的使用效率。统筹国防经济建设与国民经济建设，合理分配、利用、使用资源，在促进国民经济更快发展的同时使国防经济建设能获得更多的经济资源，必须健全国防经济制度，这也是国防经济风险防范的重要影响因素。

合理的国防经济组织结构是国防经济风险防范的保障。道格

① 丁郁．论中国传统军事法律文化之特点［J］．南京：南京政治学院学报，2005.2

② 邓小平文选第2卷［M］．北京：人民出版社，1994.333

拉斯·C. 诺思（Douglass C. North）在《西方世界的兴起》[①]中曾这样论述：有效率的经济组织是经济增长的关键；一个有效率的经济组织在西欧的发展正是西方兴起的原因所在。诺思认为，国家决定产权结构，因而国家最终要对造成经济的增长、衰退和停滞的产权结构的效率负责，因为“国家提供的基本服务是博弈的基本规则”[②]。在国防经济制度变迁的过程中，国防经济组织发挥着决定性的作用。这种组织包括了军事行政组织、国防经济组织等。一个国家国防经济稳定，必须有合理的国防经济组织结构、高效率的组织运行机构，而军事组织对于规则的制定，亦即制度的具体化（法律、法规以及国防经济管理规章制度的制定与实施）亦是国防经济风险防范的必要条件。

科学的国防经济宏观决策体制是国防经济风险防范的前提。国防经济的发展除了受一定的经济规律制约外，还在一定程度上受到政治、军事因素以及国防经济宏观决策体制和运行机制的影响。国防经济宏观决策体制是否科学对国防经济建设发展影响十分巨大，特别是国防费的扩张和收缩等对国防经济发展产生重大影响。改革开放前中国国防经济的决策体制是一种高度集中的体制，这种体制具有高度统一、决策迅速、保密等优点，但也有权力过于集中、程序简单、缺乏民主等方面的不足。20 世纪 60 年代前半期，在对当时国际局势的判断及所采取的国防经济发展对策前提下，中国曾有学者提出不要采取针锋相对的方针，而要采

---

① 传统观点认为，经济增长和国家发展得益于资本、劳务投入及技术革新。但 1970 年和 1971 年，美国著名经济学家和经济史专家、新制度派代表人物、诺贝尔经济学奖获得者道格拉斯·诺思发表了《西方世界成长的经济理论》和《庄园制度的兴衰：一个理论模式》两篇论文，指出制约经济发展的决定性因素是制度，对传统观点提出了挑战。他认为，经济增长的关键在于制度因素，一种提供适当的个人刺激的制度是促使经济增长的决定性因素。并在上述两篇论文的基础上，写了《西方世界的兴起》这本书。

② 杨龙，戴扬．论制度的结构、功能与绩效［J］．北京：理论与改革，2006. 2

取和缓方针的策略建议。但是，由于决策体制的原因，这种建议并没有被采纳，以至于中国不得不在国力较弱的情况下投入过多的财力、物力进行国防建设，最终导致国防经济甚至国民经济运行的不安全因素增多。改革开放以后，在“以经济建设为中心”的指导方针下，中国集中精力进行国民经济建设，取得了很大的成绩。但与此同时，国防建设的极度收缩却使中国的国防经济发展陷入了极度的不均衡之中。直接地看，造成这些结果的原因是由于中国特定时期特定的国家战略和军事战略造成的。但更进一步地看，这些战略又是通过一定决策体制进行制定的，是一定体制下的产物。从这个意义上说，中国这些时期的国防经济发展风险因素，也是由特定的国防经济宏观决策体制造成的。

完善的国民经济动员机制是国防经济风险防范的前提。国民经济动员机制是国民经济机体内相互关联、相互制约的各构成部分所显现出来的应变机能和作用方式。完善的国民经济动员机制能大大增强国民经济动员能力，国民经济动员的能力大小对应对国防经济发展外部经济风险起到积极的影响作用。国防经济规模变化的情况与国民经济动员能力密切相关。国民经济动员机制健全，国民经济动员能力强，平时国防经济规模就可以小一些；相反，如果国民经济动员机制不完善，平时国防经济规模就应该大一些。国民经济动员能力可以认为是一种潜在的国防经济规模，所以国民经济动员能力的强弱直接关系到国防经济规模的大小。健全的国民经济动员机制，使得国民经济的动员更加和谐有序、动员的速度更加迅速。在未来信息化战争条件下，战争的科技含量空前提高，这就要求国民经济动员必须由追求数量型向追求质量型转变，使国民经济动员中的智力、科技、信息含量的比重不断提高，使战略物资、交通运输、医疗卫生等领域的动员与信息动员相协同，从整体上提高国民经济动员的质量。在信息技术的作用下，一个国家的国民经济动员能力的增强、动员质量的提高，从一个比较特殊的角度影响了国防经济的规模，进而影响到国防经济对外部经济风险的防范能力。

（二）国防财力因素

国防财力资源是指军队为实现其职能，通过财政申请、自行筹措等途径获取的，以经费、资金等形态存在的，配置于军事系统的部分社会经济资源，它是一个国家军事战略在经济上的体现。国防经济健康稳定发展有赖于国家军事战略的制定，把握好国防财力配置与国防经济安全发展的内在联系，统筹好国家军事战略、国防经济发展战略规划、军事建设任务和国防财力资源配置，是国防经济风险防范的重要考虑因素。国防财力规模与一定时期国家经济发展战略息息相关，根据国家安全发展战略，确定国防经济建设发展目标，规划国防经济建设发展总体任务，确定国防资源总需求，并将总任务和总需求层层分解成具体的任务和需求，依据需求作预算，使国防财力资源配置能够最有效地体现国防经济建设发展规划的意图，保证国家军事战略的贯彻实施。

19 世纪中叶，德国统计学家厄恩斯特·恩格尔（Ernst Engel）在研究社会经济发展问题时发现，一个家庭的收入越低，用于食物消费支出的比重就越高①。这个定律在国防经济活动中同样具有适用性。当一个国家的国防费规模受到限制，军队始终走维持型发展道路时，维持性经费在国防费中所占有的比重必然较大。要想提高武器装备的高技术含量，投入更多的经费到国防科

① 这一定律被称为恩格尔定律，反映这一定律的系数被称为恩格尔系数。国际上常用恩格尔系数来衡量一个国家和地区人民生活水平的状况。根据联合国粮农组织提出的标准，恩格尔系数在 59% 以上为贫困，50% ~59% 为温饱，40% ~50% 为小康，30% ~40% 为富裕，低于 30% 为最富裕。

研领域，加强教育训练，提高人员素质，只有通过增加国防费投入的规模，使国防费规模达到在满足军队的维持性需求后还有足够的剩余，这时才有走发展型道路的经济条件。然而，中国国防费规模较之美、英等发达国家，甚至较之发展中国家印度长期处于低位运行。中国国防费总量供需失衡，供需缺口大。由于没有足够的经费来保障发展高新技术，致使我军目前的常规武器的信息化水平与信息化战争提出的要求相比差距较大。没有相应的国防财力规模作保障，国防经济建设发展战略就不能得到有效的贯彻实施，这是因为国防建设的每项任务的完成都要有相应的经费作保障，都离不开财力资源的第一次推动，所以说国防财力规模是国防经济建设发展的首要保障。

国防财力规模反映了国家的投入力度，而国防财力结构则反映了财力资源在国防、军事中的资源配置方式。国防财力结构由一国武装人员在一定时期内消费的军品的价值构成，具体是指有机构成结构和部门结构各组成部分所占数量的比例、组织状况和相互关系。有机构成结构包括装备费和维持费，部门结构包括陆军费用、海军费用、空军费用和第二炮兵费用。任何资源的分配都有比例问题，比例决定结构，结构决定功能。倘若比例关系失调，必然造成系统功能的紊乱，从而影响系统功能的发挥。国防费的比例关系实质上就是国防费配置结构的问题，科学合理且富有弹性的国防费配置结构是提高国防费使用效益从而保障国防经济安全的前提。可以说，国防费配置在军兵种之间，以及装备、设施和人员之间客观上存在着一种比例关系，比例科学合理，军队的各项建设就能协调发展；比例失调，必然影响军队的功能，造成军事系统的紊乱，影响国防经济的建设发展。不同的战争形态决定了不同的国防费分配结构，如第二次世界大战时期的“闪击战”和“大纵深作战”理论突出强调机动的重要性，国防费的配置结构要求重视机械化机动力量的建设。信息化战争条件下，机动的概念、方式和手段都发生了质的变化，国防费配置结构相应的就要更加侧重于信息化力量的投入。此外，不同战争形态下军兵种之间的比例结构要求不同，也要求国防费配置结构必须与其相协调。国防费配置结构如果与当时的军事建设需求不适应，必然影响军队整体军事功能的有效发挥。因此，国防费分配结构必须适应时代发展特点，适应新战争形态的变化，适应经济全球化的发展，确保国防费的分配能满足国防建设重点的需求。

（三）国防人力因素

人力资源是指一定空间和时间范围内的人口总体所具有的劳动能力总和，或者说是指组织内部能够推动经济和社会发展的具有智力和体力的人及其能力的总称①。人是生产力中最活跃最重要的因素，一国国防人力素质的高低和各种人才的多寡，对一国国防经济的安全和发展至关重要。习近平主席关于国防和军队建设重要论述中多次强调指出，人才是强军兴军的决定性因素，高素质新型人才是国防和军队建设发展的第一战略资源，关系军队建设全局、关系未来战争胜负。

合理利用国防人力资源将积极推动国防经济建设发展。人力资源作为一种能动的特殊资源，加强开发与管理是发挥其巨大潜能的关键因素。人力资源概念自20世纪50年代提出以来，之所以引起人们的高度关注，不仅在于人力资源的重要，更在于人力资源的开发与管理所产生的巨大效能。20世纪70～80年代，世界新科技革命兴起，以高素质人才为核心的人力资源，日益成为战略资源的第一资源。随着新军事革命的到来，一些国家的军队

① 颜春杰．新编人力资源开发与管理［M］．北京：社会科学文献出版社，2004

陆续用人力资源管理的理念改造和代替军队传统人事管理的理念，如美国国防部建立了人力资源管理部、相关军种建立了人力资源司令部等。美国有学者调查发现：按时计酬的职工每天只要发挥自己20% ~30%的能力，就足以保住自己的饭碗。但若充分调动其积极性、创造性，其潜力可发挥出80% ~90%。联合国也曾做过一项调查，以一个文盲劳动者的劳动生产率为基数，小学文化程度的劳动者可提高生产率43%，中学文化程度的劳动者可提高生产率108%，而大专文化程度的劳动者则可提高生产率300%。另一项研究表明，在现代社会，在人的体能、技能、智能三者之间，获得体能、技能、智能社会所需支付的成本分别为1:3:9，而社会所能得到的收益分别为1:10:100。也就是说，一个仅具有体能的劳动者创造的财富只能维持其本人的生存；如果同时具有技能，创造财富的能力提高10倍，可以养活10个人；再具有智能，创造财富的能力又提高10倍，可以养活100个人。美国诺贝尔经济学奖获得者西奥多·舒尔茨（Theodore W. Schults）指出：人力开发如果以学历为标准的话，那么，学历层次与脑力劳动的比值将有2倍的差距。其经验公式为：大学：中学：小学之比为25:7:1①。对国防人力资源的合理开发与管理，必将对国防经济的发展产生巨大效能。如果国防人力资源的潜能不能得到合理利用，必将造成国防人力资源的浪费，对国防经济建设发展造成极大的负面影响。

国防人力资源配置的结构和数量对国防经济建设发展的影响日益凸显。在现代高科技武装下的国防经济领域，国防人力资源已成为“第一资源”，知识军事和信息化战争的挑战使世界各军事强国都在加紧开发国防人力资源，抢占国防经济人才这一战略

① 舒尔茨．人力资本投资［M］．现代国外经济学论文选第8辑，北京：商务印书馆，1984. 245

制高点。20世纪80年代以来，以信息技术为核心的高技术被广泛应用于军事领域，精确制导武器、新型军用卫星、指挥自动化系统、电子战装备和反导弹系统等高技术武器装备大量研制成功，并应用于战争实践。科学技术的地位日趋上升正说明了人的因素十分重要，战争实践反复证明，在人与武器装备的比较中，人是第一位、具有决定性的因素，人和武器的结合生成现实的战斗力。在信息化战争中，由于武器高度信息化、智能化，知识武器和智能武器的大量使用，决定敌对双方的较量将更加突出地表现为高素质军事人才的较量。越是高技术战争，越是突出人是战斗力第一要素的作用，越是要求我们在任何时候都不能见物不见人。军队是由人组织起来的为一定政治目的服务的武装集团，其主体是人而不是物。毛泽东在《论持久战》一文中关于"武器是战争的重要的因素，但不是决定的因素，决定的因素是人不是物。力量对比不但是军力和经济力的对比，而且是人力和人心的对比。军力和经济力是要人去掌握的"[①]论述，科学阐明了人在战争中的主体地位和对战争胜负的决定作用。党的十八大报告中有两处提到"人力资源"：一是谈到全面建成小康社会的若干指标时，强调要"进入人才强国和人力资源强国行列"；二是在提到"推动实现更高质量的就业"时，强调要"健全人力资源市场"。这足以表明，我党实现从人才大国到人才强国转变的决心。军队要强大，也必须重视人力资源，实施人才强军战略。充分认识国防人力资源对国防经济建设发展起的决定性作用，国防人力资源的结构、数量及其配置好坏将影响国防经济建设稳定发展。

（四）国防物力因素

无论是进行战争还是发展国防经济，都离不开金属（非金

① 毛泽东选集第2卷［M］．北京：人民出版社，1991.469

属）、石油、粮食等对国防具有重要作用的国防物力资源。国防物力资源是国防经济资源的主要构成要素，是国防经济赖以发展的物质基础，在一定程度上决定着国防经济实力的大小。国防物力资源对国防经济建设发展的影响，是指对于一个国家来说，该国拥有主权的、或实际占有的、或可得到的各种国防战略物资的数量和质量，能够保障该国国防经济当前及可持续发展的需要，不致因为某些国防战略物资的缺乏而使一国根本的国防经济利益受到伤害。

一国的物力资源一般可分为待开发资源和已开发、正在利用资源两类。前者，当技术水平达到开发要求时。必将成为未来产业形成和发展的基础；而后者的供给状况直接决定和影响产业结构。一般国家在发展产业时往往注意发挥资源优势，优先发展同本国可以开发利用的丰富资源相关的产业，以积累资金，进一步发展其他产业。由于国防物力资源具有供应的稀缺性、开发（获得）的高成本性、广泛的渗透性、影响的深远性等特性，各国拥有的国防物力资源相对于各国国防经济安全建设的需要而言，往往是有限的。随着人类社会的快速发展和国防经济安全建设步伐的加快，对国防物力资源的消耗与日俱增，需求量有增无减，供需矛盾愈加突出，国防物力资源对国防经济建设发展的影响越来越突显。

国防物力资源是国防经济外部经济风险防范的物质基础。特别是以能源、主要金属（非金属）为重点的矿产资源和以粮、棉、油为重点的农业资源安全问题，已经成了国防经济安全的重要组成部分，是国防经济安全的物质源泉。在全球化进程中，国家安全已不再是传统意义上军事和政治安全，而是包括经济、科技和生态等在内的综合安全，其基础是以经济、军事为核心，包括政治、科技、文化等诸要素在内的综合国力，其中任何一种安全利益的维护和获得都必须依靠国防物力资源安全利益的支持。国防物力资源将一直是各国国防经济建设发展的重要支撑和军事装备现代化的动力基础，“是国防经济安全能力的一个重要组成部分”①，确保国防物力资源供应的安全将是各国维护国防经济安全的重要的政治与外交政策目标。

以矿产资源为例介绍物力资源对国防经济外部经济风险防范的物质基础作用。矿产资源安全是一国或地区稳定、适时、持续地控制和获取矿产资源、保障国防经济安全的物质基础，影响到国防经济建设发展各个方面。在人类社会利用的自然资源中，70%以上是金属、非金属以及矿物能源等矿产资源。在现代社会中，没有哪一个部门不与矿物原料及其产品的消费发生直接或间接的关系。在世界经济中，近90%的能源、80%以上的工业原料和70%以上的农业生产资料来源于矿产资源。有专家认为，如果人类社会没有对矿产资源进行广泛的利用，那么世界的人口将会减少一半。由此可见，矿产资源是人类生存和发展的重要物质基础，是国防经济安全稳定发展的重要保证。据统计，中国95%以上的能源和80%以上的工业原料来源于矿产资源，矿产资源产业支撑着占中国GDP 70%的国民经济的运转。战略性关键矿产供应的不稳定，将会严重影响国防经济建设发展。以石油为例，在世界石油供应史上曾多次发生重大的供应中断事件，对石油进口依赖程度高的国家产生了强烈的负面影响，引起了经济社会的强烈振荡，直接给国防经济的发展造成了风险。

从历史至今，国防物力资源一直是国际争端的根源之一。国防物力资源历来是国际关系中的重要问题，国防物力资源的争夺是战争的根源，是国际政治斗争和外交斗争的焦点与重要筹码，

---

① 王贵明．中国国防经济安全研究［M］．北京：军事科学出版社，2009

美国的世界观察研究所在其报告《全球预警》中指出："在整个人类历史进程中，获取和控制自然资源（土地、水、能源和矿产）的战争，一直是国际紧张和武装冲突的根源。"

世界上几乎没有一个国家的国防物力资源是可以自给自足的。严重依赖国外资源既是一个经济问题，也是一个涉及安全的问题。只有在国防物力资源安全的基础上，国防经济安全才有可能得到保证。目前在世界上有相当一些国家的粮食自给率不足，需要通过国际贸易来满足粮食供应需求，如何能够确保足够的粮食供应和稳定的供应渠道，就成为这些国家在国际政治斗争和外交活动中的重点。同样，目前在全球 40 种主要矿产的地理分布中，有 15 种矿产、3/4 以上的储量集中在 3 个国家，有 26 种矿产、3/4 以上的储量集中在 5 个国家，有 12 种矿产、1/2 以上的储量集中在发达国家，有 13 种矿产、1/2 以上的储量分布在发展中国家。

矿产资源分布和消费格局的不均匀性将激化各国竞争，并可能导致大国对抗，从而加剧地区紧张。据统计，20 世纪全球一共发生了 300 多次局部战争，全部与矿产原料的争夺有直接和间接的关系。目前国际上存在资源冲突的潜在热点地区，大多数都与矿产资源密切相关。人类历史上为争夺和瓜分世界物质资源爆发了两次世界规模性的战争，同时为了争夺矿产资源产地，还发生了像苏联入侵阿富汗[①]、以美国为首的多国部队发动的海湾战争以及其他一些地区的局部战争。这些战争"本质上就是争夺物质资源的战争"。据统计，在当今 81 个石油生产国中，约有 31 个国家和地区存在着双边或多边的冲突或潜在冲突，它们是：中国

① 苏联入侵阿富汗的原因是多方面的：一方面是为物质资源，因为苏联一旦控制了阿富汗，西可以进窥伊朗，东可以长驱直入南亚，从而打开印度洋的大门。以阿富汗为立足点，向西南亚扩张，从而威胁波斯湾产油国，控制对西欧和日本生命攸关的石油运输线，从侧翼包围西欧，谋求世界霸权。另一方面，苏联入侵阿富汗的根本目的是确保对阿富汗这个"兄弟"国家的控制。

南海海域、里海、中国的钓鱼岛、拉丁美洲埃赛奎博地区、黑海、帝汶海、千岛群岛、暹罗湾、马尔维纳斯群岛、圣皮埃尔岛和密克隆岛、海瓦尔群岛、阿布穆萨岛和红海。现代高技术战争突然性增加、进程加快、物资消耗巨大，没有充足的国防物力供应，难以为军队快速提供武器装备、燃料和生活用品，就不能支持战争持续进行。以石油为例，随着军队机动性增强，武器装备现代化程度提高，油料就成为军队战斗力的“命脉”和武器装备的“食粮”，飞机、坦克、装甲车和舰艇等主战装备对油料需求量大增。伊拉克战争中，美军主战坦克每前进 160 公里就需补充 1000 升油料，武装直升机飞行 1 小时就要消耗油料 200 升，美军每天消耗燃料高达 6600 万升①，战争对石油的需求量十分惊人。而充足的国防物力储备和供应则是提高应急动员能力、满足战争需求的必要保证，也是平时应对和处置突发事件的重要依托。

（五）国防科技因素

国防科技资源是武器装备发展和军事人才成长的内生基础，通过各种渠道直接或间接地影响国防经济的规模与结构的变化。国防科技是指可以应用于国防建设、增强国防力量的科学和技术，其研究成果通过国防科技工业转化为国防力量。它是一个国家国防现代化的重要标志，是实现国防经济跨越式发展的重要支撑和动力，只有始终站在国防科技发展的最前沿，在某些关键技术领域占领高新科技的制高点，才能推动国防现代化水平的跃升。随着信息革命的兴起，质量建军已成为各个国家的国策，各国都投入大量国防费用于军事革命领域，致力于发展机动投送、精确制导的新型武器，随着武器装备科技含量的提高，国防科技

① 和治伟，五海港．战略物资储备：在时代需求下日渐凸显［N］．北京：中国国防报国防动员第 3 版，2006－03－20

资源已成为影响国防经济建设发展的重要因素。

国防科技能力的强弱，决定了未来战争和国际政治中的战略主动权。国防科技资源配置的数量和质量与军事能力密切相关。国家为维护、谋取国家利益必须有一个强大的国防为基础，而当代国防力量的强大越来越体现为武器装备的先进性。在冷兵器时代，军队数量的多寡以及指挥官的个人素质是夺取战争胜利的决定性因素，随着坦克、飞机、导弹以及核武器等现代武器在战争中所造成的巨大毁灭性使人们认识到，先进的武器装备对夺取战争胜利正起着越来越重要的作用。世界上一些主要国家都在加大对国防科研的投入，加快发展高技术武器装备，其目的就在于争夺技术优势，抢占技术制高点，最终赢得军队的质量优势，争取战略主动权。在 2003 年的伊拉克战争中，上百万人的伊拉克军队面对美军的高技术武器装备显得那么不堪一击。科技革命正在改变着战争形态，国防科技的飞速发展对每一个国家的军备过程又都是一种不可抗拒的诱惑，国防科技资源配置的数量和质量在国防经济安全中的基础性作用日益突出。与此同时，国防科学技术的发展还具有巨大的政治、经济、科技和文化等社会功能，可以促进国家综合国力的全面发展和提高。保持领先的国防科技资源也是主权国家参与国际政治较量、扩大国际影响力的物质基础之一。“现代国防科学技术不仅已成为一个国家军事上是否强大、国防是否巩固的最重要标志，而且也是一个国家综合国力是否强大的最重要尺度”①。无论哪个国家，只有在国防科技领域实现了具有决定意义的突破，拥有符合时代特征和社会生产力发展趋势的高水平的国防科技资源体系，才能处于领先对手的有利地位，才能实现国防经济安全目标和发展目标的统一。对民族国家而

① 温熙森，匡兴华．国防科学技术论［M］．湖南：国防科技大学出版社，1995.1

言，国防科技资源优势是威慑力量的决定性因素，国防科技威慑是比直接使用武力更为有效的威慑手段。世界各国之所以重视国防科技能力的培育，其根本目的就是为了抢占世界军事发展的制高点，争夺未来战争和国际政治中的战略主动权。

国防科学技术引领新军事变革。20世纪八九十年代高新技术在某些重要领域不断取得新的突破引发世界新军事变革。这场以高新技术特别是信息技术发展为动力、以军事观念转变为牵引、以军事体系调整为中心的全方位、全领域、全系统的新军事变革，带动作战能力、作战形态、武器装备、防御手段等方面的重大而深远的变化，军事技术的每一次进步，战争方式的每一次演进，已经从根本上改变了现有的国防经济建设发展格局，使国防经济安全环境出现了两个发展的趋势：一方面，新军事变革中现代军事技术的发展削弱了地理屏障对国防经济安全的保护。军事革命发展到了今天，飞行技术大大缩短了地理距离，而精确制导武器在战场上的运用从根本上改变了军事强国对武力运用的态度。军事技术的进步，将会造成一项武器的革新有可能大幅减少或增加武器的成本，国家对战争的成本计算和态度都会随之而改变，国家运用武力的态度也会有所改变，安全矛盾突出，国防经济的安全环境也随之改变。另一方面，信息时代的核威慑，使核国家之间的安全不再是基于在战场上赢得胜利，而是基于“绝对相互摧毁能力”，一国的安全从此必须依赖于另一国的安全。因此，大国在国际政治中运用军事力量时，将更多的是发挥军事的威慑效应，武力的运用将会受到更多的制约和慎重。后冷战时代虽然没有出现大规模的战争，但局部战争不断发生，军事技术的进步应该是一个主要的原因之一。美国在军事技术领域所取得的新成就以及下一步打算努力发展的目标，对其他一些国家将产生示范作用，它们也将把信息技术等高新军事技术作为今后投资和发展的重点方向，所有这些都可能引起别国也纷纷加入到争夺太空权的军备竞赛之中来，从而加大国防费的投入力度，造成新一轮军备竞赛，使国防经济发展面临隐性或显性的外在风险。

国防科技创新关系到国防实力和国防安全。国防科技创新是一类特殊的、重要的创新活动，它是为保证国防安全而进行的科研创新和技术创新活动。科学技术是第一生产力，也是第一战斗力，国家和国防要实现现代化必须依靠国防科学技术的创新。国防实力不仅决定于军事实力，从根本上说决定于以军事知识和国防科技创新能力为核心的国防综合能力。作为特殊的经济领域，国防经济安全与发展更加依赖于科学技术特别是国防科学技术的创新。随着知识经济和经济全球化的发展，国际化的国防经济竞争日益变成综合国力和国防经济创新能力的竞争。谁在军事知识和国防科技创新上占有优势，谁就在国防经济发展中占有主导地位。国防经济担负着为战争提供以武器装备为主的物质技术基础的重要任务。战争需求以其事关民族、国家生死存亡的特殊地位，决定着以生产武器装备为主要任务的国防科技必须开发和研究最新的国防科学技术，以提供性能先进的武器装备，赢得战争的胜利。人类社会发展史表明，科技发明更多地要么首先出自军事领域，要么首先用于军事领域。这样的规律对国防科学技术的创新性提出了更高的要求。这种发展格局，对于发展中国家来说，既是难得的发展机遇，又是前所未有的严峻挑战。

国防科技竞争是当今国际竞争的焦点之一。在国防经济竞争中，国防科学技术落后的国家就会处于被动和不安全的境地。国防科学技术落后的国家是无法与先进国家竞争的，但国防科技落后的国家又无法回避竞争。例如，在一些亚洲国家自以为21世纪将是“亚洲的世纪”的时候，美国一些学者却自信地指出“21世纪还是美国的世纪”。他们的判断依据就是在20多个国防科技前沿领域中，美国仍独占鳌头。就此而言，不难预期，进入21世纪后，一些亚洲国家国防经济很可能处于经济非安全的状态。随着国防科学技术，特别是信息技术的迅猛发展和广泛应用，科学技术的创新和进步已成为提高国防实力和军队战斗力，赢得战略主动权的关键。信息技术对军事技术和武器装备的影响，不可避免地影响到国防经济的建设发展水平，在国防经济领域，信息技术的迅猛发展使组成国防经济规模的各个组成部分和组成国防经济结构的各个要素发生了此消彼长的变化。信息技术的发展已经影响到军队建设的方方面面：在军事理论方面，工业时代以机械化战争为核心的军事理论正在向信息时代以信息化战争为核心的军事理论转变；在军事技术方面，积极开发和利用信息技术；在武器装备方面，机械化武器装备体系正逐步改造为信息化武器装备体系；在军事人才生成方面，正在大力培养信息化时代的新型军事信息人才；在军事组织体制方面，正在逐步建立信息时代的信息化军队体制编制，以便使信息资源能在军事系统和战场上快速、顺畅、有序地流动，并适应打赢信息化战争的需要；在后勤保障方面，正在全力打造“数字化后勤”。军队信息化建设的目标使军队的各构成要素都实现由工业时代向信息时代的跃升，同样，国防经济建设也深受信息化进程的影响，军事理论、军事战略在信息技术牵引下的调整使得国防经济规模和结构发生了相应的变化，武器装备、军事技术方面的突飞猛进使得国防经济结构发生了相应的调整，国防科技工业的战略目标、生产结构必定与以前有根本性的转变，国防人才结构、规模必须适应信息化时代战争的需要，国防动员的方式、方法、手段都会与机械化战争时代有所不同。党的十八大以来，习近平主席高度重视科技创新，强调：“牢牢把握科技进步大方向。我们要瞄准世界科技前沿领域和顶尖水平，……力争在基础科技领域作出大的创新，在关键核心技术领域取得大的突破”[①]，并特别强调，这是国家发展战略的核心，是提高综合国力的关键。当前中国军队面临的主要矛盾是国防现代化建设水平与信息化战争的要求不相适应，解决这一矛盾，只有坚持科技强军战略，把国防科技能力培育摆在突出地位，充分发挥国防科技创新的主导作用，大力推进国防科技创新，依靠国防科技进步推动国防经济持续发展，才能改变我军武器装备技术水平落后的状况，为打赢信息化战争创造有利条件。

二、国防经济发展Ⅱ类主要影响因素

（一）国家经济实力

国防经济既是与国民经济相对应的特殊经济部门，又是国民经济的一个有机组成部分，它们之间有着天然的紧密联系。国家经济实力发生变化，必定要影响到国防经济的规模和结构变动。恩格斯指出：“暴力的胜利是以武器的生产为基础的，而武器的生产又是以整个社会生产力为基础的，因而是以‘经济力量’、以‘经济情况’、以暴力所拥有的物质资料为基础的。”[②] 现代战争的进程和结局越来越依赖于国民经济的总体实力。因此，在现代战争中交战双方必将运用一切方式和手段，对敌方关系国民经济命脉的经济目标实施打击和破坏，削弱其战争所赖以维持的国民经济实力和国防经济潜力，从而达到赢得战争的目的。邓小平多次强调指出：“中国能不能顶住霸权主义、强权政治的压力，

① 中共中央文献研究室．习近平关于科技创新论述摘编．中央文献出版社，2016. 80

② 中国人民解放军军事科学院．马克思恩格斯军事文集第1卷［M］．北京：战士出版社，1980. 12

坚持社会主义制度，关键就看能不能争得较快的国民经济增长速度，实现我们的发展战略。”国防经济的建设发展受到国家经济整体水平的制约。

国民经济决定国防经济需求。从国防经济学的研究角度看，没有国民经济在发展过程中对国防安全的需求，就没有国防经济的产生。历史唯物主义认为，战争作为一种特殊的历史现象，归根到底源自社会经济的对抗性。“暴力仅仅是手段，相反地，经济利益是目的”①。特别是国家产生以后，“古代部落对部落的战争，已经开始蜕变为在陆上和海上为攫取家畜、奴隶和财宝而不断进行的抢劫，变为一种正常的营生”②。而这种“暴力本身的‘本原的东西’是经济力量，是占有大工业这一强大的手段”③。伴随着商品经济和市场经济的进一步发展，国家安全日益超越了简单生存的范畴，使国家防务需求从保卫生存条件扩展为保卫发展条件；相应的防务范围，也从本土扩展到海上甚至全球。特别是在经济全球化的背景下，一个国家的发展，已经在越来越大的程度上取决于其获取海外资源和国际市场的能力，因此，国家战略利益涉及的范围和领域逐渐扩大，保卫本国的国际市场、跨国投资、海外战略物资基地、通讯和运输线路安全的重要性日益凸显。改革开放以来，中国经济的对外依存度迅速提高，中国从1993年开始已经成为石油净进口国。据有关专家根据中国经济的增长速度和能源消费弹性系数分析，到2010年，中国原油消费总量将达到3亿~3.2亿吨。届时，中国原油的进口依存度将逼

① 中共中央马克思、恩格斯、列宁、斯大林著作编译局．马克思恩格斯全集第20卷［M］．北京：人民出版社，1971.175

② 中共中央马克思、恩格斯、列宁、斯大林著作编译局．马克思恩格斯全集第21卷［M］．北京：人民出版社，1971.123

③ 中共中央马克思、恩格斯、列宁、斯大林著作编译局．马克思恩格斯全集第20卷［M］．北京：人民出版社，1971.189

近50%[①]。作为重要的战略物资，石油始终是各国战略利益争夺的焦点，中国在石油供应方面对外依赖程度的提高，不仅意味着更大的经济风险，也必然蕴含着更高的政治风险和国家安全风险。加之中国石油进口渠道有限，地处中东的沙特阿拉伯所提供的原油占中国进口总量的17%，因而更加容易受制于人[②]。可见，中国国民经济的快速增长，正在导致国防经济安全需求迅速扩展，从而成为中国提升防务能力的强劲动因。

国民经济决定国防经济供给。国民经济发展不仅决定着一个国家的国防经济需求，而且也决定着其国防经济供给。“国不富，不可以养兵”，“日费千金，然后十万之师举矣”。国防经济安全建设必须以雄厚的国民经济为基础，国防经济的持续稳定发展，需要国民经济为之提供必要的生产资料和生活资料，因此，国民经济能够提供什么样的物质技术条件，国防经济才能生产出什么样的产品。在整个国民经济大系统中，重工业对国防生产能力、规模发展起着支柱作用。恩格斯曾经指出：“没有什么东西比军队的编成、编制、装备、战略和战术更依赖于经济了”[③]。从长期来看，它们的经济增长周期也大致趋同。近几年，随着中国国民经济的持续发展，为了逐步改善国家的安全形势，中国国防支出逐年有所增加：2000 年为 1207.54 亿元，2001 年为 1442.04 亿元，2002 年为 1707.78 亿元，2003 年为 1907.87 亿元，2004 年为 2200.01 亿元，2005 年为 2474.96 亿元，2006 年为 3503.76 亿元，2007 年为 4099.40 亿元。在国民经济不断增长的基础上，国防支出占国内生产总值的比重也有所提高，1995 年为 1.09%，

---

① 关玉明，吴纯忠．美伊战争起风云石油安全亮“黄牌”［N］．北京：中国石油报，2003－03－12

② 何振红．中国石油：确保石油安全实施六大战略［N］．北京：经济日报，2003－04－04

③ 中共中央马克思、恩格斯、列宁、斯大林著作编译局．马克思恩格斯全集第20卷［M］．北京：人民出版社，1971.188、684

2000年为1.22%，2005年为1.35%，2007年为1.40%，从而为国防和军队现代化建设提供了必要的物质条件，使国防经济规模随着国民经济增长而不断增大。以经济实力为核心的综合国力是一切时代军事存在和发展的物质基础，决定着国防经济安全建设的规模、质量水平和发展潜力。现代化的国防，更离不开强大综合国力的支撑。在高技术战争条件下，海、陆、空、天全方位立体作战体系的构建，对国家的综合国力提出了极高的要求。虽然现代战争中的精确打击有效地减少了单位作战目标的弹药损耗和附带损伤，从而提高了国防资源的使用效率，但是，由于高技术武器研发和生产的成本大幅提升，战争对抗更趋激烈以及战争整体支撑体系耗资大大增加，未来战争的投入非但不会减少，反而会继续增大。面对越来越高的战争消耗，没有强大综合国力的支撑是难以为继的。国民经济对国防经济的这种决定作用，在未来的新型战争中集中体现为一个国家在战争中的主动权和选择权。

国民经济本身就是国防威慑和制衡力量的组成部分。在现代国防建设中，以国民经济实力为核心的综合国力已成为重要的战略威慑力量。国家安全的实现，并不仅仅依赖于军事行动的胜利，国际关系中的基本准则和道义、现代战争的残酷性和破坏力，使得任何国家都不愿也不敢轻易地尝试战争，因此，依托强大的综合国力特别是国民经济实力，“不战而屈人之兵”，至少是在一定程度上“先屈人之兵而后战”，才是国家安全的最高境界。美国建国200多年来，虽然历经两次世界大战、无数次局部战争和地区冲突，但其本土却从未遭受过主动的全面战争攻击，甚至除9·11恐怖袭击外几乎没有遭受过任何形式的军事打击，根本原因就在于其强大的国民经济实力和综合国力形成了一种制敌于千里之外的无形战略威慑。与此同时，经济一体化和经济全球化所引致的经济利益交融，也正在成为维系国家安全和制约战争冲突的重要因素。生产、贸易、金融和投资在全球范围内的大规模活动，正在把世界各国经济融合成一个越来越紧密的整体。随着世界经济一体化程度的不断提高和全球化进程的继续推进，中国对国际经济的参与程度将会进一步提高。在上述背景之下，任何一个与中国经济有着密切联系的国家和地区，对中国国家安全的威胁，都可能有损其自身利益或全球战略。这种战略利益的制衡，在一定程度上为中国国防经济安全提供了无形的屏障。现代国防或现代战争对国民经济发展的高度依赖性证明，国民经济是国防经济安全建设的物质基础，离开了国民经济发展，国防经济安全建设就成了无源之水、无本之木。因此，国家经济实力对国防经济安全起到关键的基础作用。绝不能通过削弱或牺牲经济建设来发展国防经济。这样虽然能在短时期内促进国防经济的快速发展，但从长远看，削弱经济就等于削弱国防的经济基础，最终国防经济安全建设也将难以为继。只有国民经济持续发展，经济实力不断增强，国家才有可能拿出更多的财力、物力发展国防经济，国防经济才能提高防范外部经济风险的能力。

（二）经济全球化

21 世纪是一个经济全球化的时代，经济全球化已成为不可逆转和抗拒的客观现实。世界贸易组织前任总干事雷纳托·鲁杰罗曾一针见血地指出："阻止全球化无异于想阻止地球自转"[①]。经济全球化加深了国际上的相互依赖和军事合作，这必然对中国国防经济建设发展带来深远影响。所谓经济全球化是指生产资料以跨国公司经营为基础，以信息网络为手段，以追求世界资源共享和现实资源最佳配置为目的，使生产、分配、交换和消费走向全

① 俞可平，黄卫平．全球化的悖论［M］．北京：中央编译出版社，1998.232

球化，世界各国经济在全球范围内实现全面的联系与融合的客观历史进程。我们面临的经济全球化，是在西方发达国家主导下的非均衡的经济全球化。经济全球化有一个国际公认的标准，但这个标准肯定不是由经济上处于弱势的国家制定的，而是由强势国家，特别是强势国家中的主导国家制定的。既然经济全球化是由发达国家主导，它自然要体现发达国家的意志，最大限度地实现发达国家的经济利益。发达国家推行的经济全球化标准，实质上是诱使和逼迫各国在经济领域全面开放，在政治领域更多地让渡国家主权，并往往以经济形式掩盖政治目的。因此，经济全球化是一把“双刃剑”，经济全球化加深了国际上的相互依赖，促进了国际军事合作和武器贸易关系的深化，会给中国国防经济发展提供难得的机遇。同时，经济全球化是在西方发达国家主导之下，在旧的国际政治、经济秩序不发生根本变化的情况下的经济全球化，这种经济全球化免不了会给中国国防经济发展带来挑战。

经济全球化使国防经济与世界经济的关联度不断增强。在经济全球化的推动下，人类扩大了交往、沟通和协作，各种文明交汇、融合的洪流冲破了不同社会制度、不同意识形态国家之间的鸿沟，使世界各国的竞争和较量方式发生了划时代的变化。经济全球化使资本、技术、商品、服务、劳动和信息等生产要素跨地域、跨国界、超越文化和价值观念流动配置，加深了各国之间的相互依存程度，使整个世界在共同的市场、共同的贸易、共同的利益中更加紧密地联成一个整体，“你中有我，我中有你”，各国荣损与共。尤其是在军民融合发展战略深入推进的今天，国防经济将进一步融合到世界经济体系中，这对国防科技工业吸纳国外先进技术和投资、调整国防科技工业产业结构等都大为有益，国防经济资源也将得到进一步优化配置，国防经济效益将不断提高，从而增强了中国国防经济潜力。同时，经济全球化进程的加深，促进了国际国防经济合作和武器贸易关系的深化，加深了武器贸易关系密切的国家和地区之间的相互依赖。国际国防经济合作、军品贸易为国防经济安全提供了更加广阔的舞台。武器出口方依赖武器出口收益促进本国经济发展，武器进口方依赖武器进口发展本国军事，这种武器贸易关系的加深，促进了武器贸易伙伴之间的军事合作。应当说，经济全球化的发展在很大程度上已成为制约世界大战的一种强大物质力量，是促进和平、推动国际合作与协调、抑制战争的有利因素。

经济全球化负面影响为国防经济发展带来新挑战：

1. 国防经济安全内涵和外延的扩大对中国国防经济安全的影响。国防经济安全是个发展的概念，在封闭、半封闭经济时代，国防经济安全观是同自然资源占经济主导地位的时代相联系的。但是，在经济全球化时代，国防经济安全的内涵不断丰富，外延不断扩大，传统的国防经济安全观已不能适应时代需求。首先，市场经济与国家干预之间的矛盾运动导致国防经济安全问题的凸显。因为经济全球化的发展过程是市场力量的不断扩大和国家干预的范围和能力被不断地压缩和弱化的过程。在这个矛盾运动过程中，国防经济安全系数将不断降低，国防经济安全就必然要成为人们日益关注的焦点。其次，国防经济安全的动态性要求我们必须用发展的眼光看待国防经济安全。今天的世界经济是一种总在变动中的动态经济，国防经济安全观不发展，就不可能有效地维护自身稳定，从而也就没有安全可言。今天的科技竞争，谁抢占优势，谁就占据主导地位，谁就能得到快速发展。我们必须用发展的眼光去观察国防经济安全，用竞争的行动去捍卫国防经济安全，而不是故步自封，保守呆滞。最后，国际行为主体多元化，国防经济安全利益面临更多挑战。在经济全球化条件下，跨国公司和国际组织（包括政府性的国际组织和非政府组织）大量出现，由于它们占有资金、技术和人才等优势，它们的活动和决策能够对各主权国家产生强大的制约力，甚至有些跨国公司和国际组织直接干预主权国家的内政，将不平等的条件强加于人，侵犯主权国家的利益。使发展中国家在经济全球化的浪潮中更多地受制于发达国家，这在一定程度上使得中国的经济主权和国防经济安全受到威胁和侵蚀。

2. 经济全球化对国防经济结构调整与升级的挑战。经济全球化的推进、新技术的发展，使得各国市场进一步融合，国际竞争加剧，世界经济格局不断调整，国际分工重新定位。在这种背景下，当前中国国防经济发展中存在的经济结构不合理状况，日益成为影响国防经济增长质量和效益提高的主要因素，严重阻碍了中国国防经济整体竞争力的提高。首先，国防科技工业所面临的竞争压力增大。在经济全球化过程中，中国巨大的市场潜力将驱使国际大型军工企业集团纷纷投资中国，中国国防科技工业直接面临着国际军工企业强有力的竞争和挑战。中国军工企业大多是在计划经济体制下建立起来的，军品生产、人才配置以及技术改造等基本上是依靠行政指令性计划进行，尽管目前已经利用市场机制进行了改造，组建了集团公司，但与西方跨国军工集团相比，经营方式粗放，结构不合理，大而全、小而全等问题仍比较突出。在国防科技工业国际化过程中，国际军工集团的大量进入将会对中国国防科技工业的生存和发展构成巨大威胁。其次，国防经济技术结构调整受到挑战。随着经济全球化趋势的发展，国际分工的依据已经开始从传统的自然资源要素差异向知识、技术等要素差异转变。发达国家通过产业转移，把中国国防经济纳入其战略部署之中，使中国国防工业处于国际分工的较低层次，接受发达国家越来越多的劳动密集型和资源密集型产业的转移。据有关研究，发达国家劳动生产率的提高和经济增长中，70% ~

80%是依靠技术进步实现的，而中国科技进步在经济增长中的贡献率还不到30%。当前“知识经济”更成为一种新的时尚和潮流，而中国在这种以知识、技术的生产、交换和运用为支撑的“新经济”浪潮中明显处于从属地位。

3. 金融风险的扩散对中国国防经济安全的威胁。在经济全球化条件下，中国金融市场对外开放与其内部体制转型的非均衡性，给中国金融安全带来了极大威胁，并进而威胁到中国国防经济安全，因为经济全球化会造成外资的大量涌入，为国际游资和虚拟资本的急剧扩张提供了坚实的物质基础，大量的投机性资本的频繁出入，大大增加了中国利用外资的风险与成本。中国金融体制落后，金融监管体系还很不健全，国有商业银行不良资产比重较大，抵制金融风险的能力较弱，如果在金融体制不完善和金融监管能力不强的情况下盲目开放国内金融市场，放松金融管制，势必削弱政府宏观金融调控能力，从而使金融风险有了更大的不确定性以及突发性。在经济全球化趋势下，国家之间在经济上的相互依赖逐渐加大，市场关联性日益密切，为一国内部的危机向其他国家扩散提供了条件。一个国家发生了经济危机，往往可能很快扩散到其他国家。而且，对外依存度越大的国家，越容易遭受到其他国家经济危机的“感染”。国防经济同样离不开金融这个资源配置的主渠道，金融业是国防经济发展的重要支柱，也是影响国防经济安全的重要因素，金融风险和金融危机也就构成了国防经济安全的极大隐患。在经济全球化进程中中国金融市场将逐步开放，由于风险防范能力差，法律法规体系不健全，加上执法不严，金融风险的隐患在所难免。如果对外资使用和规范不当，就容易对中国金融市场造成冲击，甚至有可能导致金融和银行危机，直接威胁到中国的经济安全，并进而影响中国国防经济安全。

4. 经济全球化对中国国防经济资源的冲击。国防经济资源主要包括矿产资源、信息资源和国防人力资源，它们在经济全球化进程中将受到严重冲击。首先，经济全球化使发达国家将越来越多的劳动密集型和资源密集型产业以及环境污染严重的企业向中国转移。其结果是虽然使中国劳动密集型和资源密集型国防工业得到较大发展，但是各类资源浪费严重，自然环境受到污染，更重要的是不利于中国发展高新技术产业和加快科技进步。其次，全球化使得对国防经济信息的争夺、控制和利用处于一个更广阔的国际环境之中，国防经济信息传递的国际化、网络化使得国防信息的国家边界日益模糊，计算机黑客对国防经济目标进行的攻击、入侵和破坏，中国软硬件开发落后而造成的对发达国家的信息依赖、技术依赖，网络透明度可能造成的重要国防经济技术数据流失以及猖獗的电子犯罪等等，将是中国国防经济安全必须面对的紧迫问题。再次，经济全球化容易导致国防经济人才流失。经济全球化导致人才的培养、流动日趋国际化，不少跨国公司将大量的优秀人才招于名下。中国是发展中国家，参与国际人才竞争处于劣势地位，这样会导致高技术人才大量外流。加入世贸组织后，地方高校毕业生将越来越多地直接选择外企或到海外就业。这使中国国防经济部门在从地方高校毕业生中招收军地通用性技术人才时，生源选择受到限制。同时，国防经济领域已有的高技术人才，面对国外国内各种物质条件的诱惑，有的也会做出退出现役的选择，这将严重削弱中国国防科技创新和技术吸纳能力。

（三）国际战略格局

国际战略环境和周边安全形势直接影响和决定着国防经济安全，国际及周边形势缓和，国防经济就可以保持相对较小规模，并置于和平建设状态平稳发展；一旦国际及周边形势紧张，国防经济就需要相应扩大规模，必要时将其置于临战状态加速发展。冷战结束后，国际战略格局由两极格局向多极化格局发展。多极化战略格局一方面有利于世界的和平、稳定和发展，有利于国际安全合作；另一方面，在多极化进程中，单极与多极的斗争将是长期的、曲折的、激烈的，这将给国防经济安全带来挑战和隐患。

多极化战略格局趋势有利于维护国防经济安全。冷战结束后，虽然美国一超的地位更加显赫，其主观上极欲凭借其唯一的超级大国地位建立单极世界，然而，客观事实上多极化战略力量呈上升趋势，美国对国际事务的影响力相对削弱。美国、俄罗斯、欧洲和日本相互之间在政治、经济和安全等各个领域争夺地区及至全球事务主导权的斗争日趋激烈。中国坚持和平发展，成为亚洲和世界和平与稳定的重要因素，在国际事务中正发挥着越来越重要的作用。一些地区强国或国家集团正在蓬勃兴起，广大发展中国家总体实力正在增强，国际地位逐步上升，世界正朝着多极化的方向发展。1997 年 4 月，江泽民在俄罗斯联邦国家杜马发表的演讲中指出，多极化趋势对促进世界的和平、稳定与发展具有十分重要的意义。多极化为不同国家提供了和平竞争的良好国际环境，有利于各国的独立自主和经济发展。多极化为世界上不同文化和不同价值观念体系的多样化发展及其尽可能平等地交流提供了条件，多极化格局极大地削弱了超级大国控制和左右国际局势的能力，有利于世界政治的民主化进程，有利于促进国际社会在各个安全领域的合作与协调，有利于广大中小国家参与国际事务机会和权力的保障，从长远的观点看，未来的多极世界将是一个多层次的复合力量结构，各极力量相对均衡，有利于世界的和平，不利于霸权主义和强权政治，多元国际安全合作机制将发挥任何大国都不具有的协调作用，从而为国防经济建设发展提供良好的国际安全环境。

多极化战略格局进程中国防经济建设发展将面临严峻挑战。世界多极化新格局的形成将是长期的、复杂的过程，“一超多强”的力量结构仍将会持续较长一段时期，单极与多极之间的失衡，必然使国际安全合作面临困难和挑战。美国在新世纪凭借其强大的经济、科技实力，推行单边主义和新干涉主义，奉行“先发制人”战略，以军事安全同盟为基础，力图巩固其超级大国地位，维持其“全球领导地位”。从科索沃战争到伊拉克战争，美国以人道主义干涉和反恐为名，无视联合国宪章和国际法准则，不顾世界舆论的强烈反对，大肆使用武力，称霸世界的意图显露无遗。最近一段时间以来，美国在北约东扩和美日安全保障体制重构方面又迈出了重大步伐，美国新的军事战略将从非洲经中东直至亚洲的广阔地带称为“不稳定弧形区”，为此，美国计划将部分基地东移。在亚太地区，美军实施兵力南撤，重点加强关岛的兵力部署。美军已经开始对关岛的海、空军基地进行维修，使关岛成为可以部署更多的战略轰炸机和便于航母停泊的重要基地。此外，美国还加紧在中亚、东南亚、非洲和拉美等地区扩大影响，其目的都是为了维护其“全球霸权”。美国惧怕中国的崛起给其带来严重挑战，成为其维持世界霸主地位的威胁，因此，对华一直采取“西化”、“分化”和遏制政策，不断在中国台湾、西藏、人权、贸易等问题上制造事端，干涉中国内政，妄图在战略上对中国进行牵制，干扰中国现代化进程，遏制中国的崛起。虽然，美国在打击恐怖主义这一共同利益之下开始主动与各大国开展广泛合作。但是美国维护其全球霸权的战略目标是不会动摇的，美国与各国特别是各大国的矛盾和战略利益冲突是不可调和的。从目前情况看，西欧、日本、俄罗斯和中国等战略力量的实力地位和国际影响力虽呈上升趋势，但就各自的综合实力而言尚无法与美国全面抗衡。这就意味着在国际战略格局中，“一超多强”的态势短时间难以改变，国际安全领域的合作与斗争并存，反对霸权主义和强权政治的任务仍然十分艰巨。在国防经济建设发展方面切不可掉以轻心，必须认清国际战略形势，对国防经济发展薄弱环节加强建设。

（四）国家安全战略

国家安全战略是国防经济安全建设的根本依据，是涉及国防经济所有工作的总原则，对于国防经济安全建设具有根本的指向作用。国防经济作为实现国家安全的物质基础，以确保国家安全为目标，必须服从和服务于国家安全战略。国防经济建设发展的根本目的是保障国防和国家安全，国家安全需求是国家安全利益的集中体现，是主导国防经济安全的根本因素和动力。坚持以国家安全战略为统领，规范发展方向，保持适度规模，优化布局结构，使国防经济发展速度、发展水平与国家安全需求相适应，是国家安全战略与国防经济安全建设关系的辩证统一。

国家安全战略决定国防经济建设发展的规模。国防经济作为服从和服务于国家安全战略的物质基础，其发展规模直接受国家安全战略的牵引和制约。侵略扩张性国家安全战略必然刺激其国防经济规模超常扩张。实施扩张性安全战略时，势必使国防经济构成的诸要素变得异常活跃，使国防经济规模大大超出本国防御需求。长达半个世纪的冷战结束后，国际局势骤然失衡，出现权力真空地带，面对这种情况，美国作为唯一的超级大国野心急剧膨胀，急于填补这些权力真空。为此，美国及时制定新的国家安全和国防经济安全战略，大力发展国防经济，为其在新的国际环境下推行全球战略奠定了雄厚的物质基础。苏联解体尤其是海湾战争结束后，世界各国普遍削减了军事预算，而美国却始终保持对国防科技的投资强度。依靠其巨大的国防经济支撑，美国军队始终拥有着世界上最先进的武器装备，成为既能保护美国近期利益，又能应付长远挑战的“举世无双”的军队。美国从其全球战略出发，极大地刺激了国防经济超水平发展，国防投入逐年增加，根据2003年年初公布的《美国2004财年～2009财年国防计划》，其后6年美国国防预算将大幅度增长：2006财年4198亿美元、2007财年4405亿美元、2008财年4618亿美元、2009财年4836亿美元。这些数据充分表明，美国推行扩张性的国家安全战略，极大地刺激了国防经济规模的超常发展。与之相反，防御自卫性的国家安全战略则以满足自卫为目标，对国防经济规模的需求相对要小，追求适度规模，做到既不对别国构成威胁，又能满足自身防御的最低需求。

国家安全战略决定国防经济建设发展的方向。国家安全战略作为国家利益的集中反映，直接决定着国防经济建设发展的方向。当一个国家实行侵略性国家安全战略时，其国防经济的发展必然为其侵略扩张目标服务；当一个国家实行防御性国家安全战略时，其国防经济的发展必然以满足自身防御为目标。第二次世界大战结束之前，当美国试图凭借其实力以“美国统治下的和平”取代19世纪“英国统治下的和平”时，意识到苏联将是其实现这一野心的主要障碍，由此酝酿形成了美国历史上第一个国家安全战略——“遏制战略”。根据这一战略，美国为与苏联对抗，在政治上，主张依靠自己的实力优势，依靠联盟力量，向世界其他国家宣传西方制度，向苏联施加压力，与苏联进行谈判，促使苏联自身演变。在经济上，则主张完善经济制度，使美国有遏制的意志和力量，同时调整对外政策，创造有利于美国的国际环境。在军事上，主张全面增强军事力量，形成足够军事威慑力以阻止战争，并且在战争爆发情况下能够保证实现己方目的。为此，美国大力发展国防经济，耗资数万亿美元建立强大的军事力量，对以苏联为首的社会主义国家进行了近50年的遏制。尽管以后进行过多次调整，但其推行全球霸权主义和强权政治，企图按照美国的制度和价值观改造整个世界的野心并未改变，其国家安全战略一直牵引着美国国防经济沿着为“称霸世界”而服务的方向发展。

国家安全战略决定国防经济建设发展的水平和质量。国防经济建设发展服从并服务于国家安全战略，要求其发展水平和质量必须与国家安全战略相适应，国家安全战略目标对国防经济的发展速度、水平及质量有着强制性牵引和刺激作用。以苏联为例：自第二次世界大战结束后至苏联解体的50年间，苏联的国防经济安全建设大体上经历了五个发展阶段，而每个阶段都是由不同的国家安全战略目标所决定的。第一阶段，从20世纪40年代中期到50年代中期。卫国战争胜利结束后，苏联转入经济恢复和建设时期，当时其国家安全战略是“积极防御”。这一阶段国防经济主要针对军队整编、体制改革、武器装备更新、各军兵种协调发展、火箭核武器研制等重大活动，进行相应的物质保障。第二阶段，从50年代中期至60年代中期。这一阶段苏联制定了“火箭核战略”，其国防经济发展主要以“依靠核力量与美国共同主宰世界”为目标，重点为发展火箭核武器提供物质基础。为此，苏联投入巨额资金发展战略核力量，并在航天领域取得了重大进展。第三阶段，从60年代中期到70年代末期。这一时期，虽然国际环境由冷战趋于缓和，但苏联国家安全战略仍以和美国全面抗衡为目标，提出了全面发展核力量和常规力量的方针，国防经济安全建设围绕这一战略进行了一系列调整，使国防经济具备了强大的生产能力和较高的生产水平，同时与美国军备竞赛使苏联经济发展受到严重制约。第四阶段，70 年代末期到 80 年代中期。这一时期国际环境发生了明显变化，苏联内外困难加剧，力不从心的弱点日益暴露，美国对苏联采取强硬政策，大力扩充军备，在世界各地对苏联采取攻势行动。在这种情况下，苏联相应调整了国家安全战略。为减轻国家经济负担，大力发展军火贸易，通过军火输出维持和发展国防经济，储备了足够的国防科研生产能力。第五阶段，从 80 年代中期直至其解体。这一时期由于国际形势趋向缓和，加之苏联国民经济自 80 年代中期开始停滞不前，国家安全战略由对美全面抗衡被迫采取全面守势，提出“合理够用”的战略指导原则。为此，单方面减少武装力量 50 万人，并从民主德国、捷克斯洛伐克和匈牙利撤军，重新确定了军队数量、编成和结构，将防御作战作为军事行动的主要类型，作战行动集中于国境以内。国防经济也按照“合理够用”原则进行了相应调整。

国防经济建设发展必须随着国家安全战略的调整而调整。适时调整国家安全战略，使之与国际形势和军事斗争发展相适应，以争取战略主动，是世界各国特别是发达国家的普遍做法，国防经济安全战略随着国家安全战略的调整而调整，使之更好地为实现国家安全战略目标服务，世界上很多国家都有成功的经验。美国是战略调整最及时的国家之一，战略调整的针对性、前瞻性强，战略调整的时机、节奏把握适度。与此相适应，国防经济调整反应很快，转轨时间短，振荡小，适应性强，调整质量高。回过头来看中国的国家安全战略和国防经济调整，实践证明总体是成功的、稳健的，但也有值得研究的问题。一是战略调整相对滞后。对国际形势的新变化，对世界高新科技的新进步，世界军事斗争的新发展，还不是十分敏感，反应相对较慢。二是领导者的主观判断对战略调整的影响大。主观判断科学，会产生正确的战略调整。主观判断失误，往往导致战略调整失误。为防止战略判断、战略调整决策失误的科学民主决策机制还有待进一步完善。三是战略调整的过渡期长、适应性较差。国家安全战略做出调整后，国防经济调整反应迟缓，科学的指导方针、政策和改革措施长时间难以落实到位，战略调整的整体效果体现不明显，与发达国家相比有明显差距。实践证明，一个国家的国防经济建设发展能随着国家安全战略的调整而及时调整，这个国家的国防经济风险度就低。否则，国防经济风险度就高。

（五）非传统安全威胁

冷战结束以后，国家间战争预期降低，非传统安全威胁凸显。非传统安全威胁问题于20世纪70年代由哥本哈根学派首先提出。它主要是指新出现的、跨国性质的区别于传统安全威胁的威胁。非传统安全威胁主要包括：恐怖主义袭击、大规模杀伤性武器扩散、疾病蔓延、跨国犯罪、金融安全、生态环境破坏、信息安全、资源安全、自然灾害以及走私贩毒、非法移民、海盗等，涉及政治、经济、文化、自然及社会生活的各个方面[①]。非传统安全威胁作为新的安全要素，虽然看上去并非像传统安全威胁那样硝烟弥漫，但它往往以危机的形式爆发，其产生的影响和后果具有扩散效应，有些问题甚至能造成大范围的连锁危害效应，造成社会的恐慌与动荡，对国防经济发展产生直接、重大而深远的影响。

非传统安全威胁影响经济社会可持续发展。非传统安全威胁

---

① 当时基于冷战的缓和，美国和欧洲有学者要求重新界定安全概念。冷战结束后，双方国家纷纷将安全的聚集点从传统的军事、政治安全领域转移至研究非传统安全问题。欧洲哥本哈根学派明确提出，安全主要涉及五个相互关联的领域，即军事安全、政治安全、经济安全、社会安全和环境安全领域，其中经济、社会和环境安全与军事、政治安全同样重要。

不仅已经进入全球安全的视野，而且在国家安全战略中的地位也日益提高。可以说，非传统安全威胁已成为一种重要而常态的威胁，某些时候其危害不亚于传统安全威胁，对国家经济社会可持续发展产生广泛而深刻的影响。进入工业社会和信息社会以来，确保经济持续发展成为中国国家安全的重要目标。但在人类社会发展过程中，由于自然环境破坏及人与自然发展的失衡，近半个世纪以来，全球重大自然灾害频发，突发性安全事件和公共卫生事件接连不断，其发生频率明显提高，强度也明显增加，已经对经济持续稳定发展造成极大冲击。以海啸、台风、飓风、地震等自然灾害以及非典、禽流感等流行性传染病为主要内容的生态安全威胁，不仅影响着人类的生存安全，也对经济造成巨大破坏。20 世纪 60 年代，全球每年发生自然灾害仅为 100 次左右，目前已达到每年 500 次以上，提高了 4 倍。2004 年 12 月印度洋大海啸导致近 30 万人丧生，给有关国家造成的经济损失更是难以估量。2003 年蔓延中国乃至近 30 个国家的非典危机，对经济的破坏程度不亚于一场地区战争。2008 年 2 月南方冰雪灾害死亡 107 人，失踪 8 人，紧急转移安置 151.2 万人，农作物受灾面积 1.77 亿亩，森林受损面积近 2.6 亿亩，倒塌房屋 35.4 万间，直接经济损失高达 1516.5 亿元。2008 年 5 月 12 日 14 时 28 分，四川省汶川县发生里氏 8 级特大地震灾害，造成 69227 名同胞遇难、17923 名同胞失踪，直接经济损失 8451 亿元。层出不穷的疾病蔓延及自然灾害事件表明，非传统安全威胁中生态安全威胁正日益凸显，威胁着人类的生存与发展，也给我们敲响了非传统安全威胁的警钟。

非传统安全威胁给经济社会发展造成重大冲击。恐怖主义是当前非传统安全威胁领域的最大威胁。当前不断爆发的恐怖活动及事件，已成为最大国际公害。2014 年 11 月，美国经济与和平研究所发布的《全球恐怖主义指数报告》指出，军事行动或许并不是打击恐怖主义最有效的手段，通过对1970年至2013年总数超过12.5万次恐怖袭击的相关数据进行分析，40多年间全球恐怖主义事件的终结方式中，政治介入占43%，警力管制占40%，而只有7%的恐怖主义事件是通过军事行动解决的[①]。在中国，同样面临着恐怖主义的严重威胁。"三股势力"[②]活动猖獗，分裂势力与国际恐怖势力内外勾结，恐怖活动从未停止；一些宗教极端主义分子也借民族问题从事分裂甚至恐怖活动，已经对边疆地区社会稳定带来消极影响。"法轮功"邪教组织、"民运"分子在外国势力支持下，也一直在制造事端，捣乱破坏，以复杂的形式严重挑战国家主权和政治稳定。同时，随着中国国际地位上升以及战略利益的进一步拓展，国际恐怖势力针对中国海外重要目标、援外工程人员等恐怖袭击活动时有发生。如2005年5月初，在巴基斯坦西南部中国援建的瓜达尔港建设工地，12名中国监理工程师在部落地区乘车外出时，遭到遥控汽车炸弹袭击，其中3名中国工程师在爆炸中死亡、9人受伤；2007年1月5日，中国在尼日利亚工作的5名工人被绑架。习近平在2014年5月的上海亚信峰会上发表了题为《积极树立亚洲安全观共创安全合作新局面》的主旨讲话，提出了"共同、综合、合作、可持续安全"的"亚洲安全观"[③]，旨在通过共创安全合作新局面降低非传统安全威胁给经济社会发展造成的风险。

非传统安全威胁的特殊性对国防经济运行产生影响深远。与

---

① 悉尼发生支持"伊斯兰国"恐怖王义劫持事件.2014年12月16日.人民网：http//world.people.com.cn.

② "三股势力"，即中亚的民族分裂势力、宗教极端势力和国际恐怖势力。它们以推翻中亚各国世俗政权为目的，以民族、宗教为旗帜，大搞恐怖活动，对中亚地区安全造成强烈冲击，并进而影响中国西北地区的安全与稳定。

③ 刘江永．从国际战略视角解读可持续安全真谛［J］．国际观察，2014.6

传统安全威胁相比，非传统安全威胁在分布范围和危害方式等方面，具有以下几个突出的特点：

1. 非传统安全威胁与传统安全威胁相互交织、相互转化，互动作用明显。在全球化的时代背景下，传统安全威胁与非传统安全威胁的界限已被打破，二者相互渗透、相互作用的趋势更加明显，使看似相对孤立的事物常常表现出牵一发而动全身的效应。如果非传统安全威胁长期积累，在一定时期内又得不到有效控制和解决，就可能引发传统的军事、政治和外交冲突，从而威胁到国家总体安全。而传统安全威胁的处理不当，也会使本属于一国内部或两国之间的不稳定因素跨越国界，通过全球化的放大，成为作用于整个国际社会的非传统安全威胁问题。因此，非传统安全威胁与传统安全威胁之间没有绝对的界限，如果非传统安全威胁问题矛盾激化，就有可能转化为依靠传统安全威胁的军事手段来解决，甚至演化为武装冲突或局部战争。

2. 非传统安全威胁样式多变、领域宽广。传统安全的核心是军事安全，主要表现为战争及与之相关的军事活动和政治、外交斗争。而非传统安全威胁远远超出了军事领域的范畴。如许多非传统安全威胁从军事领域延伸到能源、金融、粮食等与经济相关领域，甚至是自然领域和公共安全领域等。如能源危机对国家安全和社会稳定的威胁、资源短缺、金融危机对地区经济和世界经济的影响；宗教冲突、非法移民、国际恐怖主义等主要与公共安全领域相关；环境污染、全球气候变暖和臭氧层破坏带来的自然和生态灾害等主要与自然领域相关。一些非传统安全威胁虽不属于单纯的军事问题，但其破坏性甚至比传统安全问题更大。非传统安全威胁的多样性仅靠单一手段是难以根治的。

3. 非传统安全威胁突发性强，防范困难。传统安全威胁从萌芽、酝酿、激化到导致武装冲突或战争，往往会通过一个矛盾不断积聚、性质逐渐演变的渐进过程，预先通常会表现出许多征兆，对峙双方可据此而采取相应的防范措施。然而，许多非传统安全威胁却经常会在没有任何征兆的前提下，以突如其来的形式迅速爆发。有关资料显示，1990 年以来全球有 100 多起影响较大的恐怖事件，都是在人们毫无防范的情况下发生的。如 9·11 事件瞬间便夺走了近3000 人的生命，而2004 年12 月的印度洋大海啸也是在很短时间内导致 30 万人丧生。另外，由于防范空间广阔，人们防不胜防，如海盗对海上战略通道上运输船只的袭击，让人无法判断，无法防范。此外，金融危机、传染性疾病等非传统安全威胁并非源于某个确定的行为主体，其威胁的形成过程也带有很大的随机性，使防范的难度明显增大。

（六）民族和谐度

民族问题是影响国家安全的重要变量，所谓民族问题是指涉及民族生存、发展及相关利益的各种问题。“民族问题既包括民族自身的发展，又包括民族之间，民族与阶级、国家之间等方面的关系”①。从世界范围来看，后冷战时代是民族问题大爆发的时代，民族问题通过宗教恐怖主义、泛民族主义、国家裂变、部族仇杀、种族冲突、人权干涉、恐怖暴力等形式加大了民族间的隔阂，使这些国家的民族分裂，极大地损害了国家的发展，使国家安全和国际安全受到挑战，给国际社会和各国安全带来了严重的冲击，严重威胁着世界和平与发展。

从本质上看，民族问题本身应属于国家建构和治理的范畴。当民族矛盾和冲突激化，造成国内秩序混乱和国家分裂的危险，或是被外部势力利用，进行外部干涉、控制和颠覆的借口时，民

① 江泽民．加强各民族大团结　为建设有中国特色的社会主义携手前进．国家民委政策研究室编．中国共产党主要领导人论民族问题．民族出版社，1994. 249

族问题就上升为“存在性威胁”进而构成对国家安全的挑战，也为国家的经济发展建设带来负面影响。

民族和谐是国家经济繁荣的坚实保证。民族地区的稳定发展并不是单单依靠某一个民族就能完成的，而是需要各民族的共同努力，各民族团结合作和互帮互助是民族地区稳定发展的基本条件和力量源泉。民族地区的稳定发展也是整个国家稳定发展的前提和保证。只有与自然、与社会和谐，繁荣发展才能具有持久的后劲和坚实的基础。中国的少数民族地区大多位于边疆和国防战略要地，具有重要的国防和国际贸易的战略地位。不仅绝大部分民族跨边境而居，而且自古就与周边国家有着相当广泛的贸易、宗教、文化联系。中国陆上周边相邻的国家共有 15 个，其中 14 个是与少数民族聚居地区接壤的国家，且有维吾尔、乌兹别克、塔塔尔、柯尔克孜、哈萨克、蒙古、佤、京、景颇、傣、苗、哈尼、傈僳、独龙等 20 多个民族跨境而居。只有促进该地区民族和谐，才有可能进一步促进边疆地区跨境民族之间的文化交流、社会交往，促进边疆地区各民族之间的相互了解、和睦相处。这对于巩固祖国统一、边疆稳定，建设强大的国防，增强少数民族聚居地区的向心力和抵御外部势力的渗透能力，确保祖国边疆的长治久安，促进边疆地区经济社会发展，具有极为重要的战略意义。

民族和谐是国家“内聚力”的关键条件。在多民族国家，民族与国家关系的模式被认为是影响共有国家观念建构的重要因素，换言之，民族认同与国家认同应处于均衡状态，失衡是多民族国家民族问题上升为国家安全议题的重要因素。所谓“内聚力”是指国家系统中的各个部分、各种要素和关系处于一种相互融洽、相互协调的凝聚力状态。民族作为社会中存在的具有某些稳定的共同特征的社会群体，它是具有其他诸多社会群体所不具备的广泛的社会渗透力、影响力与社会动员能力，几乎所有的社会存在都与民族有关，打上了民族的烙印。没有民族的和谐就没有国家的和谐，在后发展中国家，民族间的历史积怨、发展不平衡，民族政策的失误和外部势力的煽动等因素，强化了少数民族对经济地位和机会不均等所产生的“相对剥夺感”，导致政府的政治权威丧失，国家认同的社会团结和整合功能下降①。国家“内聚力”下降，民族认同与国家认同失衡，往往伴随着经济停滞、民主乱象、种族暴力和外部干预，是多民族国家政治经济安全面临重大威胁的先兆。2014 年春，乌克兰东部俄罗斯族公民亲俄示威活动蔓延，是乌克兰国家认同危机导致国家安全危机的重要表现。正因为国家认同对于国家建构和维系的重要性，亨廷顿认为，没有什么比国家认同对国家安全来说更为重要了②。同样，我们要建设的社会主义和谐社会，民族和谐既是社会和谐的内在要求，也是构建和谐社会的重要基石。我们追求的是民主政治、公平正义、人与自然和谐相处的社会，是汉族与少数民族、不同区域之间、经济与社会、民族与自然都应和谐的社会。现阶段，中国的少数民族和民族地区经济社会发展明显加快，各族人民群众的生活水平显著改善。但是由于历史、自然和基础等诸多原因，少数民族和民族地区发展差距大，以及随着现代化进程推进而出现的各类与民族关系有关的矛盾的持续存在，都将成为不和谐因素。而它们的解决也将成为中国建设社会主义和谐社会的重要方面。针对存在的矛盾和问题，我们只有正确认识和把握新时期民族问题新特点，正确反映和妥善协调不同地区、不同民族之间的利益要求，才能促进民族与民族、民族与国家和谐相处。

民族和谐是抗击外部势力干扰的“防护墙”。民族问题属于

---

① 李学保．民族认同、族裔民族主义与后冷战时代的世界冲突．青海民族研究．2010. 4

② ［美］塞缪尔·亨廷顿．程克雄译．我们是谁？——美国国家特质面临的挑战．新华出版社．2005

国家主权管辖范围内的事务。然而，国际关系实践表明，民族冲突从来都是招致外部势力介入的重要因素。一方面，西方国家以他国少数民族人权的国际保护者自居，扶持他国境内的少数民族武装或直接军事介入他国内民族冲突，以达到干涉、控制和颠覆他国的目的。1999 年，以美国为首的北约国家军事打击主权国家南联盟，开创了“人道主义干涉”他国内政的国际先例，科索沃阿族最终公投独立意味着塞尔维亚国家安全被害。另一方面，受“泛民族主义”思潮影响，跨界民族国家借维护“同源民族”权益介入他国内政。2014 年普京以乌克兰克里米亚的俄罗斯族人在乌克兰发生“违宪政变”后受到了生命威胁为由，军事介入乌克兰危机后接受克里米亚公投入俄。乌克兰事实上陷入领土分裂境地[①]。国内民族矛盾激化、民族和谐度低招致外部势力干涉，是国内民族问题影响国家安全的外部反映。中国是拥有 56 个民族的社会系统，只有社会有机系统内部各子系统相互连接并良性运转，才能建起抗击外部势力干扰的“防护墙”。社会系统良性运转是国家存在和维系的基本形式。社会系统的运转有不同的状态，如果我们将其用两种极端的形式来表示的话，那就是良性运行状态和恶性运行状态。不同的社会其运行状态都在这两者之间的某一程度之上，有些社会系统在某些时期可能偏向于良性，某些则偏向于恶性，而且偏向的程度也会有所不同。所谓良性运行，是指社会系统在运行过程中，各个子系统之间的协调程度较高，子系统之间内耗较小，整个系统运行的效率较高；相反，如果社会系统内部子系统之间的摩擦、阻力或不协调的成分越大，那就意味着运行的良性程度越低，恶性程度随之提高，系统就朝着恶性运行方向发展。所以，衡量社会系统运行状态的重要依据

① 李学保．涉及民族问题的国家安全：内涵界定与政策选择．民族研究．2014. 6

就是社会有机系统内部的子系统之间的协调程度和运行效率的高低。作为一种社会存在，民族总是存在于特定的社会体系中。作为社会系统的重要子系统，它是影响社会运行状态的重要因素。民族系统内部以及各个组成部分之间处于一种相互依存、相互协调、相互促进的理想状态，是社会良性运行、协调发展的关键条件。一个民族自身不和谐、民族与民族之间不和谐、民族与自然不和谐，社会就难以良性运行。因此，民族和谐是国家良性运行、协调发展的重要条件和重要助推力。我们既要对民族问题潜在的风险保持足够警惕，又要不断增强民族和谐度，提高风险防范系数。

三、国防经济发展外部经济风险影响因素之间的互动机制

影响国防经济发展外部经济风险的Ⅰ类主要影响因素与Ⅱ类主要影响因素之间既相互区别又相互联系，而且是动态的。首先，在影响国防经济外部经济风险程度方面表现出的差异性。一般情况下，经济因素与制度供给因素对国防经济的影响程度较大，但这并不是绝对的，要结合具体的时空给予适时的重要性排序。其次，影响国防经济外部经济风险的各类因素并不是孤立地影响国防经济发展态势。它们之间存在着一定的联系，存在着互动的机制。而且，在特定时期内，一些因素对于国防经济发展态势的影响是显在的，而另一些因素的影响则是潜在的。例如，经济因素与制度供给因素、资源因素与技术因素的相关性，即如果一国的经济实力较强，在国防经济发展政策上的选择余地就很大，能够在进口装备与本国开发之间进行最优化决策；技术特别是高新技术的发明会对原有国防经济资源的依赖性降低，从而降

低国防经济风险度。最后，影响国防经济外部经济风险的因素在时空上表现出动态性。虽然影响国防经济外部经济风险的因素在一般情况下可对其进行重要性排序，但随着空间与时间的不同，上述影响因素表现出的影响作用可能会发生排序上的变化，即上述因素在影响国防经济发展方面表现出一定的动态性。

因此，我们需要关心因素间的联系和互动，区分显在影响因素与潜在影响因素，特别是应高度重视一国国防经济系统内部因素演化对国防经济发展外部经济风险态势的影响。在此基础上，注意区分各类因素对于国防经济风险态势的显在影响和潜在影响。在某些领域或某些情况下，对潜在因素、潜在影响的关注，应远重于对显在因素、显在影响的关注。其中一个重要原因是人们往往轻视潜在因素，忽视潜在影响，而恰恰是潜在因素、潜在影响有可能对国防经济风险度评估带来很大的危害，甚至会有较强的滞后效应。例如，国防科技创新不足，本国金融体系存在较大的缺陷，是影响国防经济外部经济风险的潜在因素，而恰恰是这些因素会使国防经济陷入难以回避的风险危机。

第二节　国防经济发展Ⅰ类外部经济风险：来自国民经济

中国国防经济发展面临的Ⅰ类外部经济风险，主要包括国民经济周期波动对国防费稳定供给造成的风险、金融体系不完善引发的国防资金运行风险、军工企业证券化引发的国防产业运行风险、资源供求矛盾引发的国防战略资源短缺风险。

一、国民经济周期波动对国防费稳定供给造成的风险[①]

维持适度的国防费规模是国防经济稳健发展和保障国家安全的重要依托。国防费的规模与增速，从供给方面取决于国民经济的繁荣与衰退[②]。历史考察，国民经济的每一次周期性波动，都会导致对国防投入量的波动。从1953年至2011年，中国经济增长率的波动呈现出11个周期[③]（见图3－1、表3－1）。

从1953年至2011年，中国经济波动大致上经历了11个周期，GDP增长率的波动系数为0.88，标准差达到7.28%（见表3－2）。同时，中国的峰谷落差达到14.3%，平均峰值高达14.8%，平

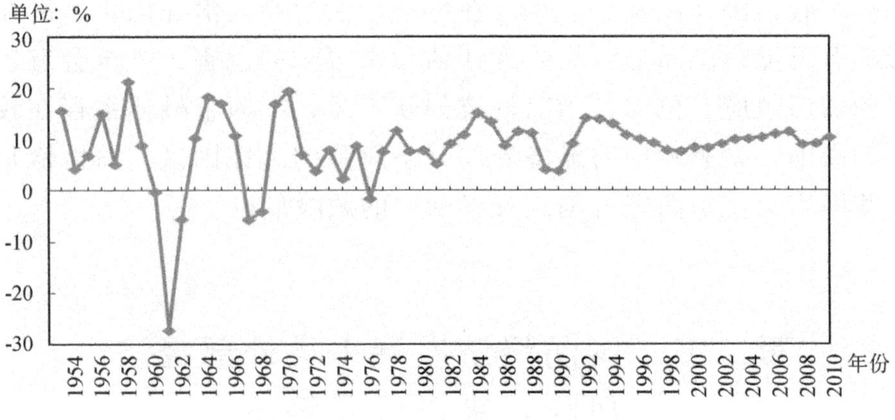

图3－1 GDP增长率波动图

① 张海静．国防经济发展的外部经济风险探析［J］．中国国防经济．2012.5

② 1997年亚洲金融危机爆发后，东南亚国家经济受到严重冲击，不得不紧缩财政支出，国防预算首当其冲。一方面，由于国库空虚，导致大幅度削减国防预算；另一方面，货币贬值又进一步加剧了国防投入不足。当时，泰国三次削减国防预算，数额高达16.2亿美元；马来西亚宣布削减10%的国防预算。

③ 实际上1953年属于上一个周期，而第11个周期才刚刚开始，这里不予分析。

表 3-1　　**中国经济周期的划分与周期长度①**

波序		周期起止年份	波长（年）实际长度	波长（年）平均长度	扩张持续长度(年)实际长度	扩张持续长度(年)平均长度	收缩持续长度实际长度	收缩持续长度平均长度	扩张与收缩之比率
改革开放前	1	1954～1957	4	4.6	2	2	2	2.6	0.76
	2	1958～1962	5		1		4		
	3	1963～1968	6		3		3		
	4	1969～1972	4		2		2		
	5	1973～1976	4		2		2		
改革开放后Ⅰ	6	1977～1981	5	5.75	2	3	3	2.75	1.09
	7	1982～1986	5		4		1		
	8	1987～1990	4		2		2		
	9	1991～1999	9		4		5		
改革开放后Ⅱ	10	2000～2010	10	10	7	7	3	3	2.33
	11	2011 至今							
1954～2011	1954～2011		56	5.6	29	2.9	27	2.7	1.12

均谷值只有 0.6%（见图 3-1）。这些数据都充分说明，新中国成立以来中国经济周期波动的幅度很大。

表 3-2　　**中国国民经济波动系数**

年份	平均值（%）(1)	标准差（%）(1)	波动系数 (3) = (2) / (1)
1953～1978	6.68	10.32	1.54
1979～1999	9.63	3.19	0.33
2000～2011	9.71	1.60	0.16
1953～2011	8.32	7.28	0.88

注：根据图 3-1 提供 GDP 增长率数据计算。

伴随国民经济的周期性波动，中国国防费的绝对规模也呈现

① 注：根据图 3-1 提供 GDP 增长率的数据计算。改革开放后Ⅰ指的是改革开放后经济高速增长期；改革开放后Ⅱ指的是改革开放后经济平稳快速增长期。

出较大波动。1950 年国防费只有 28 亿元，2012 年国防费预算达到 6702.74 亿元[①]，名义国防费（即以当年价格水平表示的国防开支）在这 62 年中增长了 239 倍。由此可见，国防费绝对规模总的趋势是不断上升的，但这种增长趋势是在周期性波动中实现的（见图 3－2）。

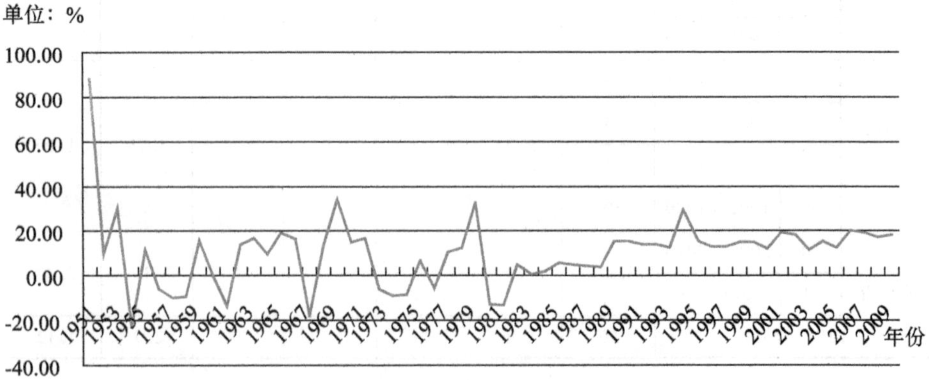

图 3－2　1951～2009 年中国国防费增长率

图 3－2 中，横坐标为年份，纵坐标为国防费增长率。这条曲线，记录了中国从 1950 年开始正式设立国防费预算支出，1951 年起至至 2009 年近 60 年间国防费在增长中高低起伏的波动轨迹。

图 3－3 表明中国历年的实际 GDP 与国防费的波动情况。其中，柱形表示实际国防费的增长率（RDRADE），折线表示实际 GDP 的增长率（RGDPRATE）。从该图可以看出，除少数年份外，实际 GDP 与国防费的增长率基本是同方向变动。这表明，国防费的变化虽然主要取决于国家安全形势和军事战略方针，但最终取决于国家经济发展和财力状况。特别是几次大的经济波动，直接导致对国防投入的剧烈波动。

① 2012 年的国防费数据来源于十一届全国人大五次会议新闻发布会文字稿，来自中国新闻网。

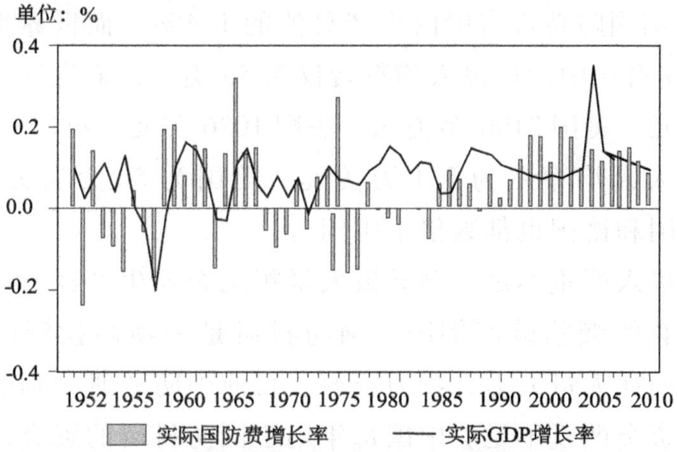

图 3－3　1952～2010 年中国实际 GDP 与国防费增长率①

以 1980～1994 年为例，国民经济周期波动处于扩张期，名义国防费持续 10 年下降，实际国防费持续 15 年下降，这种状况导致国防需求长期不足，武器装备发展缓慢。国防费规模的过度收缩，对国防经济建设产生了一定的负面影响。在建设信息化军队的大背景下，国防费的持续低速增长造成的一个严重后果是，中国与美国等军事强国在军事实力上的差距逐步拉大，形成新一轮的“时代差”，国家安全和发展利益受到严重损害。20 世纪 90 年代以后，中国国防费在国民经济快速发展的基础上也进入一个快速增长的时期。1997 年至 2007 年，国防费年均增长 15.9%；2008 年的国防费为 4182 亿元，比上一年增长 17.6%。受国际金融危机影响，2009 年中国国防预算为 4806 亿元，增长 14.9%，增速降至 15% 以内，低于上年 2.7 个百分点。2010 年的国防费为 5321 亿元，增速降至 7.5%，增长速度急剧下降②。从总体上看，中国国防费投入水平在世界参照系中处于明显偏低的位置。

---

① 数据来源：历年《中国统计年鉴》。

② 徐勇．国际金融危机对我国国防经济的影响与对策研究［M］．北京：军事科学出版社，2012.41

2009年中国国防费仅占国内生产总值的1.4%，而世界平均水平为2.7%左右；中国居民人均军费仅为55美元，而世界平均水平为224美元，美国2100多美元，法国1026美元，英国946美元；中国的军人人均军费为3.1万美元，美国为50万美元，英国、日本、法国和德国也都数倍于中国[①]。

国防投入严重不足，会导致大量军工企业生产经营困难，亏损增加，有的濒临破产倒闭。国防科研是一项高投资的系统工程，需要消耗大量人力、物力资源。目前国防科研面临的主要问题之一是资金严重不足。中国每年用于国防科研的资金占国防费的3%左右，而美国大约是10%，德国是8.6%，英国是11%。西方军事强国都无一例外加大对军工产业研发的资金和政策支持力度。如果军工生产能力因国防投入不足而过度萎缩，那么不仅会造成国防生产力的闲置和浪费，也会给国防经济运行造成潜在危险。中国航天、航空、电子、核能等高技术产业主要集中于国防科技工业，这部分产业主要是在国防需求的拉动下生存发展起来的。从各国的经验看，国防投入对高科技产业必须始终保持足够的需求拉力。目前中国国内市场对高技术产品缺乏足够的吸纳能力，军工高科技对民用经济领域的传导机制还十分薄弱。如果对国防投入严重不足，国防需求拉力急剧减弱，许多高科技军工企业在军转民过程中不得不屈从低层次民品市场的需求导向，导致高科技向低科技逆转移、技术水平大面积滑坡、生产要素和动员生产线大量闲置的不正常状况。高科技产业是中国综合国力中最可宝贵的要素，是实现国防产业结构转型升级的基础，也是中国参与国际经济和军事竞争的“国家队”。如果因国防投入过少、国防需求严重不足而导致这部分战略性国防产业出现衰退甚至萎

① 郭中侯．我国国防经济面临的风险分析［N］．湖北日报，2010－03－04

缩，必然会给国防经济安全造成极大的风险，直接导致国防经济实力与大国地位不相称，在国家安全需要和发展利益的不断拓展中处于显著的滞后状态[①]。在邻国或敌对国大幅增加国防费规模、强化国防经济基础的情况下，如果我们不加大国防投入的力度，国防经济发展始终处于相对劣势状态，受打击和威胁的风险将会进一步加大。

二、金融体系不完善引发的国防资金运行风险

金融体系是国民经济运行的神经中枢，是现代经济中最为重要的因素。随着金融全球化的深入发展，中国金融领域对外开放不断扩大，并逐渐融入国际金融体系，对金融市场、金融调控和金融监管形成新的挑战和风险。由于金融风险具有不确定性、普遍性、扩散性、隐蔽性和突发性等特点，如果不加以防范和控制，危害极大，不仅会破坏金融系统和金融秩序，还会危及国民经济发展全局，导致整个经济运行的失控[②]。同样，资金是国防经济运行的第一推动力，国防资金安全也就成为国防经济发展面临外部经济风险的核心。

国防经济运行的资金风险，主要是指国防经济主体在资金融通活动中遭受损失的可能性。从国内情况看，中国金融体系固有的问题，已成为引发国防经济发展外部经济风险的巨大隐患。一般来说，除了国家政治经济形势出现恶性变化，或显著不利于金融业的宏观经济政策调整外，金融风险主要源于金融机构本身。例如，由于金融机构自身决策失误、或金融市场出现重大的突变

---

① 郭中侯，孙邦栋，蔡永刚．应对国际金融危机加强国防经济管理［J］．中国军事科学，2009.6

② 杨建伟，何正斌．战时金融安全保障研究［J］．新学术，2007.4

性变化，造成金融机构的资金、财产或信誉的重大损失。目前中国金融业存在的主要问题是账外经营、高息揽存以及金融诈骗、金融犯罪等。另外，金融市场监管制度明显滞后，金融法规体系不健全不完善，已有的法律法规对金融机构运营风险规定不具体，缺乏操作性；金融机构内控机制不规范，缺乏自我约束机制；国有商业银行普遍存在着不良贷款比例过高、资本充足率明显偏低等问题。从总体上看，目前中国存在着金融风险集聚的趋势，实体经济风险正向金融机构传递和集中，金融机构抵御风险的能力还十分脆弱，政府防范金融风险的能力被严重削弱，金融业存在着影响国民经济稳定与安全的行为风险。

从总体上看，中国的金融安全既面临多年积累起来的问题，又面临金融全球化的冲击带来的问题。这两种问题相互影响、相互交织、共同作用，使中国金融安全问题变得极为错综复杂，严重影响了中国国防资金运行安全，必须从管理系统性风险的角度加强监管力度。在市场经济下，国防经济领域的闲置资金具有一定的增殖性，而这种增殖性又是同风险性紧密相连的，增殖性越大，风险也越大。目前，国防经济领域的资金运行存在诸多风险因素。例如，一些军工企业擅自以高额利息集资、数额巨大，投资回收困难，难以按时偿还本息；部分单位不按规定在开户行办理定期存款，而是把国防资金存往外地银行；有的为了追逐较高的利息，把资金存于非银行金融机构；一些单位未经批准违规成立结算中心、资调中心一类的资金管理机构，高息吸收存款和发放贷款。因此，防范国防资金运行风险，实现国防资金保值增值，是国防经济运行中需要解决的突出问题。

另外，物价、利率和汇率的波动也会引发国防资金运行风险。从物价变动看，2012 年居民消费物价指数出现急剧上升的趋势，大宗物资价格变动较大。从利率变动看，2008 年 10 月份以后，中国5次下调金融机构存贷款利率，频率之高、幅度之大，为历年少有。其中一年期存款利率从4.14%降至最低的2.25%。从军队现有的家底经费、当年预算外收入和往来款项看，因降息一年就可能减少利息收入达数亿元[①]。另外，随着我军军事外交和境外执行任务等活动的增多，军事用汇逐年增多，汇率变动对国防资金运行的影响增大，外汇兑换的风险性增大。物价、利率和汇率的波动不但限制了军费的增长幅度，削弱了军费购买力，还直接影响军费运行安全，加大了军队调节经费投向投量的难度，还增加了反恐维和、联合军演、人道救援、出国培训等涉外军事活动的成本[②]。

三、军工资本证券化引发的国防产业运行风险

国防产业安全主要是指一国国防产业各部门能够保持均衡协调发展，整体上能够保持国际竞争力，能够保障国防产业在国内及国际市场上的利益与可持续发展不受威胁，能够抵御外来因素的干扰破坏的状态和能力[③]。从静态上看，是指一国拥有对国防产业的控制力；从动态上看，是指国防产业在国际上的核心竞争力。

改革开放以来，中国国防科技工业失去了资源占有和政策倾斜的天然优势，而新的适应市场经济体制的企业管理模式还不成熟。目前大多数军工企业进行了股份制改造，军工资产进入上市公司的进程明显加快。早在2008年，由原中国一航和中国二航整合而成的中国航空工业集团公司（AVIC）正式成立，目前旗下已有25家上市公司。截至2012年，旗下资产总额已由最初组

① 邹芳，蔡爱华．全球金融危机中的中国国防经济安全［J］．海军军事学术，2010.4
② 朱洪达．国家安全战略与我国金融安全［J］．军事经济研究，2011.7
③ 吴鸣等．经济全球化与国家经济安全［J］．求是，2004.6

建时的3100亿元增加到5200亿元，资产证券化率由此前的15%上升到52%[①]，据AVIC副总吴献东的介绍，“不排除集团主营的军品资产上市的可能性”。自从中国股市在2009年进行大规模重组和扩容后，有相当多的军工企业现身股市。截至2013年，中国A股市场中，大致有超过60支军工上市公司，占A股市场总数的2.8%。军工资本进入证券市场，对于难以产生直接经济效益的军工、航天等战略性部门来说，无疑是实现产业整合与发展的有效途径。

军工企业的发展壮大关系到国防产业安全发展和国防安全。在计划经济时代，国防产业资金来源主要是国家拨款。随着中国军工企业的改制和鼓励军工企业上市，上市后的军工企业，要按照市场规律进行融资，但由于安全性、限制性等方面的原因，目前中国军工企业还是依靠传统的政治关系或企业高管的政治关系从银行等机构获取债务融资，这样使得军工企业融资渠道过于单一，企业筹资的风险加大，同时也加大了银行贷款的金融风险。

市场经济孕育着大量的商机，同时也充斥着各种风险。作为一种日渐成熟的组织形式，上市公司在其运作过程中难免会遇到风险。作为国防工业的支柱，军工企业虽然经过兼并重组和股份制改制，基本消除了重复与凌乱的局面，但专业化整合和产业化发展的路线仍不够清晰。2013年3月8日，军工企业代表在两会首次亮相并提出“军工企业应加快核心资产上市”[②]，这将进一步加快军工企业上市改革的步伐，但也使国防产业运行面临更多的现实问题，如，同类竞争、信息披露、可能出现的财务状况危机、公司治理等带来的风险。

由于军工行业的特殊性，军工企业的销售价格、对象、方式

① 罗山爱．外界惊讶中国军工企业上市［J］．军工文化，2012.46

② 军工企业应加速核心资产上市［N］．证券时报，2013－03－08

等受到国内外政策和国际政治环境的影响，较为普遍的存在关联交易[①]。早期为了国防安全，军工企业中同一产品分散布局，使得集团内各企业存在同类竞争，从而使得相关联的企业无法完全按照市场环境平等竞争，控股股东利用其表决权可以决定其企业的重大经营，如果其表决倾向于非上市公司，对于中小股东来说是不公平的，影响军工企业的均衡协调发展。此外，军工上市公司还存在信息披露[②]的风险。目前，投资者和社会公众对上市公司的信息获取，主要是通过大众媒体阅读各类临时公告和定期报告。真实、全面、及时、充分的信息披露非常重要，只有这样，才能对那些持价值投资理念的投资者真正有帮助。但具体到军工上市公司，披露信息则会涉及军品秘密，即使在公告中注明："因信息披露豁免导致的风险"，仍然存在国家机密外泄的潜在风险。当前已有上市公司真正以军品业务为主营的公司不到 15 家，其余大部分公司均以发展民品业务为主，而其业绩的提升必然分为军品业务的增加和民品业务的增长两部分，而竞争性民品运作时间短，市场不稳定，尚难形成规模，且受宏观经济回落影响较大，不少以民品业务为主的上市军工企业处于业绩不振的态势。对于军工上市公司而言，既要实现军品生产的经济效益，又要保证国防利益，如何实现两者的统一，是国防产业面临的现实问题。

四、资源供求矛盾引发的国防战略资源短缺风险

国防战略资源是指在国防和军队建设中有着举足轻重作用的，对发展目标的实现具有重要影响的稀缺资源，具有数量的稀缺性、来源供应的脆弱性、战略价值的不可替代性、时空分布的

① 上市公司关联交易是上市公司及其控股子公司与关联人之间发生的转移资源或义务的事项。
② 上市公司信息披露是公众公司向投资者和社会公众全面沟通信息的桥梁。

不稳定性等特点，主要包括：粮食、石油、煤炭、钢铁、水资源和稀有金属等，是一个国家国防经济实力的主要组成因素①。国防战略资源安全是指一国可以稳定而可靠地获得所需要的国防战略资源的一种状态，以满足国防经济发展正常需求的资源供应保障的连续性和稳定性。关键性的国防战略资源在某些情况下由于供应困难或供应中断，而导致一国国防经济体系变得异常脆弱，面临的外部经济风险极大。

中国国防战略资源的总体特点是：总量大，但人均拥有量低②；品种齐全，但结构不合理；在稀缺性矿产资源中，贫矿和难选矿多，开发难度大，利用成本高；对外依存度高，进口渠道单一。特别是20世纪90年代以来，中国对战略资源的消耗速度呈现加速的趋势。已探明的战略资源储量占资源总量的比例，多数矿产资源都在30%以内，超过30%的矿产只有镍、锡、铜。能够控制的资源储量占资源储藏总量的比例超过40%的，也只有芒硝、磷、盐矿、钾盐、金、铬、铁。近年来，铁、锰、铬、铅、锌、镍、钨、锡、钼、金、稀土、硫铁矿、磷等战略资源储量呈现出不断下降的趋势③。从目前来看，中国的国防战略资源需求远远大于战略资源供给，特别是对外依存度较大，石油进口渠道单一且存在很大的风险和隐患，国际资源市场变化和价格波动对中国国防战略资源供应的影响较大。

---

① 姜鲁鸣，王文华．加强国防战略资源控制刍议［J］．国防大学学报，2008.5，国防战略资源主要包括有国防工业和国防经济其他部门所必不可缺少的机器设备，如机床、仪器、仪表、工具；重要原材料，如钢材、铝材；矿产资源，如铁、锰等黑色金属，铜、铅、锌、铝等有色金属，以及铀、铂、金、银等稀有金属；能源，如石油、天然气、煤炭等。

② 世界前十位国家45种主要矿产储量潜在价值比较，按矿产资源总值计算，中国排第三名，占世界矿产资源总值的14.64%；按人均潜在价值计，为1.19万美元（十国平均值为3.4万美元，世界平均值为1.77万美元），在世界排名第八十名。参见毛敏芳．中国资源安全态势及其战略研究［J］．矿产保护与利用，2006.3

③ 万良国，吴荣庆．我国矿产资源供需形势及发展趋势［N］．中国矿业报，2006－09－05

未来十年，用45种主要矿产品供应能力预测与需求预测值的比值作为衡量国内矿产品供需矛盾的指标，大于或等于100%表示国内供应能力可满足国内消费需求，小于100%则表示国内供应能力不能满足国内消费需求，如表3-3所示：

表3-3　未来十年中国主要矿产品国内供应能力与需求的预测

矿产品名称	2020年的供应能力	2020年的需求量
煤（亿吨）	18	21.05
石油（亿吨）	1.71	4.25
天然气（亿立方米）	1650	1800
铁矿石（亿吨）	2.4	5.34
锰矿石（万吨）	350	935
铬矿石（万吨）	10	440
铜金属（万吨）	137	445
铅金属（万吨）	112	110
锌金属（万吨）	202	245
铝金属（万吨）	405	1200
镍金属（万吨）	5.97	12
硫（万吨）	2120	3050
磷矿石（万吨）	4580	4580
钾（万吨）	213	1717

从表3-3可以看出，中国急缺的金属矿产资源主要有铁、锰、钾、铅、铜和铬[①]。从总体上看，在45种主要矿产资源中，可以保证的矿产有煤、天然气、钨、钼、银、稀土、菱镁矿、萤石、磷、芒硝、石墨、石棉等24种，基本能够保证的矿产有钛、硫2种；比较短缺的矿产有石油、铀、铁、锰、铝土、锡、铅、镍、锑、金等10种，严重短缺的有铬、铜、锌、钴、铂族元素、锶、钾、硼、金刚石等9种。在现有国有矿山中，大约30%的煤

① 宋健坤．资源空间论［M］．北京：军事科学出版社，2009.68～72

矿、40%的石油和有色金属、50%的铁矿将面临资源枯竭的危险。

在中国国防战略资源中，石油具有十分重要的地位。自20世纪80年代以来，中国经济高速增长和庞大的人口基数对石油提出了巨大的需求，国家能源安全问题日益突出[①]。一方面，能源总需求远远大于总供给。随着经济持续增长和经济规模进一步扩大，能源需求还会持续较快地增加，中国能源供求矛盾将长期存在。2007年，中国石油产量18665.7万吨，同比增长1.6%，而同期石油消费量由1990年1.15亿吨快速增长到3.5亿吨，年均增长7.3%。为满足经济快速发展对石油的需求，国家采取了逐步扩大进口的方针。1993年，中国成为石油净进口国。到2007年，中国净进口1.8348亿吨石油。2009年，石油对外依存度达到51.3%，突破了工业国家公认的50%的"能源安全预警线"[②]。预计到2015年，中国几乎2/3石油需求都要依靠进口；到2030年，石油进口量将达到需求量的3/4[③]。中国对海外石油依存度的增长，受到国际石油产量不足以及中国维护海外能源利益手段不足等方面的严重制约，这将使中国在短期内无法化解石油消费对外依存度持续扩大所带来的外部经济风险，也越来越成为制约中国国防经济发展的一个严重问题。另一方面，能源技术相对落后，影响了能源供给能力的提高。这些年来，中国能源技术虽然已经取得了较大进步，但与发达国家相比还有较大差距。可再生能源、清洁能源、替代能源等技术的开发相对滞后，一些重大能源技术装备的自主设计制造水平还不高，能源利用效率

---

① 我国人均能源资源占有量远远低于世界平均水平。人均可采煤储量只有世界人均水平的45%，石油只有世界人均储量的11%，天然气只有5%左右。参见唐海燕．中国经济运行风险研究报告［J］．北京：立信会计出版社，2008.216

② 苏文．中国战略资源全球配置和外交重点［J］．中国党政干部论坛，2011.4

③ 美国《2011年中国军力报告》。

低下。目前，中国主要能源产品的单位产品能耗比发达国家高25% ~90%，加权平均高40%左右。目前在各类战略资源中，现有储量只有60%可供开发、35%可以开采，而且已开发的矿产资源总回收率只有30%，共伴生矿产资源的综合利用率也只有35%（国外平均水平为40% ~50%）[①]。据中国地质科学研究院《矿产资源与中国经济发展》报告，除煤炭外，中国主要矿产资源都已告急。现有的油气资源储量已不能满足10年的消费，最终储量勉强可维持30年的消费。未来20年，铁矿石将缺口30亿吨、铜矿石缺口5000万吨、铝矿石缺口1亿吨。报告得到的最终结论是，未来20~30年，中国现有矿产资源将不可持续[②]。

第三节　国防经济发展Ⅱ类外部经济风险：来自国际经济

国防经济发展的Ⅱ类外部经济风险是由经济全球化和国际市场波动而导致的经济风险。国际市场的波动以及国际金融体系的动荡，对国防经济发展最大的影响和冲击是国民经济实体受到严重的冲击和影响，导致出口下降，引发其他产业的连锁反应。随着国际金融危机向实体经济进一步扩散，国防采购、国防科技工业、国防基础设施、国民经济动员等诸多领域都将有可能受到不同程度的影响和破坏，甚至出现国防经济结构失衡，削弱中国国

① 国家发改委．我国矿产资源总回收率30%潜力巨大．中国新闻网，2007-01-16

② 陈晓和．中国国防经济安全研究［M］．上海：上海财经大学出版社，2009.12

防经济基础[①]。

一、国际金融风险引发的国防资金运行风险

经济全球化使资本在国与国之间进行自由流动的同时，也增强了货币政策的“溢出”和“溢入”效应。国际经济交往日益频繁，国际资本流动大大加快。任何一个国家或地区发生金融动荡，都会迅速波及全球。在金融全球化的趋势下，随着中国金融领域的对外开放，金融风险问题越来越突出。敌对势力有可能通过国际信用评级机构、金融舆论、金融衍生品、对冲基金等做空或做多盈利，导致中国资本市场、外汇市场、期货市场以及金融衍生品市场出现剧烈波动，对金融市场运行造成强烈的冲击和风险。由于发达国家在金融领域的显著优势，国际金融市场的风险可能向包括中国在内的发展中国家转嫁。

随着中国对外开放的程度越来越高，境外市场的动荡可能会影响到跨境资金流动的规模和速度，加大资金调节的难度。美国利用其在国际货币金融体系中的主导作用和美元的中心地位，通过美元贬值，发行外债等转嫁国内危机。特别是国际游资在国际金融市场上游荡，利用国际利率、汇率和股票等金融商品价格之间的短期不均衡而获取巨额利润。国际游资善于钻发展中国家金融体系的漏洞，唯利是图，技术手段高超，对发展中国家的金融安全具有很大的危害性。尽管中国在资本和金融项目上还没有全面开放，但由于金融法规不健全，相关制度不完善，安全监管能力还不足以应付外部经济风险。一旦大量的国际游资冲击国内市场，势必造成金融秩序混乱，引发金融领域的恐慌。

---

① 汪周松，隋富千，郑顺伟．国际金融危机对国防领域的影响与对策［J］．军事经济研究，2009.10

20世纪80年代以来，世界范围内的金融创新活动空前活跃，新的金融工具、金融产品不断出现，加之现代化信息传播手段的迅速发展，使资金运行有了更大的不确定性、更强的扩散性，从而具有更大的破坏性。中国加入世界贸易组织后，金融市场的开放程度也在不断加大，国际金融资本进出中国的频率大大加快，强化了国际市场波动的传递系统，使国内金融安全环境更容易受到来自国际经济和金融风险的影响，以及国际投机资本的冲击[①]。世界上不管哪个国家或地区发生了金融危机，如果不能及时采取有效防范措施，就将很快影响到国家金融安全。更进一步说，在经济全球化条件下，国家金融市场对外开放与其内部体制转型的非均衡性，给国家金融安全带来了极大威胁，并进而威胁到国家国防经济安全。由于风险防范能力比较差，金融体制较落后，金融监管体系还不健全，再加之缺乏同外国金融界交往的经验，中国金融市场特别是资本市场面临着极大的金融风险。因此，经济全球化有可能带来金融风险和金融危机，并构成国防经济安全的极大隐患。

军事资金来源于政府财政拨款，国防经济部门的日常运转所需的经费也直接参与金融系统的运作。作为国防经济资源配置的主渠道，金融安全与否无疑直接关系到军事资金流通的安全。从国家安全战略角度来看，国际金融安全出现了新的走向，金融安全已升级为国家安全，面临的环境日益险恶，风险底线不可逾越[②]。在经济全球化背景下，金融体系本身的高风险性及金融危机的“多米诺骨牌”效应，一旦美国金融体系的“防火墙”出现破裂，中国金融市场就会面临巨大风险[③]。

---

① 吴鸣等．经济全球化与国防安全［J］．求是，2004.6

② 朱洪达．国家安全战略与我国金融安全［J］．军事经济研究，2011.7

③ 邹芳，蔡爱华．全球金融危机中的中国国防经济安全［J］．海军军事学术，2010.4

国家金融体系发生风险、运转失灵，系统安全度降低，势必对国防资金安全构成威胁，导致国防经济运行秩序的混乱[①]。军队是一个资金大户，除了财政分配的预算资金外，还会形成一定规模的预算外资金。由于军事消费的复杂性，军队资金在时间和空间上暂时地和分散地形成相当部分的滞留与闲置。这些资金与市场经济中一般的资金并没有性质上的差别，只要转变所有权或使用权，就完全可以成为经济要素。因此，国防资金的供应保障和存放依赖于金融体系，高效、规范、健康、有序运行的金融体系，是国防资金安全运行的屏障。2011 年以来，受国际金融危机的余波和欧洲主权债务危机的影响，中国整体经济出现下行、企业业绩下滑，导致中国银行机构不良资产增加，流动性有所下降，中小银行破产的可能性增大。如果国家金融体系一旦发生风险，必然会威胁国防资金运行安全。

二、国际市场竞争引发的国防产业运行风险

作为国家战略性产业，国防科技工业是维护国家安全的重要基础和保障。在计划经济体制下，国防产业有着资金、技术、人才、原材料等优先保证的优越条件，形成了对民用工业的优势。而在市场经济条件下，这些优势条件都已经不再存在。在经济全球化背景下，军工企业在产品竞争力、资金增值力、技术更新力、企业发展力等方面都面临着新的严峻挑战，不可避免地遭受外界冲击[②]。

1. 军工企业的民品生产面临严峻挑战。经过多年的军转民，

---

① 刘淑芳，李幼．中国国防经济安全面临的潜在威胁及应对思路［J］．后勤指挥学院学报，2010. 1

② 刘义昌等．国防经济研究［M］．北京：军事科学出版社，1993. 76

目前中国大中型军工企业大都是军民结合型企业，民品部分不仅所占的比重较大，而且在经营上完全市场化，出口量较大①。从2005年7月21日起，中国开始实行以市场供求为基础、参考货币进行调节、有管理的浮动汇率制度。在实行浮动汇率制的金融市场中，汇率经常会发生剧烈波动，特别是主要货币之间的汇价变化频繁，汇率浮动范围和幅度不断扩大。例如，人民币大幅度升值，将导致中国军工企业出口产品的价格大幅提高，降低价格竞争力。加入WTO后，军工企业的资本密集型和技术密集型产品必然首当其冲地受到影响和冲击。中国军工企业生产的民品大多是机械和电子类产品。而机械和电子类产品受人民币升值、原材料价格上涨、工人工资提高、检测费用增加、出口退税下调等因素影响，出口预期不断下调。这对于一些军工企业以出口为导向的民品生产来说，确实面临着严峻的挑战和巨大风险。例如，2008年国际金融危机发生后，全球需求下降，军工企业的生产和利润不可避免地受到影响，不同程度地面临着库存量大、产能过剩、生产能力萎缩、产品销路不畅、经营困难、技术升级资金短缺等困境。根据中国人民银行的研究，美国经济增长放慢1个百分点，中国出口就会下降6个百分点。如果中国军工集团的民品生产遭受严重冲击，势必威胁到军品研制和生产②。

2. 外资投资使国防产业面临巨大的风险。一国融入经济全球化的进程，必定是国防产业和国防产业结构受到广泛而深刻影响的过程。中国巨大的市场潜力，驱使国际跨国军工集团纷纷投资中国，国防产业直接面临着像波音这样的跨国军工巨头的强有力

① 例如，目前中国航天机电集团公司的民品产值占总产值的65%，民品销售额占总销售额的70%。兵器工业集团公司也已经形成了机械、化工、光电三大系列和以车辆为主的民品发展格局。

② 张文元．经济全球化对我国国防经济安全的挑战与维护对策［J］．东南大学学报（哲学社会科学版），2003.3

的竞争和挑战。中国大多数军工企业在技术、管理、人才储备和市场运作能力等方面与之相比还有很大差距，面临严峻的挑战和巨大的风险。从总体上看，中国大多数军工企业技术含量不高，基础产业技术落后，自主创新能力低，只能在低端市场重复生产，缺乏核心竞争力。就连重组后的军工集团与经过兼并的西方跨国公司相比，也没有规模经济优势。目前外资并购领域不断拓宽，正在从一般消费品行业向装备制造业、原材料等基础性行业拓展，并且独资化倾向明显，外商独资企业所占比重由 1984 年的 3.8% 上升到 2007 年的 78%。仅摩托罗拉天津独资企业一家，就控制了中国移动通信设备 90% 以上[①]。中国军工企业如果不能在自主创新能力上实现突破，在运行机制上按照市场机制要求实现根本性转变，将会面临更加艰难的局面。一旦本国与国防相关的战略产业被外商直接投资控制，就必然会受制于人。另外，外资成为中国某些军工企业（特别是上市公司）的股东或债权人，增强了其对军工企业的控制力，更容易获得军工企业的核心技术。这种核心技术的外泄，极易给军工企业和军事技术安全造成威胁，对国防产业运行形成巨大风险。国防产业的安全性直接关系到国家安全，如果国防产业大量接受外资银行贷款或外国资本的直接投资，外资企业对国防产业的控制力将会大大加强。

3. 军品贸易面临严峻的挑战。进入 21 世纪，世界军火市场的广泛性、商业性、公开性、竞争性都有了很大的增强，军品贸易变得更加难以控制，面临的风险更大。不少国家都把军品贸易作为促进武器装备研发和军事技术更新、确保国防工业运行和发展的重要环节和条件。以英国为例，英国皇家兵工厂的产品有 53% 用于向国外出口，如果英国不出口军品，军工企业至少要关

---

① 尹久，郭风华．外商直接投资影响我国经济安全的三大机制及对策思考［J］．商业研究，2006. 18

闭一半，一旦出现紧急情况，军工生产将供不应求，国防经济运行就会出现巨大风险[①]。这些年来，中国军品出口额持续稳定增长，国内从事军工生产的公司与世界军火市场形成了一种紧密的依赖关系，这在很大程度上把国防经济牢牢地套上了军品贸易的战车。目前中国武器装备出口，主要是面向亚非拉发展中国家。2008年以来，受国际金融危机的影响，亚非拉发展中国家的经济也普遍出现了前所未有的困难。例如，由于国际市场上原材料价格的持续下跌，对原材料出口依赖较重的阿根廷、巴西、委内瑞拉、智利、秘鲁等拉美国家的财政收入急剧减少，阿根廷、巴西、墨西哥等国也遭受着货币贬值、资金撤离和金融市场震荡的严重冲击。在这种情况下，大多数亚非拉国家不得不削减国防预算，减少、推迟或取消军火采购计划，这对中国军工企业的武器装备出口造成了很大的影响。

另外，在世界贸易组织的安全例外条款中明确规定，允许成员方在危及国家安全的紧急情况下，为保护国家安全利益而采取必要的行动，对其他相关的成员不履行世界贸易组织规定的义务。成员方可以以安全理由实施进出口数量限制、差别待遇等，以及为维持国际和平与安全而对某些国家或地区实施贸易制裁。世界贸易组织关于安全例外的规定过于简单化，没有规定规则和程序，而且有些条款范围规定过于宽松，几乎与国防有联系的所有商品都可能被卷入进来[②]。因此，世界贸易组织的其他成员国可能以“维护国家安全”为由，对中国军工企业实施进口或出口限制。当前，国际军火贸易已经由“互补型”向“占领型”转变，即同质军工产品对抗式地“占领”国际军火市场份额。当前

① 朱庆林，常进．中国国防经济潜力研究［M］．北京：军事科学出版社，1999. 239

② 李向京．WTO例外条款与国家经济安全问题研究［D］．硕士学位论文．长沙：国防科技大学．2003

和今后一个时期，世界军事强国凭借雄厚的国防经济实力、显著的技术优势以及广告策略，打垮竞争对手，从而牢牢地控制或垄断国际军火市场。

中国军事技术引进的一个突出问题是，军工企业设备进口与技术进口常常出现脱节与分离的现象。目前，军工企业只能以有偿使用的方式应用技术，不利于掌握设备的核心技术和工艺上的技术诀窍，不少军工企业陷入了落后—引进—再落后—再引进的被动境地。近年来，随着高技术武器装备引进力度的加大，中国对俄罗斯军事高技术的依赖程度逐步加深。如果我们不改变高技术武器装备过度依赖进口的模式，长此以往，就会削弱军工企业的技术创新能力与动力，增加军工企业对进口技术的依赖程度，国防产业就会逐渐丧失独立性和自主性，最终造成国外高新技术产品在中国形成垄断。

这些年来，为了摆脱经济低迷、资金紧张的困境，一些军事大国开始降低军事技术出口门槛，销售过去限制或禁止出售的军事技术和武器装备。但是，在处于技术劣势的情况下，如果不加以慎重选择，军事技术的长远发展、武器装备的使用维修和管理等方面都容易受到西方大国的牵扯和制约，不利于自主创新能力的提升，影响国防经济安全和长远发展①。当前，随着以信息技术为核心的高新技术的迅猛发展，国际上的军事技术转移呈现出新的浪潮。但是，由于政治和外交因素对军事技术转移的影响还在进一步加强，发达国家与发展中国家围绕军事技术转移的控制与反控制的矛盾和斗争将日益尖锐。特别是一些发达国家对发展中国家进行军事技术转让的过程中提出了一些附加条件，还有明显的强权政治色彩；军事技术转移中出现保护主义抬头，军事技

① 刘淑芳，李幼．中国国防经济安全面临的潜在威胁及应对思路［J］．后勤指挥学院学报，2010.1

术贸易摩擦加剧[①]。世界各国对高新技术特别是军事高科技转移的干预力度不断加大，采取各种措施严格控制军事高科技外流[②]。目前，中国进口装备比先进军事科技至少落后10至20年，且在技术、重要原材料、零部件、配件等方面具有较强依赖性[③]。“从2003年以来，中国一直在对欧盟成员国施压，要求其取消对华武器禁售的禁令。2004年中欧峰会结束后，双方领导人发表联合声明，承诺要努力取消武器禁运。虽然这个问题被正式列入欧盟的议程，但近期内欧盟成员国不大可能在取消禁运的问题上达成共识。”[④] 目前，中国国防经济领域的大部分核心技术和关键设备主要依赖进口，缺乏对引进技术的系统集成和综合创新，一些高精尖武器装备研制生产难以取得突破性进展，陷入低端循环引进的技术依赖“黑洞”。如果西方发达国家停止提供武器装备、关键零部件和技术支持，中国国防产业就会陷入严重被动。

4. 国防产业的海外资产面临着前所未有的风险。随着中国“走出去”战略的实施，军工企业开始进行海外投资，把一部分外汇储备转变为企业的物质资产，既可以打破中国经济长远发展所面临的资源瓶颈约束，又可以转移军工企业过剩的制造能力，带动设备、零部件、原材料和劳务出口。目前，制约军工企业实施“走出去”战略的主要瓶颈，是海外资产安全难以有效保障，面临的外部风险主要包括东道国影响企业实物资产安全的各种革命、战争、政变和国际关系变化。通常来说，海外投资在欧美等发达国家面临的外部风险相对较低，而在发展中国家投资所面临

---

① 朱庆林，常进．中国国防经济潜力研究［M］．北京：军事科学出版社，1999.255

② 美国宣称，鉴于中国的军事现代化，美国必须警惕任何技术转让会如何影响国家安全。据统计，21世纪头十年，在我国引进的高技术产品中，美国高新技术产品所占比重已经从18.3%降至7.5%。

③ 郭中侯．我国国防经济面临的风险分析［N］．湖北日报，2010－03－04

④ 美国《2011年中国军力报告》．新华网，2011－08－28

的外部风险较高。但是，由于中国军工企业大多不具备在发达国家大规模投资的条件和能力，境外投资活动较多地集中在经济落后、政局动荡的发展中国家和地区。因此，中国军工企业的海外投资必然面临较高的外部风险。

三、国际资源争夺引发的国防战略资源安全问题

经济全球化本质上是占据高势能经济地位的优势国家，对全球或地区资源尤其是稀缺战略资源的控制和汲取的过程。近几年来，由于对国防战略资源的过度开采，国防战略资源耗竭速度加快，中国对一些重要的国防战略资源的供需缺口很大，主要采取进口的方式来补充，对外依存度很高。而且，由于目前世界上几个大的战略资源运输通道都掌控在别国手中，中国国防战略资源供应受制于人的情况日益严重。特别是在战时或紧急时期，如果国防战略资源供应出现中断或短缺，将会对中国重要产业和国防工业造成很大的影响，进而威胁到国防经济安全。

当前，国防战略资源的国际环境正在发生深刻变化。一方面，以美国为首的西方国家不断加强对国防战略资源的控制。冷战结束后，美国和欧盟主要是限制先进武器装备对华出口，严格控制与国防相关的高新技术转让，现在已逐步扩展到了对稀缺性国防战略资源的严格控制。在过去的几十年中，美国和欧盟对华武器禁运并没有达到迟滞中国国防现代化步伐的目的，除了中国综合实力不断增强之外，主要是因为中国有一个比较完整的国防科技工业体系。因此，要遏制中国国防力量的发展，不仅要控制敏感技术对华出口，还要控制关键的稀缺性国防战略资源。为此，美国等西方大国正加紧调整资源战略，加强对中国国防战略资源的争夺和控制，中国面临的国际形势日趋严峻。另一方面，

中国国防和军队现代化建设发展对一些稀缺性国防战略资源需求不断上升。随着国防和军队现代化建设的不断推进，中国在信息产业、核工业、航空航天等领域对稀缺性国防战略资源需求日益上升。与此同时，其他新兴国家对同类战略资源的需求也在急剧增长，致使国际市场上与国防领域密切相关的稀缺战略资源争夺日趋激烈。据有关部门研究，未来 20 年中国大多数的稀缺战略资源战略需求将成倍增加，同时又出现了战略资源大量流失的严重情况①。因此，加强对稀缺性国防战略资源的管控和储备问题已刻不容缓。

当前，国际大宗商品价格和主要货币汇率加剧波动，不稳定、不确定因素仍然较多，给中国政策调整和选择增加了很大的难度。特别是 2008 年下半年以来蔓延世界的全球金融危机，导致国际市场大宗商品价格的剧烈波动。石油与主要原材料等大宗商品价格波动，对中国国防经济运行产生很大影响，严重冲击了生产成本与产品的价格关系，导致国防经济发展的不确定性大大增加②。历史已经表明，在经济全球化进程中，发达国家往往以跨国公司为载体，通过经济援助、资本输出等途径控制发展中国家的战略资源，并进行掠夺性的开发和利用。国际金融危机爆发后，国际市场上战略资源价格趋于下降，但价格波动的幅度越来越大。而且，各战略资源拥有国也相应地出台了一系列限制政策，对战略资源进行出口管控，中国在引进国防战略资源上受到了很大的限制。从历次金融危机发生蔓延的情况来看，世界各国为突破本国经济困境，对战略资源的争夺将进一步加剧。目前，

---

① 据有关专家估算，按照目前的开采速度，再过 14 年，世界储量最大的中国钨矿资源将优势不再；再过 20 年，江西的稀土矿产资源将枯竭；再过 30 年，世界上储量最大的白云鄂博稀土矿将消失。

② 这些年来，由于中国的能源需求急速膨胀，这种状况在短期之内缓解的可能性不大，加之国际油价将长期处于高企状态，因此，中国从国际上高价进油的现象将从“偶尔”变为“常态”。

中国大多数国防战略资源对外依赖性很大，定价权基本不在中国手中。战时敌对势力通过这些战略资源的期货价格，制造商品期货的剧烈波动，再结合中国自然条件、气候条件等规律进行恶意破坏，造成中国国防战略资源供给的严重短缺。另外，一些具有战略资源开采争议的地域和战略资源运输通道，将成为世界各国争夺的焦点，并引发不同程度的地区冲突。在目前中国对战略资源运输和防护能力有限的情况下，战略能源运输安全将受到极大威胁，对国防经济安全产生极大的冲击和挑战。

从能源安全来说，中国也面临前所未有的风险。一方面，石油进口渠道比较单一。中国石油进口渠道主要集中在中东和非洲地区，从中东和非洲进口的石油总量约占总进口量的80%，而中东、非洲正是目前国际政治经济局势剧烈动荡的主要地区，局部冲突此起彼伏，恐怖事件频繁发生。随着石油需求的迅速增长和进口石油消费的日益增长，中国对中东石油的进口需求将会急剧增加，而中国目前基本上不具备对中东地区的军事影响能力[①]。从中国与阿曼、沙特、伊拉克和伊朗等国的政治关系来看，属于一般正常的国家关系，尚不具备对该地区或国家的政治和军事影响力。自从20世纪70年代两次石油危机后，美国逐渐加强对中东地区的军事干预能力，现在美国对中东的军事干预能力可以评估为“基本控制”[②]。伊拉克战争之后，随着美国在中东地区的影响力和控制程度越来越大，中国在中东地区的石油进口更易受制于人。另一方面，进口能源运输线路缺乏可靠的安全保障。目前中国能源进口运输线路较单一，除了从中亚、俄罗斯进口的石油可以由陆上运输外，其余的都只能依赖海上运输，而海上运输线路大都必须经过印度洋—马六甲海峡—南海海域—台湾海峡这

① 王礼茂．资源安全的影响因素与评估指标［J］．自然资源学报，2002.4

② 王礼茂．资源安全的影响因素与评估指标［J］．自然资源学报，2002.4

条线路。其中，马六甲海峡是扼守这条战略通道的咽喉，一旦被封锁，中国将面临巨大的能源压力[①]。近年来，美国开始实施“重返亚洲”政策，在东亚沿日本群岛、台湾岛、菲律宾群岛构筑围堵中国的“锁链”，特别是在新加坡建设军用港口，而新加坡是扼守马六甲海峡的交通要冲。战时，敌对势力通过对战略运输通道的封锁，制造石油输出国地缘政治危机或国际油价期货的剧烈波动，千方百计阻止中国的能源正常供应。目前，中国海上军事力量还不足以保障战略运输通道安全。过分依赖中东和非洲地区的能源和单一的战略运输通道，使中国能源进口路线严重缺乏安全保障，一旦受到打击，后果极其严重，将对国防经济运行产生极大的风险。

四、国际经济环境变化引发的国民经济动员风险

随着经济全球化的深入发展，国际经济环境的变化和国际市场的剧烈波动在对中国经济体系产生巨大冲击的同时，也给国民经济动员带来诸多影响。自 2007 年以来，美欧等发达国家经济相继出现了放缓的走势。在国民经济动员潜力方面，国际金融危机严重影响了中国的出口贸易，国内经济发展速度减缓，实体经济受影响最大。据统计，国际金融危机导致中国出口导向的中小企业大量倒闭，大型骨干企业也面临着生产经营的困难，有些大型骨干企业大幅减产。人民币升值预期给出口企业带来汇率风险的同时，也使它们面临更高的坏账损失风险。这些将会对战时生产能力产生影响，进而影响国民经济动员能力。在国民经济动员

---

① 马六甲海峡东连南海，西接安达曼海，是中国与欧洲、非洲、南亚各国海上的交通要道和战略走廊，对于中国经济安全尤其是东部和东南部的经济安全具有极为重要的战略意义。参见李国亭．马六甲海峡与中国经济安全［J］．国际技术经济研究，2007.1

手段方面，为了应对国际金融危机和国际经济衰退，许多企业会想尽一切办法降低成本，比如采用“以销定产”的生产经营方式，实现“零库存”。一旦发生紧急情况，仅靠临时的转产，很难满足战时急剧膨胀的需求，必然会影响国民经济动员的时效性。

经济全球化使中国经济发展受世界经济形势的影响更为直接剧烈，容易卷入全球性或地区性的经济危机，可能造成国内经济全面衰退。国内某些行业和企业决策失误、操作失当或竞争失利，也可能引发局部性的经济恶化。国民经济运行不良甚至出现恶化，将会直接波及国民经济动员的基础。目前，中国市场经济发展的国际化程度越高，对国际市场的依存度越大，敌对势力也就会越多地运用经济手段来遏制中国的崛起，包括切断资源供应渠道乃至国家经济与国际市场的联系。国际市场上的金融风险、能源危机、贸易大战等，也将对中国经济发展产生越来越大的影响和冲击，进而影响到国民经济动员的组织与实施。

五、信息战引发的国防经济信息安全问题

经济全球化的重要特征之一是全球信息化。随着信息化的高速发展和信息技术的广泛普及，国防经济运行越来越依赖于信息网络系统，国防经济安全越来越依赖于信息基础设施的安全程度。如果信息技术掌握在主权国家手中，国防经济赖以生存和发展的重要信息系统能够正常运转，并具有抵御来自系统外部的入侵、破坏和潜在威胁的能力，就说明国防经济信息系统处于安全状态。全球化使得对信息的争夺、控制和利用处于一个更广阔的国际环境之中，解决不好国防经济信息安全问题，就将严重威胁国防经济安全。

当前，信息战已成为国防经济领域斗争的新手段。信息战是

在信息空间为争夺信息权而进行的军事斗争。美国国防部把信息战定义为一场冲突中控制电子信息系统的行动[①]。未来国防领域的竞争，将采用不对称的、软硬杀伤手段相结合的信息战手段，包括电子战、网络战和情报战等攻击方式，攻击目标为联结国家政治、经济、军事设施和整个社会的通信和计算机网络系统。主要手段包括：利用先进的信息技术、多渠道、多形式地对敌方军用计算机网络和通信系统进行快速、隐蔽和摧毁性的破坏；借助计算机网络、卫星和无线通信设备等“看不见的空间”，通过窃取情报、系统干扰和毁坏数据等手段侵入和破坏国防经济信息网络，对敌对国国防经济运行造成毁灭性的打击和破坏。

在国防经济领域，谁拥有信息网络技术的“制高权”，谁就拥有竞争的主动权。从目前国防经济信息网络设防的效果看，现有的设防技术基本上无法阻止信息入侵者的渗透。信息技术落后的国家在信息霸权面前，难以行使与维护自己的信息主权，往往处于被动挨打的境地。另外，国防经济信息系统也存在着多种多样的安全漏洞，在安装操作系统、应用软件以及网络调试中，如果没有对相关安全漏洞进行扫描并及时加以修补，一旦遇到黑客的恶意攻击，将会造成重大的损失[②]。

中国对发达国家的信息技术及其产品存在很大的依赖。计算机芯片、操作系统等核心技术的缺乏，是中国国防经济信息安全的最大隐患。当前，中国计算机和声像设备基本上是处于“组装式”生存状态，核心部件（如 CPU）几乎都是来自国外的设备制造商，大部分电路、通信设备制造业的基础集成电路芯片主要依赖进口，关键零部件完全受制于人；计算机系统软件和支撑软

---

① 国家保密局．信息战与信息安全战略［M］．北京：金城出版社，1996. 2

② 现代信息安全主要包括运行系统和系统信息的安全，它是一个多层次、多因素、多目标的复合系统。

件基本上都是国外的产品，计算机网络所使用的网管设备和软件大都是美国公司的产品。目前，美国微软几乎垄断了中国电脑软件的基础和核心市场，离开了微软操作系统，国产软件都失去了操作平台。所有这些因素，都使得中国国防经济部门的计算机网络安全性能大大降低①。而且，中国现有的Internet主干网大都是采用发达国家制定的网络规范和网络标准，信息网络的共享性使得国防经济信息泄露变得非常容易。一旦我们所依赖的外界核心技术得不到充分保证，或存在严重的安全隐患，就很难把握国防经济信息传输系统，势必对国防经济信息安全造成很大的影响和冲击。

目前，中国还缺少确保国防经济信息安全的核心技术。在未来信息化战争中，制胜武器不一定是飞机、坦克、军舰和导弹，而是信息和瞬息之间根据这些信息由自动化指挥系统发出的指令。目前，中国计算机和通信领域的大多数关键技术还远远落后于西方发达国家，不得不进口一些通信和计算机设备，但并不清楚这些进口的计算机和通信设备是否被别人动过手脚、根植木马病毒；是否掌握了抵御这类威胁的能力，也有待于对若干重要信息系统进行实际考察验证后才能予以确认。一旦发生重大情况，那些隐藏在电脑芯片和操作软件中的木马病毒就有可能在某种秘密指令下激活，将可能导致中国国防经济部门的电脑网络和电信系统瘫痪，造成灾难性的后果。为防止黑客侵袭，中国国防经济系统普遍采取了内部信息网络与对外信息网络物理分离的办法，两套系统分开运行。同时，对内部信息网络设置了防火墙，大多

① 目前世界各国基本上都是由微软公司独揽操作系统的开发，WINDOWS应用平台有两个外部接入密钥，其中一个由微软公司掌握，另一个由美国国家安全局掌握，它可根据计算机硬件配置情况，生成与用户名字、地址相关的全球唯一识别码，经由WINDOWS电子注册程序传送至微软网站。

数单位采用的防火墙技术来自国外，这就产生了一个严重问题：国外公司是否在其中设置了某些控制措施。近年来，针对中国互联网基础设施和重点行业的联网系统的探测、探测和攻击逐渐增多。据中国互联网信息中心统计，仅2010年，遭遇病毒或木马攻击的网民就高达45.8%，中国大陆有近3.5万个网站被黑客篡改，其中被篡改的政府网站高达4635个，比2009年上升67.6%。2010年共监测到48万个木马控制端IP，其中22.1万个位于境外。2010年，共发现近500万个境内主机IP感染了木马和僵尸程序，较2009年大幅增加[①]。

谁能领导信息革命，拥有信息权力的优势，谁就能强过别人，并在未来的世界格局中占据主导地位。美国拥有信息权力的绝对优势，收集、处理、利用和传播信息的条件、能力和手段都领先于世界其他国家。因而，美国可以利用这种信息优势，为其国家利益和国家战略服务，并严重威胁到中国国防经济信息安全。此外，国防经济领域网络化、电子化趋势日益明显，利用高科技手段作案造成的窃密、泄密和资金抽逃、资产流失等更加隐蔽、危害更大。敌对势力还可能利用"黑客"攻击、病毒破坏等信息战手段，破坏中国国防经济系统，扰乱国防经济运行秩序，甚至有可能使中国国防经济系统陷入停顿瘫痪。

六、西方发达国家经济制裁带来的风险

经济制裁是指运用切断贸易、冻结资产等经济手段，对敌对方施加压力，以迫使其改变正在实行或将要实行的某种政策。经济战作为一种"不流血"的"软"战争，已成为文明时代解决

① 中国政策科学研究会国家安全政策委员会．中国地缘安全环境评估报告（2010～2011）[M]．北京：中央编译出版社，2011.76

国家之间矛盾与冲突的重要手段，在国防经济活动中也日益显示出越来越重要的地位和作用。20 世纪 90 年代以来，由于经济全球化的迅猛发展以及美国等西方强国国内政治的需要，经济制裁已经成为国际政治斗争的一种重要手段。1989 年，美国对中国实施了内容广泛的经济制裁。在美国国会颁布的一系列有关经济制裁的法律中，共有 8 项法令涉及对华制裁问题①。冷战结束后，美国在国际危机管理中不断强化经济制裁措施。从一战结束到 1998 年的 80 年间，美国对其他国家采取的经济制裁行动高达 120 次之多；从 1992 年至 2000 年达到一半以上，受影响的国家有 70 多个，接近世界人口的三分之二②。美国经济制裁的政策工具，主要体现为贸易制裁、投资制裁和经济攻击等三个方面，因此，可以从这三个方面分析美国经济制裁可能对中国国防经济运行产生的影响和风险。

1. 贸易制裁。这是美国最常用的一种经济制裁手段。美国等西方发达国家为争取和保持其在国际竞争中的有利地位，最大限度地占领国际市场，谋求最大的国际贸易利益，把对外贸易提到国家安全的“首要因素”的高度，并到处挥舞“贸易报复”、“贸易制裁”的大棒③。由于近年来中国对外贸易的飞速发展，对外依存度不断增大，贸易总额占国内生产总值中的比率远远高于一般国家。因此，减少或中断贸易往来，对中国经济（包括国防经济）的稳定运行和发展将造成严重影响。限制从中国的进口将影响到中国与出口贸易相关行业，直接影响到资源供应、技术更新和设备改造。一般情况下，西方国家可能挑选一些对中国国防经济发展最具影响的项目加以限制，如先进的军事技术和设

---

① 计宏亮．当代美国对外经济制裁研究［J］．外交学院学报，2008. 5

② 冯海伦．论美国国际危机管理中的经济因素［J］．社会科学，2005. 3

③ 朱庆林，常进．中国国防经济潜力研究［M］．北京：军事科学出版社，1999. 244

备、能源和其他重要战略物资等，立即停止先进武器装备、设备设施和其他军用物资的贸易与交流，而不是一般商品，以减少经济制裁给自己所造成大的代价[①]。以石油禁运为例，美国控制了全球主要的石油产地和几乎所有的海上重要交通运输线。中国的石油危机不仅可能来自于石油供应的中断，还有可能来自海上战略通道的封锁。新中国成立以来，美国和欧盟一直对中国实施军事技术出口管制，目的是不使中国从其他国家的核武器、导弹技术、化学武器和生物武器以及其他值得关注的军事项目中受益。美国和欧盟在和平时期尚且如此，在紧急状态下必将对中国实施更加严格的军事技术控制。

2. 金融制裁。新中国成立初期乃至在相当长的一段时期内，以美国为首的西方敌对势力对中国实施金融制裁，包括停止对中国的政府贷款，以及停止向中国的出口提供融资和担保，否决国际金融组织对中国的贷款提案，要求撤回投资，从而扰乱中国的金融运行秩序。目前中国接受的国际直接投资和世界银行贷款，对促进经济快速发展起到了积极的推动作用。由于以美国为首的西方发达国家在国际金融体系中处于主导地位，一旦与中国关系紧张，这些投资和贷款（包括对国防经济领域的投资和贷款）的大部分将会被暂停、搁置甚至终止，从而对关键性项目产生严重的不利影响。另外，敌对势力有可能制造中国外汇储备流动性的丧失（目前中国有3万多亿美元的外汇储备，以购置外国国债为主，结构不合理，美元比重过大，战时容易被冻结或贬值），引起外汇短缺，造成战略资源、装备设备进口所需外汇匮乏；大量趋利性、投机性的短期资本将会迅速大量抽逃，引起国内资本经常性短缺，导致国内金融体系急剧动荡，影响国防经济的正常

---

① 极端形式是对中国沿海港口进行军事封锁，阻断海上、空中和陆路交通，破坏国民经济的正常运行；或运用经济、军事等手段，直接摧毁或破坏中国重要的经济目标和基础设施。

运行。

3. 经济攻击。和平时期的经济攻击是指以军事威慑为基础，借助政治、经济和文化手段，对敌对国家或潜在竞争对手的经济运行进行干扰和破坏，以削弱其国防经济潜力，最终动摇或瓦解其国防经济发展的目标。随着世界经济全球化和区域经济一体化步伐的不断加快，经济攻击的手段、形式、途径和方法也日益复杂多样。从手段上看，主要包括：在国际商品市场上进行恶意竞争，或采取反倾销、反补贴等措施进行限制；对战略资源及国际资源市场的控制和垄断；在贸易和财政金融往来、资本和人员流动、知识产权运用、信息技术交流、关键工艺采用等方面的渗透和控制；在技术、质量、环境和安全等适用标准方面实行严格的限制；有目的、有组织、有计划地进行违法违规活动，破坏别国经济运行秩序等。从途径上看，主要包括市场途径（包括金融市场、投资市场、资源市场、商品市场、技术市场、信息市场等）、技术和工艺途径、政治途径、法律途径、国际组织途径等；从形式上看，既有通过非法的经济活动，直接侵犯经济主权实现的经济攻击，也有以合法的经济行为实现的经济攻击；既有出于明确而强烈的主观动机而发动的经济攻击，也有因为投机和逐利等目的而形成的具有经济攻击客观效果的外来冲击①。面对可能的经济攻击，只有准确地判断国防经济运行的环境、基础和抵御外部经济风险的能力，精确把握经济制裁的成本和危害，才能有针对性地采取最为经济、效果最佳的反制裁措施，将经济制裁对国防经济运行造成的影响和风险降至最低。

从总体上看，西方国家采取的经济制裁将会对中国国防经济运行造成较大的影响。通过贸易制裁、冻结资产等手段，削弱中

① 史澜，陈代兴．国防经济建设中的国际经济因素分析［J］．军事经济研究，2005.12

国国防经济发展的物质基础；通过战略资源控制、金融制裁、市场争夺、抽逃资金等手段，破坏中国国防经济正常运行，增大中国国防经济发展的外部经济风险[①]。

第四节　中国国防经济抵御外部经济风险能力薄弱的主要原因

当前，中国国防经济抵御外部经济风险的能力薄弱，主要有两个方面的原因：一方面是国防经济基础薄弱，如对国外军事技术和关键设备的过度依赖、自主创新能力弱、国防战略资源严重不足等；另一方面是国防经济体制、国防产业结构、国防市场秩序等方面存在的“结构性缺陷”。

一、国防经济领域长期积累的结构性矛盾

国防经济结构失衡是许多发展中国家比较普遍存在的问题。在大多数情况下，国防经济结构失衡并不一定显现在国防经济运行的表面，如果陷入其中，国防经济安全将会时刻受到威胁。从根本上说，国防经济领域长期积累的结构性矛盾，是制约中国国防经济抵御外部经济风险能力的根源所在。国防经济运行是一个有机整体，如果国防经济结构失衡，国防经济资源要素配置不合理，虽然有可能会在短期内通过高投入、高消耗实现国防经济的

① 如果西方对中国实施大规模的经济制裁，预计中国外贸出口将会出现大幅度滑波，经济增长率回落 4 个百分点，1/3 的经济部门将受到不同程度的影响，并将出现大量资金外逃、许多工厂倒闭的严重局面，中国综合国力必然遭受重大挫折。

快速增长，但最终将难以为继，缺乏发展后劲，将会面临更大的风险。

目前，军工企业面临着诸多困难，主要是发展方式不合理所导致的结构性矛盾积累爆发的结果。在军工产业军转民过程中，非主业民用产品在军工企业的产品中过度发展，资本从高端技术流向低端技术制造业，导致国防产业的过度轻型化[①]。2008 年以来国际金融危机和国际经济衰退，造成低端制造业普遍不景气，也动摇了军工企业生存和发展基础。国际金融危机对中国国防产业运行的影响，正是国防产业结构性矛盾突出，低端制造业产能过剩而高端制造业发展严重不足的突出表现。这一矛盾如果得不到及时解决，不仅国防产业体系的生存威胁无法从根本上消除，而且国防经济建设将难以摆脱关键技术受制于人的被动状态。

长期以来，中国国防经济发展一直是高投入、高消耗、低产出、低效率的粗放型模式，主要通过资源要素量的扩张来实现，资源消耗量大，投入产出比较低。其主要表现是：国防产业结构不合理，比例不协调，结构层次低；国防基础产业发展严重滞后，传统的国防产业仍占较高的比重，高新技术产业的比重很低；军民兼容性较差，重复建设、分散建设、重复生产，降低了规模效益、聚集效益和结构效益。这不仅增大了资源约束的压力，而且必然导致国防经济结构严重失调，国防经济运行效率低下。造成这种粗放型模式的长期运行，主要是传统计划经济体制下发展模式惯性传导的结果[②]。随着中国国防经济的持续快速发展和规模的不断扩大，国防经济资源的有效供给显得相对不足，

① 郭中侯，孙邦栋，蔡永刚．应对国际金融危机加强国防经济管理［J］．中国军事科学，2009. 6

② 由于政府对国防经济管理仍然采取行政性的垂直协调方式，构造了既无有效激励又无硬预算约束的机制，从而内生出追求速度、投资饥渴、数量扩张和效率低下的国防经济资源配置取向。

这种粗放型发展方式已难以为继，国防经济运行的风险越来越大，要求向低投入、低消耗、高效率、可持续发展方式转变，向主要依靠资源要素优化组合、提高资源要素质量和使用效率的集约型模式转变。

二、国防经济核心能力薄弱

中国国防经济核心能力薄弱，既有历史的原因，也有现实的背景。西方一些国家通过法规制度、技术限制等措施，严格控制先进的军事科技向中国转移，并千方百计阻挠中国与先进国家的军事技术交流与合作，极力控制核心军事技术向中国扩散，以达到控制中国国防实力有效提升的目的。有关研究表明，中国除了在极少数尖端技术领域（如生物工程以及与国防有关的航天工业领域）达到世界先进水平外，国防科技工业基础总体落后，高端制造业与发达国家相比存在巨大差距。“多数先进系统仍严重依赖于通过逆向工程复制外国的设计，这突显了中国政府在整体系统设计与集成领域所存在的固有弱点。”①

1. 国防产业基础底子较薄。在一些尖端技术方面与国际水平存在明显差距，对国外存在一定的技术依赖，自主创新虽然已有发展，但仍显不足，技术储备不够，缺乏拥有自主知识产权的核心军事技术；国防产业结构相对落后，传统国防产业规模仍然偏大，高技术国防产业比例较小，存在较为严重的低水平重复建设现象；前沿技术探索和前瞻性研究步履艰难，基础性科研和关键技术投入十分有限，导致基础研究相对滞后，应用技术弱项较多，国防产业结构优化升级缓慢，信息化武器装备研制生产能力

---

① 美国《2011 年中国军力报告》. 新华网，2011－08－28

后劲不足；军工研发与制造能力不能有效结合，对军工企业进行高技术更新改造严重不足，多数尖端技术领域的自主制造能力薄弱，武器装备生产能力由刚性结构向柔性结构的转变相当缓慢。

2. 国防产业管理水平不高。国防产业内部行业间发展极不均衡，产业关联度低，相互配套能力弱，缺乏规模经济优势，形成国防产业发展的结构性风险；军用技术标准建设相对滞后，适应武器装备发展的通用技术标准体系还没有完全建立起来；对军品研制生产实施动态调整的手段单一，效果不明显，不利于缩短军品研制周期，降低军品生产成本和运营风险；国防科技管理手段的信息化水平不高等。

3. 创新意识和能力严重不足。创新是信息技术和产业快速发展的源泉，而中国在国防科技领域的创新由于多方面因素的制约，存在着诸多的矛盾和问题，主要包括军工企业的行业垄断导致创新意识不强、积极性不高，军工企业缺乏生产经营自主权，国防科研单位与国防工业企业相对独立，行业内研制与生产单位之间竞争不足，行业外有竞争优势的研制单位难以参与，激励机制和技术进步机制不健全等。这些年来，中国信息技术产业为了规避西方跨国公司的冲击，选择了向产业链低端发展的方向，让更多的企业成为西方跨国公司的组装企业或者加工企业。这种状况，导致了核心技术更加被西方跨国公司控制的安全隐患。特别是各种高技术武器装备不得不大量使用外国的芯片和操作系统，处于很不安全的状态之中；各种通讯工具和网络平台也由于大量使用外国的芯片和操作系统，经常被西方敌对势力所窃听和监控①。新自由主义者认为，武器转移是形成依存关系的重要手段。目前，中国国防产业技术多数来自西方国家的技术扩散，主要依

① 叶卫平．论国国防产业应对加入 WTO 挑战的对策［J］．军事经济研究，2000.5

赖于技术模仿，自主创新能力弱，低层次、少自创、缺乏核心竞争力仍是当前中国国防产业发展的基本状况[①]。中国仍需严重依赖国外技术的重要领域，主要包括：制导与控制系统、发动机技术以及精密机床、先进的诊断及鉴别设备等支撑技术，还有对于快速原型制造至关重要的应用和处理技术、计算机辅助设计及制造技术[②]。“中国的作战飞机仍然依赖从俄罗斯进口发动机，以及俄罗斯、乌克兰、瑞士和英德设计的一些关键部件。”[③] 由于严重依赖外国提供的飞机发动机及航空电子设备，再加之缺少熟练人员及设施，中国在飞机工业方面的大批量生产能力受到很大限制。对发展中国家来说，由于生产武器装备的技术标准不统一、品质性能不一致、互补性差，选择了某个军事大国作为武器装备的进口来源国，其武器装备发展所需的配套装备、保养维修、零部件更新，都必须依赖于这个军事大国[④]。

三、国防经济体制机制改革滞后

制度对经济发展的促进作用，取决于制度把努力和报酬联系起来的程度、取决于制度专业化所提供的范围以及制度允许寻求并抓住经济机会的自由[⑤]。国防经济也是在一定的制度环境和制度安排中运行的，不同的制度安排可以影响和改变各资源要素对

---

① 王文华．中国国防经济发展模式转型研究［D］．博士学位论文．北京：国防大学，2009

② 美国《2011年中国军力报告》．新华网，2011-08-28

③ Paul Holtman, Mark Bromley, Pieter D. Wezeman and Siemon T. Wezeman, Trends in International Arms Transfer, 2011, Stocknolm International Peace Research Institute: SIPRI Fact Sheet, http://books.sipri.org/files/FS/SIPRIFS1203.pdf.

④ 于连坤，罗永光，王淑平．世界国防经济学教程［M］．北京：国防大学出版社，2008.35

⑤ 叶飞文．要素投入与中国经济增长［M］．北京：北京大学出版社，2004.412

国防经济发展的作用及作用程度[①]。一般来说，一国国防经济体制如果处在相对成熟稳定的状态，则国防经济运行过程也会相对较为规范、稳定。制度对国防经济安全的作用，更重要地表现为国防经济系统在承受外部经济风险时的自我调适能力。中国实行对外开放政策、迅速卷入经济全球化大潮中时，经济制度应变往往跟不上，特别是在具有一定特殊性的国防经济领域里，问题显得尤为突出[②]。外部经济风险对国防经济运行产生的影响，主要根源在于国防经济制度的非均衡。

1. 国防经济运行的体制机制还存在着明显的计划经济痕迹。长期以来，中国国防经济领域实行高度集中的计划经济模式，相对封闭、自成体系，宏观调控主要运用行政和政策手段进行，用指令性计划手段对军品科研生产及所需的物资、资金、技术、人才进行全方位管理。改革开放以后，适应社会主义市场经济的发展趋势，虽然对国防经济运行的体制机制进行了一些局部调整，但国防经济体制机制改革的步伐仍显缓慢，在长期的计划体制和军工产品特殊生产环境下形成的思想观念、运行机制、管理模式等影响还没有得到根本性转变；政府职能转变还不到位，宏观间接调控的职能作用没有得到充分发挥，对微观国防经济运行干预过多，政企不分、政资不分的现象仍较严重；运用经济手段调节国防经济活动的体制机制不健全，政府各部门之间职责交叉、权责脱节、效率不高的问题比较突出。特别是这种体制机制还没有完全解决武器装备研制生产的公开、公平和竞争问题，导致国防

---

① 经济体制是指借助经济机制实现资源配置的一整套经济系统，或者说是对经济资源配置作出决策和决策实施的一整套组织制度安排。人类社会发展的历史已经证明，社会经济发展的快慢、生产力进步的速度，在很大程度上取决于经济体制，更进一步说，取决于经济体制与经济体本身的契合性。

② 张文元．经济全球化对我国国防经济安全的挑战与维护对策［J］．东南大学学报（哲学社会科学版），2003. 3

经济领域技术创新能力低、产品质量差、成本价格高等问题仍然程度不同地存在。从总体上看，国防经济封闭型的内部管理体制与开放型市场管理要求不相适应，行政管理手段与经济管理要求不相适应①。

2. 自成体系、相对封闭、军民分割的体制机制还没有完全打破。近年来，对国防经济建设如何融入经济社会发展体系，走出一条中国特色的军民融合式发展路子，在理论和实践上都进行了积极的探索。但是，从总体上看，国防经济建设实行的仍然是军民相对分离的模式，自我封闭、自成体系、分散建设的特点依然比较突出，存在融合意识不强、总体筹划不力、体制机制不顺和政策法规不明等突出的矛盾和问题。国防经济建设与国家经济社会发展规划联系不紧密，还没有成立统一的相对权威的组织领导机构；标准管理体系军民分割的局面并没有得到根本扭转，加之法规制度、补偿机制不完善等方面的原因，国防经济建设与国家基础设施建设还缺乏紧密联系和有效融合，特别是地方的基础设施建设往往考虑经济效益多、兼顾国防需求少；国防经济建设从总体上看还是在经济建设的“体外循环”，不少建设项目和设施军民重复立项、多头分散建设、资源重复配置；市场主体不充分，民营企业参与国防经济建设还受到诸多条件的限制，多元化的市场主体还远远未形成；仍然习惯运用行政命令手段推动，与军民融合式发展相关的法规还没有上升到法律层次，且比较分散，综合性不强，特别是军地双方在职责权限和任务分工上还存在着一定的立法缺位。中国社会经济环境的过渡性，不可避免地表现为经济环境的不确定性、不稳定性和不成熟性，必然使军民融合式发展面临着诸多的矛盾和阻力。

---

① 刘化绵．新时期中国军事经济研究荟萃［M］．军事科学出版社，2000. 208

3. 国防产业组织结构没有发生根本性变化。目前，国家国防科学技术工业局在工业与信息化部的领导下，对国防科技工业实施行业管理；建立了国家授权投资机构性质的军工企业集团，负责国防和军用物资产品的研制生产，目的是形成一种垄断竞争性的国防市场结构。但从现实情况来看，这些军工企业集团都是由政府运用行政手段强制组成的，并没有产生规模经济、范围经济、聚集效应和专业化的分工与协作，存在着“集而不团”现象，规模不经济的问题仍然存在。

4. 军工企业的现代公司制度还没有完全建立起来。军工企业同样存在国有企业的共性问题，产权关系不明晰、所有者缺位，企业“大而全”，核心生产能力不强，主业不突出，重复分散建设，产品重叠现象严重。由于军工企业产权改革相对滞后，军工企业尚未成为真正意义上的技术研发主体和市场竞争主体，自主创新能力不强，关键技术受制于人；与民用经济分离，不能充分利用民用经济的优势，互补效应不明显。虽然开始注重军民通用产品的研发生产，但规模和质量不高，还没有形成军工企业的主攻方向和主导产业。民营企业参与军品研制生产还受到诸多条件的限制，国防经济领域多元化的市场主体还未形成。

5. 与国防生产相关的市场体系不健全不完善。在国防经济运行中引入市场机制，带来了竞争、发展、优胜劣汰的格局，有利于提高国防经济资源的配置效率，更好地满足国防需求。但是，与国防生产相关的生产资料市场、金融市场、劳务市场、技术市场和信息市场等还不成熟、不完善，军品市场和军品价格体系还不完备，这给国防经济运行带来巨大的风险。同时，国防经济运行满足的国防需求是一种特殊需求，受平战转换规律的制约，国防需求函数的各因子不如完全市场需求函数的因子稳定，这种国防需求的总量和结构在平时和战时波动比较大，给国防经济运行

带来两个问题：一是市场调节的外部性、盲目性和滞后性，可能引起国防资源配置的浪费和国防经济结构的不合理。二是市场化引起利益主体的多元化。国防经济主体追求的利益具有明显的差异性，这与国防经济运行集中统一的要求是相矛盾的。国家的安全保障依赖于军队整体战斗力的生成和提高，而军队战斗力的整体化要求国防经济各部门必须以保障国家安全为最高准则，而保障国家安全需要集中统一的组织指挥机制①。

目前，中国还没有形成真正意义上的军品需求市场和军品供给市场，军工企业与政府之间依然是加工车间与“老板”的依附关系。虽然某些军品已实行了军事订货制度，但只是局限于具体操作环节，实质上还是投资政府出、计划政府定、产品交政府。更为致命的是，国防科技工业基本上还是一个封闭的系统，国有独资军工企业仍然居于绝对垄断地位，哪怕是国有独资企业都很难进入其主要领域，民营企业更是难上加难。这种体制造成三大弊端：一是投资渠道单一，主要是政府投资，基本上不能在社会筹资融资；二是缺少有效的竞争环境，致使军工企业缺乏活力；三是吃国家的“大锅饭”，产品更新换代和动员速度慢，研制生产周期长。从总体上看，中国国防经济管理体制改革严重滞后，不仅与国家经济体制改革的大方向不相符合，而且与打破军工独立结构、建立军民一体化基础这一国防经济调整改革的世界性趋势不相符合。这些体制性因素，将加剧中国国防经济在面临外部经济风险冲击时的脆弱性。

中国社会经济环境的过渡性和发展的阶段性特征，不可避免地表现为社会经济环境的不确定性、不稳定性和不成熟性，再加上受国家安全环境、技术创新机制和体制转轨等因素的影响，必

---

① 万陆．加入 WTO 国防经济面临的挑战和机遇［J］．后勤指挥学院学报，2001.1

然使中国国防经济发展面临着诸多的矛盾、风险和阻力。国防经济主体由于自身知识的局限性和不具有收集决策所需信息的能力，导致决策可能出现失误。同时，市场经济体制的不完全与不完善，使国防经济运行产生巨大的风险[①]。从目前来看，制度设计和制度变化的供给还需努力，制度创新仍然是推动中国国防经济创新发展的重要动力，也是防范国防经济发展的外部经济风险的重要保障。

另外，与国防经济运行相关的法律法规建设相对滞后，对国防经济运行产生了诸多负面影响和风险。从新制度经济学的角度来看，法规制度可以规范市场主体的行为，减少交易成本，降低经济运行的风险。长期以来，我们习惯运用行政命令手段对国防经济运行进行调节，与国防经济建设相关的法规制度还很不完善、不配套，立法量少且涉及面窄，与国家法律法规和市场经济衔接不紧，明显滞后于国防经济建设的需要，在一定程度上影响了国防经济持续稳定健康发展。

本章小结

透过国防经济发展外部经济风险影响因素，分析国防经济发展面临的Ⅰ类主要外部经济风险（来自国民经济的风险）和Ⅱ类主要外部经济风险（来自国际经济的风险）可知，中国国防科技、国防产业运行、国防战略资源、国防资金安全以及国防经济信息安全等领域在市场经济与经济全球化作用下存在风险。剖析

① 特别是在一个竞争不公平且不充分的市场条件下，军品价格体系的扭曲是不可避免的。价格信号的失真，会使价格失去真实反映资源稀缺程度的作用，其后果是造成国防经济资源配置的低效率。

中国国防经济抵御外部经济风险能力薄弱的原因，主要包括国防经济领域长期积累的结构性矛盾，国防经济核心能力薄弱，国防经济运行的体制机制改革滞后三个方面。

第四章 国防经济发展外部经济风险传导

国防经济发展的外部经济风险具有显著的扩散性和传导性，存在着一个风险传导的过程。深入研究国防经济发展外部经济风险传导的构成要素，识别、衡量以及传导机理，对于防范外部经济风险的扩散、最大限度地降低风险造成的损失、确保国防经济安全具有十分重要的意义。

第一节 国防经济发展外部经济风险传导的内涵及构成要素

一、国防经济发展外部经济风险传导的内涵

“传导”原本是一个物理学名词，在《辞海》中的解释是：

"神经冲动在同一个神经元（主要是沿轴突）传播的过程"。"传"和"导"是两个不同的过程："传"是指产生风险的源头将风险传递给了与之有实质交易的一方，是风险的最初传递；而"导"则是一个风险点将风险传递给下一个风险点的过程，是风险传递的中间环节。风险传导更强调风险的传递过程，传导方式包括单向传导、双向传导、多向传导或交叉传导等[①]。

国防经济发展的外部经济风险传导，是指外部经济风险生成后，在国防经济系统内部长期积累，当达到一定的阈值时，借助特定的传导载体，经由特定的传导路径，在国防经济体系内部进行扩散、蔓延，从而导致国防经济运行偏离预期目标并造成损失的过程，它会随着时间指数、扩散效应而逐级放大[②]。本书所研究的外部经济风险传导，主要是指外部经济风险（来自国民经济与国际经济的风险）在国防经济系统内部的传导，即外部经济风险如何作用于国防经济系统，以及如何在国防经济运行的各要素之间进行传导。国防经济系统外部生成的经济风险传导给国防经济系统，即广义的外部经济风险传导。

对国防经济发展外部经济风险的传导研究，是防范和化解外部经济风险的主要理论基础。深入理解和把握外部经济风险如何形成、如何传导，才能对症下药，构建科学合理的外部经济风险防范体系。随着经济全球化的不断深化，导致物流、技术流、资本流、信息流等日益活跃，世界各国国防经济活动的相互联系和依赖进一步加深，加大了国防经济发展的外部经济风险传导、蔓延以及产生新的外部经济风险的可能性。由于国防经济活动与国

---

① 张志英．金融风险传导机理研究［M］．中国市场出版社，2009. 64

② 混沌理论认为，在非线性系统中，在一定的条件下，输入的微小误差将会导致巨大的漂移。在国防经济运行中，由于不可避免受到外界因素的干扰，初始时刻的误差将会随时间而数倍放大。

民经济和国际市场存在直接或间接的关联性，导致外部经济风险传导的客观性和普遍性。从时间角度对国防经济发展外部经济风险的传导进行考察，可以发现外部经济风险传导具有一定的周期性，与国防产业运行的周期以及全球经济增长的周期是相互关联的。同时，国防经济发展外部经济风险具有空间扩张性和时间延展性的特点，使得应对外部经济风险必须时时处处入手，避免外部经济风险的传导与扩散，防止风险程度的加深。

二、国防经济发展外部经济风险传导的特征

国防经济发展外部经济风险传导的特征，具有不同于外部经济风险的特征。国防经济发展外部经济风险的特征，是外部经济风险作为一种风险本身所具有的特征，而外部经济风险传导的特征，则是指外部经济风险在传导过程中所具有的特征。分析国防经济发展外部经济风险的特征，可以帮助我们识别和控制外部经济风险，减少外部经济风险可能导致的损失，而探讨国防经济发展外部经济风险传导的特征，则可以阻止外部经济风险的传播与扩散，或减缓外部经济风险传导的力度和强度。

1. 外部经济风险传导的临界性。国防经济发展的外部经济风险，并不是一经产生就开始传导，而是首先在国防经济体系内部积累，再加上国防经济体系自身的信息不透明、不对称、不完全等特点，使得外部经济风险在国防经济体系内部会潜伏很长一段时间。当国防经济发展外部经济风险经过长时间积累、且未得到及时化解和有效控制时，就会引起外部经济风险传导。也就是说，外部经济风险在国防经济体系内部累积到一定程度、达到临界值（阈值）时，才会引起外部经济风险传导。

2. 外部经济风险传导的方向性。在外部经济风险传导的最初

阶段，传导方向一般表现为单向传导，剧烈时会产生“多米诺骨牌效应”，迅速波及国防经济的各个领域、各个方面。如果外部经济风险传导没有得到及时控制，或控制措施失效，那么，外部经济传导的方向可能会由单向传导演变为多向传导，或交叉传导等。例如，发生在某个国防产业或某个上游产业的风险，会单向传导给另一个国防产业，如果不及时防范和“救治”，就会迅速扩散、蔓延到所有的国防产业、军品贸易和金融体系，甚至传递到国防经济领域的各个部门、各个方面及其与国防相关的所有产业，最终导致国防经济体系的整体“瘫痪”。

3. 外部经济风险传导的递减性。国防经济发展外部经济风险的传导不同于国民经济领域外部经济风险的传导。由于国民经济的开放性，国民经济领域的外部经济风险传导过程，一般都具有不断扩大、逐步放大的效应。但是，由于国防经济系统具有一定的封闭性和被保护性，几乎所有的国家都非常重视对国防经济运行的监管，无论是来自国民经济、还是来自于国际经济的外部经济风险，对国防经济体系的影响和冲击，都会呈现出一种逐步减弱的趋势。即国防经济发展外部经济风险的传导在某种程度上是递减了的。

4. 外部经济风险传导强度的差异性。在国防经济发展外部经济风险的传导过程中，由于被传导对象抗风险能力以及风险承受能力存在一定的差异，对风险传导的接受程度也不同。如果被传导对象的经济基础薄弱、体制机制不健全、法规制度不完善，则表明其免疫力低、承受外部经济风险的能力小。在这种情况下，国防经济发展的外部经济风险一旦产生，被传导对象就极易被传染，而且还会造成极大的损失。反之，如果被传染对象的经济基础较好、经济实力雄厚、体制机制健全、法规制度完善，具有很强的免疫力和承受风险能力，对外部经济风险传导具有较强的缓冲、降低或吸收能力，被传染和影响的可能性小，即使被传染，造成的影响和打击程度也不会太大。

5. 外部经济风险传导结果的两面性。外部经济风险在国防经济系统中的传导，一般只可能出现两种结果：一是及时剪断外部经济风险传导的链条，采取必要措施遏制住外部经济风险的传导，最终使风险逐步减弱、得到化解；二是没有及时采取相应的防范和救治措施，或措施无效，导致外部经济风险在国防经济体系中迅速传导。前者是对外部经济风险的化解和消除，即国防经济发展外部经济风险传导的最终结果是风险消除、化解或逐步减弱；后者则是以爆发危机的形式，强制性对国防经济发展外部经济风险进行调整或化解。虽然国防经济发展外部经济风险传导的最终结果，都会在一定程度上减弱或化解，但两者有着本质区别，前者是积极、主动的，几乎不会造成什么损失，或损失很小的正面效应；而后者则是消极、被动的，会给国防经济运行造成巨大损失和严重的负面影响。

三、国防经济发展外部经济风险传导的构成要素

国防经济发展外部经济风险的传导，主要由外部经济风险源、被传导对象、传导载体、传导路径、传导强度与传导效应等要素构成。

（一）国防经济发展外部经济风险源与被传导对象

风险源是外部经济风险产生的源头，是外部经济风险传导的动力。只有及时发现外部经济风险源，才能有的放矢地改变风险因素存在的条件，进而防止风险因素的增加和聚集，从而消除和化解外部经济风险。本文假设国防经济系统本身并不存在内部风

险，其风险源主要是来自外部，通过风险事件传导给国防经济体系。对国防经济发展的外部经济风险源进行控制，首先需要识别和衡量外部经济风险，然后尽可能地将风险控制在可以接受的范围之内。

对国防经济发展外部经济风险源进行分析，有助于正确认识外部经济风险的性质和类型，以及可能带来的损失和后果。外部经济风险是由于国防经济运行中来自国民经济与国际经济两大经济体系的一些不确定因素引起的。例如，某风险源来自于国防财力风险，在国防经济发展过程中之所以有财力风险，最根本的原因是国民经济周期波动与国防费稳定供给关系有着不确定的变动，而这种供给关系又取决于一国的经济发展水平、经济政策的变化以及另一个国家甚至全世界的经济、贸易、金融、政治形势的变化、市场预期等因素[①]。不同的外部经济风险，有不同的形成原因。只有对风险源进行深入的调查和分析，才能从总体上准确地把握国防经济发展的外部经济风险。

外部经济风险产生后，由于受风险源的影响，同样的或类似的外部经济风险很快出现在附近或与风险源有经济联系的国家和部门，从而使这些国家和地区被“感染”上外部经济风险，这些被“感染”的国家和部门称为被传导对象[②]。在国防经济领域，被传导对象与风险源之间的联系，主要表现在军品贸易方面，包括军品贸易的品种、方式、渠道以及共同市场等，由此使得金融上的联系也非常紧密。除此之外，被传导对象的国防经济结构、运行方式以及所处的发展阶段等，与风险源之间具有相似性也是

---

① 凯恩斯．就业、利息和货币通论［M］．北京：商务印书馆，1982. 34

② 如果说风险源是外部经济风险产生及传导的主体，被传导对象可以被认为是外部经济风险传导的客体。被传导的国家和部门之所以被其他国家的经济风险所传染，是因为它们之间存在着各种各样的密切联系，再加上被传导对象的脆弱性和承受外部经济风险的能力低，极易被传染。

被传染的重要原因。由此可知，被传导对象由于自身的脆弱性，以及与风险源存在某种相关性或相似性，是国防经济发展外部经济风险传导的主要原因（见图 4 – 1）。

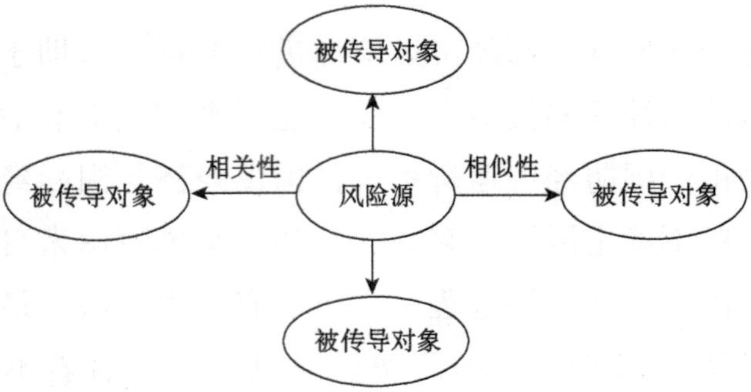

图 4 – 1　风险源与被传导对象

（二）国防经济发展外部经济风险传导的载体

国防经济发展外部经济风险传导的载体，是指承载或携带国防经济运行风险因子的有形物质或无形效应[①]。即外部经济风险在国防经济系统中进行传导的承载物与表现形式。载体在国防经济发展外部经济风险的传导中，起到了媒介、桥梁、工具、链条的作用[②]。它是将社会经济环境风险、政策性风险、金融风险、行业风险等外部经济风险承载并传递给国防经济系统，从而给国防经济运行带来不确定性。传导载体具有承载性，外部经济风险的载体承载着国防经济运行风险的诸因素，这些因素相互作用后

---

① 国防经济运行风险因子，主要是指影响国防经济运行的不确定性因素。

② “载体”被引入社会科学领域，通常被理解为承载知识和信息的物质形体。例如，人们从现实世界中获取的信息，通常要借助于文字、符号、数字、图表等来表示，这些表示信息的文字、符号、数字、图表等，通常被称为信息的载体。

引发风险，这是外部经济风险载体最显著的功能特征[①]。这种承载性，促使外部经济风险传导的诸要素相互联系、相互影响和相互作用，产生动态的外部经济风险传导活动。当风险载体承载着国防经济运行风险的各种因素，并使其产生相互作用时，“传导”就开始了。

根据国防经济发展外部经济风险传导的特殊性，我们可以把外部经济风险传导的载体作如下分类（见图4－2、图4－3）：

1. 按载体的存在形态分，可以把外部经济风险传导载体分为显性载体和隐性载体两大类，如图4－2所示。

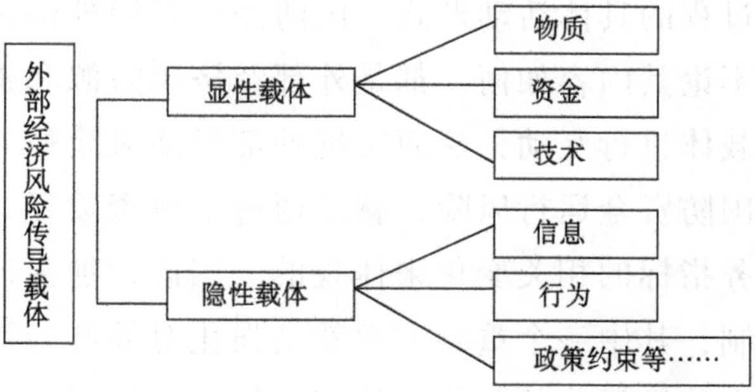

图4－2　外部经济风险传导载体分类（1）

2. 按照风险源层次的不同，可以把外部经济风险传导的载体分为微观载体和宏观载体两大类。其中微观载体主要是针对承载国防产业运行的载体，而宏观载体则主要是指那些能够将环境风险、政策风险、行业风险等外部风险承载并传递给国防产业，从而给国防经济发展带来极大不确定性的载体。

这些有形无形、多种多样的载体因素，构成国防经济发展外部经济风险的传导载体网络系统，全方位、多渠道地影响外部经

① 夏喆．企业风险传导的机理与评价研究［D］．博士学位论文．武汉：武汉理工大学，2007

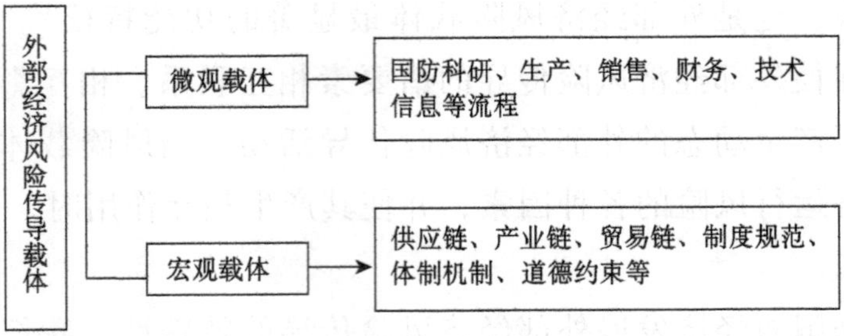

图 4－3 外部经济风险传导载体分类（2）

济风险传导的全过程。

国防经济发展外部经济风险的传导载体，实质上就是外部经济风险传导过程的具体活动形式。国防经济发展外部经济风险的传导过程，不论其内容如何，都是外部经济风险源和被传导对象通过一定的载体进行互动，从而实现外部经济风险传导目标的过程。例如，国防资金运行风险，就是通过筹融资途径、投资渠道以及各种财务指标的相关变化来体现的。因此，加强外部经济风险传导的控制，其中一个重要方面就是强化对外部经济风险传导过程中承载和传导风险的载体的认识和控制。如果把国防经济发展的外部经济风险传导的方向、内容、原则、速率、方法等联系风险源和被传导对象之间的纽带看作是一个整体因素，外部经济风险传导的三个基本因素就是：外部经济风险源、被传导对象和传导载体①。

外部经济风险的某些传导载体具有两面性：一方面会加速外部经济风险的传导，另一方面又起到分散、转移和规避外部经济风险的作用。例如，金融衍生工具、期货市场本来是为转移、规避和分散风险的目的而产生的，但它又会带来新的甚至更大的风险。为此，我们应正确认识和评价外部经济风险传导载体的作用

① 邓明然，夏喆．企业风险传导及其载体研究［J］．财会通讯（学术版），2006.1

及其影响。加强对国防经济发展的外部经济风险传导的控制，最基本的一点就是应该强化对风险传导过程中承载和传导外部经济风险的那些载体的认识和控制，对不同的风险传导载体进行归集和分类，掌握其运行的特点和规律，对不同风险载体相互之间产生的“耦合效应”① 加以干扰和控制，进而遏制外部经济风险的迅速传导和蔓延，尽可能减轻外部经济风险对国防经济运行产生的影响和冲击。例如，外部经济风险的国际传递，是指造成一国损失的因素影响另一国的国防经济活动，从而导致另一国国防经济运行风险。国防经济运行的国际化无疑是其中的枢纽之一。

（三）国防经济发展外部经济风险的传导路径

国防经济发展外部经济风险的传导路径，是对外部经济风险因素如何作用于风险后果进行的原理性分析。由于国防经济活动的内在不确定性（内在脆弱性）、外部环境因素的影响以及国防经济主体行为的非理性等，使国防经济发展外部经济风险的产生不可避免。虽然产生的外部经济风险具有很强的隐蔽性和潜伏性，但是，当这种外部经济风险达到一定程度后，就会沿着特定的路径进行传导。

从总体上看，国防经济发展的外部经济风险，无论是产生于国民经济还是国际经济，产生后会在国防经济系统内部、国防产业之间、国防市场之间，以及金融机构与国防市场之间沿着特定的路径进行传导，例如，宏观经济环境的变化、国家经济政策的调整、经济管理体制的变迁、金融体系运行的不确定性等外部因

① 耦合作为一个物理学概念，是指两个（或两个以上的）体系或运动形式通过各种相互作用而彼此影响的现象。耦合效应，是指两个子系统通过中介环节的关联和相互作用，产生既有作用与反作用的关系、又相互吸引和相互排斥而产生增力的现象。参见叶建木．企业财务风险传导路径及传导效应［J］．财会月刊，2009. 1

素的波动，都会形成错综复杂的传导路径。

国防经济发展外部经济风险的传导路径，主要有贸易渠道传导、金融渠道传导以及心理渠道传导三种路径。

1. 贸易渠道传导。贸易传导渠道是指一国发生了经济危机，恶化了另一个（或几个）与其贸易关系密切国家的经济基础，可能导致其他国家遭受发生经济危机的压力，即产生所谓的“贸易溢出效应”，从而导致其他国家的国防经济运行面临极大的外部经济风险。随着经济全球化的迅猛发展，这种传导作用在日益增强。例如，20世纪90年代初，美国经济的衰退通过对外贸易的传导，迅速导致日本、欧盟等国国民经济的负增长，从而导致这些国家的国防经济发展受到很大的影响[①]。2008年国际金融危机爆发以后，美国国民财富大幅缩水，信用规模急剧收缩，居民消费支出大大减少，进口规模大幅降低，在这种情况下，通过收入效应作用于有直接贸易关系的国家，使这些国家的出口直接减少，由此造成出口企业利润下降、经营困难，包括国防经济在内的国民经济受到严重冲击。此外，美元大幅贬值，以美元标价的国际能源和资源价格上涨加速，进一步增加出口企业的生产成本，使得出口产品价格相对提高，竞争力下降，同时为这些国家注入了通货膨胀的压力，经济增长受到严重拖累，进而影响到国防经济正常运行。在国防经济领域，外部经济风险在很多情况下是通过贸易渠道传导的。例如，受金融危机冲击最为直接的欧美等发达国家，出于对本国经济的保护，可能会实行贸易保护，反倾销、反补贴等贸易壁垒的限制，也将对中国军工企业出口和技术引进带来新的冲击和挑战。在国际贸易中，存在着阻止外国资本与商品进入的关税和非关税限制，则可能严重影响出口国的外

① 朱庆林，常进．中国国防经济潜力研究［M］．北京：军事科学出版社，1999. 240

汇收入，既会降低本国的国防生产效率，同时也会遭到对方的报复行为。国家以主权者的身份参与贸易壁垒的设计，更会恶化贸易条件，直接造成国防经济运行的风险。例如，大幅度提高进口税率，限制某种产品的进口，要求进口自动限制等。国防经济领域的管制在任何国家都是存在的，问题在于管制的目的是否是双方均可收益，互惠互利。如果单方面施加歧视性限制和价格报复行为，就可能带来国防经济运行风险的隐患。

2. 金融渠道传导。金融渠道传导是以利率和汇率作为传导的媒介，以资本市场和外汇市场作为传导的途径。在经济全球化的今天，世界各国的金融市场已经紧紧地联系在一起，金融机构之间尤其是跨国银行之间相互持有大量的头寸，由此系统风险被人为扩大了。这种系统性风险是国际金融危机在区域间传导的内部市场机制之一。例如，在美国进行资产证券化的过程中，世界上很多国家的机构投资者同时参与到了金融风险扩散的链条中①。另外，受国际金融市场的影响，美国、欧盟、日本等国不断调整利率，使得主要货币的汇率波动幅度加剧，最终导致国际市场上战略资源价格的大幅波动，对相关的军工企业运营造成了剧烈的影响和冲击。金融是国防经济运行的第一推动力和持续推动力，国防经济运行无时无刻不在与金融体系发生联系。因此，外部经济风险必然会通过金融体系传导到国防经济系统，从而造成深刻的影响和巨大的风险。

3. 心理渠道传导。国家之间即使不存在直接的贸易和金融联系，外部经济风险也会产生传导效应。这是因为，一个国家一旦

① 美国 CDO 市场的崩溃，导致国内金融机构大面积破产倒闭，持有这些金融机构资产的跨国金融机构也蒙受了巨额损失。为了达到最低资本金充足率和保证金的要求，或者出于调整资产负债表的需要，亏损的金融机构一般会大幅减少对其他国家的贷款，从而将国际金融危机传导给其他国家。

发生经济危机，会影响到另一些类似国家的市场预期，进而影响到投机者的信心与预期，导致投机者行为对这些国家的货币冲击，最终形成危机的迅速蔓延与急剧扩散。心理传导渠道是指由于经济主体对突发的金融危机产生了心理恐慌，这种心理恐慌在类似的经济体内迅速蔓延和传导，起到进一步恶化金融体系的作用。从实际情况来看，在国际金融危机传导的过程中，心理传导往往起到加速器的作用。对金融市场来说，最重要的支撑因素之一就是信心。而金融产品创新、金融组织创新和金融体系创新进一步加剧了金融风险，由于金融市场动荡不安，投资者对金融市场的信心严重不足，金融市场行为更为情绪化，一旦出现重大的利空消息，就会产生巨大的心理恐慌，并在本国乃至全世界迅速传递和扩散，导致经济行为的极端盲目和过度反应，极大地加速了金融危机的程度①。这种心理传导的对象，主要是那些与危机发生国经济类型基本相同、地理位置相近、金融体制、发展模式和经济结构类似、经济交往联系紧密的国家。对国防经济领域来说，这种心理渠道的传导也是存在的。由于国防经济主体的有限理性，在遇到重大事件的冲击和挑战时，往往会作出错误的判断，特别是出现心理恐慌、信心重挫，导致决策的重大失误，给国防经济发展造成严重的损失和打击②。

经济运行的国际化，使得国防经济活动不再局限于本土范围，贸易和投资自由化大大加速了生产要素的自由流动，国家之间国防经济活动的相互关联性和依赖性增强。经济全球化的发展，最终将把全球更多的国防经济主体连接为一个庞大的经济

---

① 国际金融危机爆发后，投资者表现出极度悲观的情绪，不再相信政府的政策，从资本市场上仓皇抽逃资本，这种“羊群效应”，进一步恶化了国际金融危机，甚至连一些经济状况良好的边缘国家和地区，也由于资金流的翻转而陷入危机。

② 曲慧．金融危机由美国向全球传导的路径分析［J］．消费导刊，2009.2

链。这种密结度的增加，一方面加速了国际上国防经济领域的交流合作，更好地发挥各国的互补优势，使得国防经济运行的集约化程度大幅提升，但另一方面也造成国防经济运行风险在频率与范围上的大大增大。国防经济领域的联结链越长，发生断裂的可能性也会越大，任何一个小小的失误与疏漏，都会动摇国防经济整个链条的稳固，甚至会形成链条断裂，并通过直接或间接的传导路径，迅速波及与之有关的国家与地区，形成“多米诺骨牌效应”。由此可见，世界各国国防经济的联系密度与外部经济风险的发生频率有着内在的联系，一般来说，联系程度越深，风险程度以及外部经济风险传导的可能性也会越大。

结合以上三种传导路径，国防经济发展外部经济风险传导路径的一般规律如图 4－4 所示。

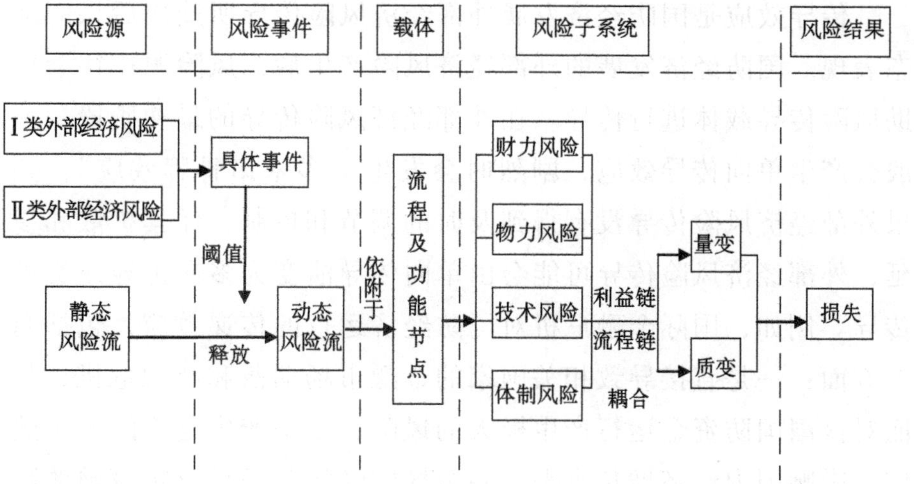

图 4－4　国防经济发展外部经济风险传导路径图

（四）国防经济发展外部经济风险的传导强度与传导效应

传导强度是衡量国防经济发展外部风险传导速度和传导力度的重要指标。风险传导的强度与传导的时间、速度以及传导双方的相关性有关。一般来讲，外部经济风险的传导时间越短、速度越快、力度越大，表明外部经济风险传导的强度越大；反之，则表明外部经济风险传导的强度越小。国防经济发展外部经济风险的传导强度，一般与风险源的距离成正比，即距离风险源越近，外部经济风险传导的强度也越大；距离风险源越远，外部经济风险传导的强度也越小。国防经济发展外部经济风险的传导强度，与区域内被传导对象的基础条件，包括国家宏观经济基础、国防经济体系的健康程度、国防市场的开放程度、国防经济运行监管的有效程度，以及利率和汇率制度的灵活程度等成反比。如果区域内被传导对象的基础薄弱、体系脆弱、开放程度高，而国防经济运行监管效率差，那么国防经济发展的外部经济风险传导强度就会很大；反之，外部经济风险传导强度相对较小。

传导效应是国防经济发展外部经济风险传导所造成后果的动态表现。国防经济发展的外部经济风险产生后，风险源往往会借助风险传导载体进行传导。在外部经济风险传导的最初阶段，一般会产生单向传导效应，剧烈时会发生“多米诺骨牌效应”。如果外部经济风险传导没有得到及时的调节和控制，任其扩散和蔓延，外部经济风险传导可能会由单向传导演变为多向传导或交叉传导。例如，国际金融危机对国防经济运行的传递效应，包括两个方面：一是直接导致相关国家的金融市场动荡和金融危机，从而对该国国防资金运行产生极大的风险；二是产生危机的派生效应，影响国内经济增长水平，甚至导致经济萧条，影响该国的财政收支平衡，进而导致该国国防费增长速度放缓，对国防经济运行产生极大冲击。

外部经济风险传导的构成要素之间存在着紧密的联系。国防经济发展外部经济风险源产生后，经过长期积累并达到一定阈值时，首先“传”给与之有实质关系的国防产业或国防市场，然后通过特定的传导载体、借助于既定传导路径，再“导”给其他的国防产业或国防市场（被传导对象），并且在整个国防经济体系迅速扩散和蔓延，由此形成了国防经济发展外部经济风险传导的全过程。

第二节　国防经济发展外部经济风险传导的识别与衡量

在现实生活中，国防经济发展的各种外部经济风险实际上是交织在一起的。国防经济作为一个特殊的经济体系，外部经济风险生成与传导也是非常复杂的。对外部经济风险传导进行识别与衡量，对于加强国防经济运行风险管理和控制十分重要。

一、国防经济发展外部经济风险传导的识别

国防经济发展外部经济风险传导的识别，是指风险管理人员在进行调查研究之后，运用有关知识和方法，对传导的各种外部经济风险进行系统分类和全面分析，从而判断外部经济风险传导是否已经发生。

国防经济发展外部经济风险传导识别的过程，主要有两个方面：一是要全面深入地调查国防经济发展外部经济风险及风险传导源；二是要深入分析国防经济发展外部经济风险传导可能带来的损失。二者相互联系、相互影响、相互制约，不能孤立地对其进行分析和评价。

1. 调查国防经济发展外部经济风险及风险传导源。对国防经

济发展外部经济风险传导进行识别，首先要调查外部经济风险及风险传导源。因为只有查清外部经济风险产生的源头，才能改变风险因素存在的条件。这是国防经济发展的外部经济风险及其传导识别的核心。需要强调的是，风险源与风险传导源是两个不同的概念。风险源是外部经济风险产生的根源，风险传导源则是外部经济风险传导的源头[①]。风险源与风险传导源既相互联系、相互影响，又密不可分。没有风险源，就不会引起外部经济风险的传导；没有外部经济风险的传导，也就不会国防经济运行产生影响。

2. 分析国防经济发展外部经济风险传导带来的损失。对外部经济风险及风险传导源进行充分的调查论证之后，就需要分析外部经济风险传导可能带来的损失，这是一个很难量化的问题。对于国防经济运行风险管理者来说，应分清楚外部经济风险传导带来的损失，以及由于自身原因产生的风险损失。这是因为，外部经济风险传导带来的损失具有较强的外部性，在一般情况下是很难控制的；而自身原因造成的风险损失是由内部因素引起的，完全可以采取有效措施，使其发生的可能性或严重性降到最低。

由于国与国之间的国防经济业务往来是通过不同的渠道实现的，因此，外部经济风险的国际传递也必然要通过不同的渠道。国防经济运行风险的国际传递，可以通过国际商品市场和国际资本市场（包括汇率波动、利率波动、国际收支差额调整）等渠道进行。在国防经济领域，外部经济风险的国际传递渠道主要集中于国际军贸市场。国际上的军备合作一旦形成，就会在较长时期内保持稳定。在一个主权国家，有些军品或部门虽然并不直接与

① 例如，美国次级债危机爆发的根源来自于房地产市场，提供次级债贷款的银行为了增加流动性而低价出售手中持有的资产，从而引起股票市场的暴跌。也就是说，提供次级债贷款的银行将其风险传给了亚太地区及全球各地的股票市场。

国际市场发生联系，但由于在国内市场中同样存在传递的问题，某一国防产业或军工企业，也同样会受到其他部门或企业产品供求变动和价格涨落的影响。当一个国家与国际市场有直接联系的军工企业受到国际军品市场的影响而发生波动时，就会很快将这种波动传递到国内军品市场，涉及相关的国防产业或军工企业。因此，一般来说，一个国家国防经济规模愈大，参与国际分工程度愈深，外部经济因素对国防经济安运行的影响也就越大。

要对国防经济发展面临国际经济风险的识别，必须对国际局势的变化进行考察。国际经济、政治和军事等方面发生的变动，通过各种风险链引起“钟摆效应”，使得一个国家的国防经济安全面临挑战。国家间的国防经济活动，本身就是一场“博弈”游戏，外部经济因素的风险链往往会产生局部的放大效应，形成国防经济发展的外部经济风险转移。因此，从这个意义上讲，外部经济环境对国防经济安全的“钟摆效应”，与风险域值成正比。

二、国防经济发展外部经济风险传导的衡量

国防经济发展外部经济风险传导的衡量，就是在外部经济风险传导识别的基础上进行定量分析和描述，是对国防经济发展外部经济风险传导识别的进一步深化。这是确定外部经济风险管理技术选择和决策的依据之一。外部经济风险传导衡量中研究损失的不确定性也是概率统计研究的对象，因此，国防经济发展外部经济风险传导的衡量需要借助概率和统计分析工具来完成。

（一）国防经济发展外部经济风险传导衡量的理论基础

1. 类比推理。数理统计学为从部分去推断总体提供了比较成熟的工具和诸多有效的方法。在国防经济发展的外部经济风险管

理活动中，对外部经济风险及其传导进行衡量，往往缺乏足够的外部经济风险及风险传导损失的统计资料。而且，由于受时间、经费等诸多条件的限制，很难甚至不可能获取足够数量的数据资料。但是，可以根据事件的相互关系，从已经掌握的实际资料出发，运用科学的衡量方法而得到的数据资料，基本符合实际情况，满足国防经济发展外部经济风险传导衡量的需要。

2. 惯性原理。在外部经济风险传导发生作用的条件相对稳定的情况下，利用事物发生的惯性原理，可以从大体上预测外部经济风险传导发生的损失和损害的程度。特别值得注意的是，外部经济风险传导发生作用的条件并不是一成不变的，同时，外部经济风险传导衡量的结果也可能会与实际发生的状况产生一定程度的偏离。因此，对国防经济发展的外部经济风险传导衡量，不仅要考虑引发外部经济风险传导的稳定因素，还要充分考虑引发外部经济风险传导的某些偶然因素。

3. 概率推理理论。国防经济运行中的单个外部经济风险传导是一个随机风险事件，外部经济风险传导发生的时机、空间、路径、损失严重程度等都具有很大的不确定性。但就总体而言，外部经济风险传导的发生又会呈现出某种统计意义上的规律性。因此，运用概率论和数理统计方法，可以大体推断出国防经济发展外部经济风险传导状态出现的各种概率。

（二）国防经济发展外部经济风险传导衡量的方法

对国防经济发展外部经济风险传导的衡量是比较困难的，但又是非常重要的，它可以帮助我们估计外部经济风险传导带来的损失有多大、发生的概率有多高，从而指导我们需要采取什么措施进行防范和控制。国防经济发展外部经济风险传导的衡量，主要有两种方法：一是概率法。概率法主要包括客观概率法和主观概率法两种方法。在大量的试验和统计观察中，在一定条件下某一随机事件相对出现的频率往往是一种客观存在，这个频率通常被称为客观概率。而人们对某种随机事件可能出现的频率进行的主观估计，被称为主观概率[①]。在估计国防经济发展外部经济风险传导导致损失发生的概率时，如果能够获得足够的历史和现实资料，用以全面反映外部经济风险损失发生的情况，就可以利用统计的方法，计算出外部经济风险损失发生的客观概率，这种方法称为客观概率法[②]。主观概率法是由风险分析机构选定一些专家，并拟出几种未来可能出现的外部经济风险传导提交给各位专家，由他们利用历史资料和对一般规律的掌握，根据个人的知识和经验，对每种风险传导发生的概率和每种风险传导下发生损失的概率作出主观估计和判断，再由风险分析机构汇总各位专家的估计值，并进行加权平均，根据平均位计算出外部经济风险传导导致损失的概率[③]。二是统计估值法。即利用统计的历史资料，可以大体确定国防经济发展外部经济风险传导发生的概率，或是在不同风险损失程度下外部经济风险传导发生的概率。国防经济发展外部经济风险传导衡量的一个重要内容，就是根据外部经济风险传导的概率分布，预测未来损失发生的频率和程度。外部经济风险损失的概率分布，主要包括离散型概率分布、连续型概率分布、二项分布、泊松分布、正态分布等几种类型。

---

① 章志敏，李春舞．主观概率［J］．曲阜师范大学学报（自然科学版），1992.1

② 成思危．发展我国风险投资的几点战略思考［J］．人民论坛，2003.10

③ 张志英．金融风险传导机理研究［M］．中国市场出版社，2009.97

第三节　国防经济发展外部经济风险的传导机理

外部经济风险的传导机理，是研究国防经济发展外部经济风险传导过程中的构成要素，如风险源、传导载体、被传导对象、传导强度、传导效应等如何相互制约、相互联系、相互作用、相互促进的过程及其规律。国防经济系统的关联性，导致外部经济风险传导的普遍存在性且动态传递。因此，研究国防经济发展外部经济风险的传导机理，有助于了解外部经济风险传导的过程，进而有利于防止外部经济风险传导带来的损失与危害。

一、国防经济发展外部经济风险的传导条件

国防经济发展的外部经济风险产生后，什么时候在国防经济体系内部进行传递和扩散？外部经济风险是一经产生就进行传导，还是在某些特定条件下才具有传递与扩散的特征？回答和解决这些问题，要求我们首先分析国防经济发展外部经济风险的传导条件。概括起来，主要包括以下四个方面：

1. 被传导对象与风险源有密切的联系。国防经济发展外部经济风险产生后，由于受风险源的影响，同样的或类似的外部经济风险很快出现在附近或与风险源有贸易关系或金融关系的企业或部门，从而使这些企业或部门被“感染”上风险。被传导对象与风险源有着紧密的金融联系、贸易联系、经济联系、技术联系

等，则很容易被“感染”[①]。即国防经济发展外部经济风险首先传染给与风险源有密切联系的企业或部门。另外，如果被传导对象与风险源的经济结构很相似，即使它们与风险源没有金融、贸易或其他方面的交往和联系，也非常容易被传染。

2. 被传导对象抵御外部经济风险的能力。当外部经济风险在国防经济系统内传导时，因为传导网络复杂及相互关联，一般会存在向几个方向传导的可能性，而往往首先向相关度最大、抵御外部经济风险能力较弱、风险承受能力较差的国防经济部门或企业传导和扩散，这被称为外部经济风险传导的最小阻力定律[②]。

3. 国防市场的开放性。根据经济学原理，如果国防市场完全分割，国防市场的整体功能就会受到限制，此时外部经济风险在不同市场之间无法进行传递。但是如果分割市场出现一体化的整合，不同市场在充分传递信息、配置利用资源的同时，国防经济主体很可能会依据某一市场的价格变化去推测其他市场的价格变化，使市场间的价格出现相类似的波动形态，因而市场之间就有可能出现外部经济风险的传递和关联。例如，国际原油价格的上涨，会导致国内成品油加工业和化学原料行业的原材料成本增加，进而导致化纤、橡胶、塑料制成品行业的原材料成本增加，进而促使轻工、建材等行业原材料成本增加。军工企业是典型的下游产业，其原材料都来自国民经济各部门，国际原油价格的上涨，必然导致军工企业生产成本增加、利润减少，经营出现困难。

---

① 张志英．金融风险传导的相关问题研究［J］．管理，2008.1。例如，一个国家出现了金融资产价格大幅度下跌、资产质量显著恶化等，投资者就会根据风险源的状况，判断与风险源有密切联系的国家和地区将很有可能发生类似情况，于是马上抛售这些国家和地区的金融资产，或从这些国家和地区大规模抽逃资本，从而将金融风险传导给与风险源有密切联系的国家和地区。

② 马丽，张光明，李平．供应链风险的传递机制与传递路径研究［J］．科技情报开发与经济，2007.13

4. 国防经济发展外部经济风险累积达到了传染的临界点。国防经济主体所从事的活动对象和内容，决定了外部经济风险的产生及传导。但是，外部经济风险并不是在产生时就进行传导，而是当外部经济风险没有及时地转移、化解，或是转移和化解的措施不当，或是没有取得应有的效果，致使外部经济风险在国防经济体系内部不断积累。当外部经济风险积累到一定程度，达到传染的临界点时，就会开始在国防经济体系内部传递、扩散、蔓延。需要说明的是，国防经济发展外部经济风险累积到了何种程度才进行传导，这是一个非常难以量化的问题。国防经济发展外部经济风险正是在积累、增大、削弱和化解这样一个博弈过程中，存在于国防经济体系内部的。在博弈过程中，需要保持这种均衡，一旦这种均衡关系被破坏，就表明国防经济发展外部经济风险已增大并开始出现恶化。虽然目前还无法量化国防经济发展外部经济风险传导的临界值，但我们大体上可以根据国防经济运行均衡关系的破坏、与风险源有联系的国防经济部门出现了相同或类似的外部经济风险等状况，判断外部经济风险是否已经开始在国防经济系统中传导。

二、国防经济发展外部经济风险的传导机制

辩证唯物主义认为，整个世界就是一个普遍联系的有机整体，孤立的事物是根本不存在的。事物之间的联系具有客观性、普遍性和多样性。随着生产力的发展和社会分工的不断深化，国防经济主体之间联系日益紧密，由于利益关系会产生一种紧密或松散的利益链条，从而形成了外部经济风险传导的基础或载体。

国防经济发展的外部经济风险产生后，会沿着特定的路径进行传递和扩散，不断地积累着风险和爆发危机的能量。国防经济

发展外部经济风险的传导，实际上是一个外部经济风险形成、积累、转化和扩散的过程，也是国防经济运行状态从均衡转向失衡，又从失衡走向均衡，并进一步扩散的过程。从理论上说，把握了国防经济发展外部经济风险的传导机制，有助于综合分析影响外部经济风险传导的各种因素，控制外部经济风险的传递。外部经济风险传导机制从实质上看，可以分为两步：

（一）外部经济风险在国防经济体系内部的传导

来自于国民经济或国际经济的外部经济风险有些可能是较小的、可以控制或消除的，但由于风险管理措施不当、监管力度不够或风险防范不及时等原因，加之国防经济领域存在信息不透明、不对称等问题，以及国防经济主体出于自身利益的考虑，可能使外部经济风险长期积累，并具有隐蔽性。而当外部经济风险达到一定阈值时，便开始传递和扩散。国防经济发展外部经济风险在开始传递、扩散时，可能是单向传导。随着外部经济风险的扩散与蔓延，整个国防经济体系都存在高风险，此时可能会出现多向传导、交叉传导，由此形成错综复杂的外部经济风险传导网络。

外部经济风险在国防经济体系内部的传导，又可分为两步：第一步为“传”的过程，第二步为“导”的过程。来自Ⅰ类国民经济或Ⅱ类国际经济的风险源将外部经济风险“传”给了某个国防经济主体或某一国防经济部门，就可以说外部经济风险开始传导。但是，这仅仅是外部经济风险传导的第一步，只是实现了外部经济风险传导中“传”的过程。如果外部经济风险“传”给了绝大多数国防经济主体乃至整个国防市场，就会产生外部经济风险的传导。

由于“多米诺骨牌效应”的存在，使国防经济发展的外部经济风险会传导给其他国防产业乃至整个国防经济体系。当外部经济风险在国防经济体系进行扩散和蔓延时，就完成了外部经济风险传导的第二步，即“导”的过程。例如，国防产业之间的联动效应，就是通过“存货的加速原理”和产业的“结构性震荡”发生作用。既然国防经济发展外部经济风险的传导有一个过程，这就给了风险管理者寻找外部经济风险源、识别外部经济风险传导源，进而削弱、控制和化解外部经济风险及其传导的机会和时间。

（二）危机的传导

外部经济风险在国防经济体系内部的传导，在未爆发危机之前，可能是隐蔽、温和、慢性的，甚至是不易察觉的。国防经济系统可以在一定时期内，通过一定的调控措施，尽可能减轻已经发生的风险或损失。对于国防经济领域已经扩散的外部经济风险，通常采取的措施是注入资金，或出台扶持政策进行补救。如果补救成功，就能够防止外部经济风险的进一步蔓延；反之，如果补救失败，则容易导致信心崩溃、市场冲击等一系列突发事件的发生，从而引发更严重的危机。

通过分析国防经济发展外部经济风险的传导机制可知（见图4－5），外部经济风险是国防经济体系内部的一种客观存在，外部经济风险经过积累并进行传递、扩散，使国防经济体系处于“高危”状态，并在一定的引发条件下，外部经济风险才会转化现实性风险，直至转化为危机。如果在外部经济风险的积累和传导阶段，一个国家国防经济基础牢固、体制机制健全、法律法规完善、监管调控得当，具有防范和化解外部经济风险的完善措施，把外部经济风险控制在第一步传导阶段，则国防经济发展的外部经济风险仅仅是在国防经济体系内部积累、传递、扩散和放大，然后逐步减弱、化解，而不会演化为现实性风险，更不会演化为危机。因此，国防经济发展的外部经济风险是一种普遍的客观存在，是在一定诱因下爆发危机的必要条件；而危机是外部经济风险的“极限效应”，是外部经济风险的一种暂时终结方式。

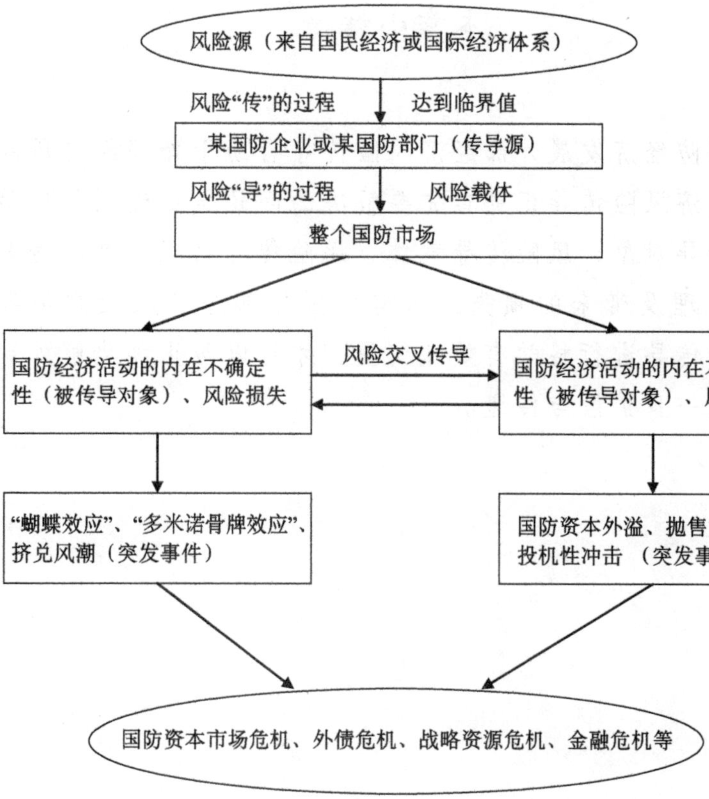

图 4－5 国防经济发展外部经济风险传导机制图

对于国防经济运行风险管理部门来说，判断国防经济运行的正常波动和风险传导是一项非常重要、且具有一定困难的工作。国防经济运行的波动，是由于市场机制作用的结果，还是由局部的外部经济风险传导造成的，这需要作出及时准确的判断。如果是国防经济运行处于正常波动状态，这是市场机制发挥作用的一种表现，可以通过市场机制自身的修复来解决；如果是由于外部经济风险传导造成的，就要考虑采取及时有效的措施，以化解和防御外部经济风险的进一步扩散和传递。

本章小结

考察国防经济发展外部经济风险传导有助于外部经济风险防控。外部经济风险传导识别首先要解决的问题是正确判断风险传导源与被传导对象、风险传导载体、风险传导路径；其次是分析风险传导机理及带来的损失。只有把握外部经济风险的传导机理，对风险传导进行科学有效地衡量，才可以防止和化解外部经济风险的进一步扩散与传递。

第五章
国防经济发展外部经济风险评估体系

国防经济发展外部经济风险评估指标体系是国防经济发展外部经济风险研究的重要环节。科学的、客观的构建评估体系，并对评估指标进行定量分析，是提高评估客观性、精确性，以使评估结果为人们所接受的必要措施，也是防范国防经济发展外部经济风险的重要依据。

第一节 国防经济发展外部经济风险评估指标体系的构建

构建评估指标体系是一个“具体—抽象—具体”的辩证逻辑思维过程。评估指标体系构建的重要性，要求其尽可能做到科学、合理、实用。评估指标体系内容的多样性又使上述要求变得很困难。为解决这一矛盾，本书首先对国防经济发展面临的I

类、Ⅱ类外部经济风险源进行了统计和分解，进而分析国防经济发展的外部经济风险因素，选取初始的评估指标集，然后对初始的指标集进行层次性分析和相关性分析，建立初步的国防经济发展外部经济风险指标体系；之后使用德尔斐法（Delphi），广泛征求专家意见，反复交换信息，统计处理和归纳综合等，最后得出合理的国防经济发展外部经济风险评估指标体系（见图5－1）。

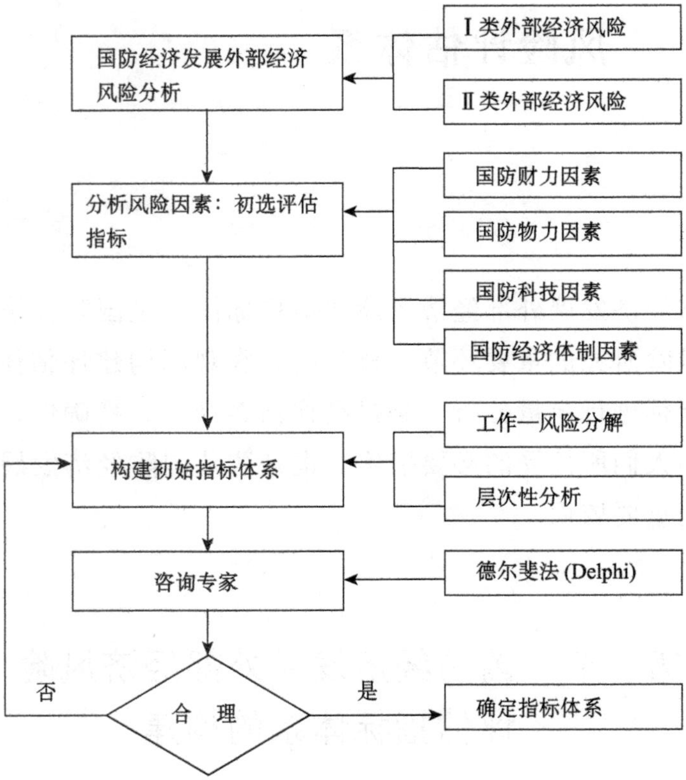

图5－1　国防经济发展外部经济风险评估指标体系构建流程图

这里需要说明的是，国防经济发展面临外部经济风险因素的获取，一方面应考虑导致国防经济发展面临外部经济风险因素的错综复杂，所选取的评估指标应具有代表性。另一方面，应通过对国防经济建设实践中Ⅰ类、Ⅱ类主要外部经济风险源相关数据和现象的处理，抽象出内部本质联系与变化规律，并最终以相对简单的量化形式表达出来。

在对Ⅰ类、Ⅱ类主要外部经济风险分析中，我们发现两类风险问题所涉及的内容都与国防经济发展的经济要素相关，如表5-1所示，Ⅰ类外部经济风险中的1、2与Ⅱ类外部经济风险中的1所涉及的国防费与国防资金属于财力风险；Ⅰ类外部经济风险中的3、4与Ⅱ类外部经济风险中的2、3所涉及的国防产业与战略资源属于物力风险；Ⅰ类外部经济风险中的3与Ⅱ类外部经济风险中的2、5所涉及的国防产业与信息安全属于国防科技风险，而所有这两类外部经济风险所涉及的内容都与国防经济体制这一因素有关，因此，从影响国防经济发展总体效能涉及的因素与对国防经济发展造成了影响、波动的经济因素考虑，初选出财力、物力、科技、国防经济体制等风险因素指标。

表5-1　　国防经济发展Ⅰ类、Ⅱ类主要外部经济风险

Ⅰ类主要外部经济风险	Ⅱ类主要外部经济风险
1. 国民经济周期波动对国防费稳定供给造成的风险	1. 国际金融风险引发的国防资金运行风险
2. 金融体系不完善引发的国防资金运行风险	2. 国际市场竞争引发的国防产业运行风险
3. 军工资本证券化引发的国防产业运行风险	3. 国际资源争夺引发国防战略资源安全问题
4. 资源供求矛盾引发的国防战略资源短缺风险	4. 国际经济环境变化引发的国民经济动员风险
	5. 信息战引发的国防经济信息安全问题
	6. 西方发达国家经济制裁带来的风险

一、国防经济发展外部经济风险评估指标体系的设计原则

指标体系的设计应遵循层次性、动态性、可操作性等原则，

采用定性研究与定量研究相结合，公众调查与专家访谈相结合的方式进行。

1. 层次性原则。国防经济作为一个区别于国民经济的特殊、独立的经济体系，其本身是一个具有多因素、多层次的复杂系统，它包括国防经济本身及与其有关的各种基本要素、关系和行为。因此，国防经济发展外部经济风险的评估指标体系也要具有与之相适应的层次结构。层次性原则即所选取的风险评估指标之间衔接配套，各要素之间相互联系并具有系统性，形成一个内在联系紧密、层次结构合理、能够综合反映国防经济发展特征和变化趋势的科学系统。

2. 动态性原则。国防经济系统运行本身就是一个动态发展的过程，而国防经济发展面临的外部经济风险及其风险程度也是不断变化的，因此，衡量国防经济发展外部经济风险评估指标的目标值或标准，必定也要具有动态性。国防经济发展外部经济风险的评估指标不仅要反映一定时期国防经济运动的实际情况，而且应尽量选择能够描述国防经济系统运行面临外部经济风险的全程动态变化指标，并且随着国防经济的发展和环境条件的变化及时地予以修正。

3. 可操作性原则。国防经济发展外部经济风险评估指标体系的设计，应充分考虑到现有的技术水平和统计基础，尽量选取具有代表性的并且可以量化的指标，尽量选择操作方便、简洁的指标以利于实际运用。对于难以量化又难以舍弃的定性评估指标，可采用主观打分的方法间接量化或局部综合衡量的方式进行量化处理。所选的风险评估指标变量必须是可以通过测量得到的，或可通过科学方法聚合生成的，数据来源必须准确可靠，数据区间应尽量覆盖面大、跨度长、可信度高。同时，应做到统计口径和计量范围相一致，以便于风险评估过程中进行时间、空间、横向和纵向的比较与分析。

4. 定性与定量分析相结合的原则。国防经济发展的外部经济风险评估由于某些数据存在保密性而且很多领域难以定量化，且这些不能量化的指标因素对于反映国防经济面临外部经济风险的总体状况又十分重要。在这种情况下，综合运用客观的定量分析与主观的定性分析相结合的方法选择国防经济发展外部经济风险的评估指标，不仅符合科学性原则而且也符合风险评估的实际。只有将定性分析与定量分析有机地结合起来，以定量分析为基础，以定性分析为前提，才能使国防经济发展外部经济风险评估更加可靠、可信。对因数据获取困难而难以定量化的指标，可以建立科学的专家评估体系，充分利用专家意见，实现近似的定量化分析。

二、国防经济发展外部经济风险评估指标的选取方法

衡量国防经济发展外部经济风险的指标有很多，如果评价指标的选取方法不当，既可能造成一些重要指标的漏选，又可能使一些对国防经济运行风险影响很小的指标被选入，以及信息量有较大重复的多个指标同时被选入的情况，从而使风险评估结果不准确，并可能使综合评价的计算趋于复杂。常用的风险评估指标选取方法有：专家评估法、安全检查法、工作—风险分解法、故障树法、情景分析法以及危险与可操作性研究等。

由于国防经济发展面临的外部经济风险的复杂性，以及风险评估指标中有些数据出于保密的需要，造成有些风险评估指标不能进行定量研究，出于这两者考虑，本书在确定国防经济发展外部经济风险评估指标时将采取工作—风险分解法（WBS - RBS）与专家评估法相结合的方法。

（一）工作—风险分解法（WBS－RBS）

工作—风险分解法（WBS－RBS）是将工作分解构成WBS树，风险分解形成RBS树，然后以工作分解树和风险分解树交叉构成WBS－RBS矩阵。

运用WBS－RBS法进行风险指标的识别与选取主要分为三个步骤[①]：

1. 工作分解形成工作分解树，根据风险主体与子部分以及子部分之间的结构关系和工作流程进行工作分解。工作分解树如图5－2所示。

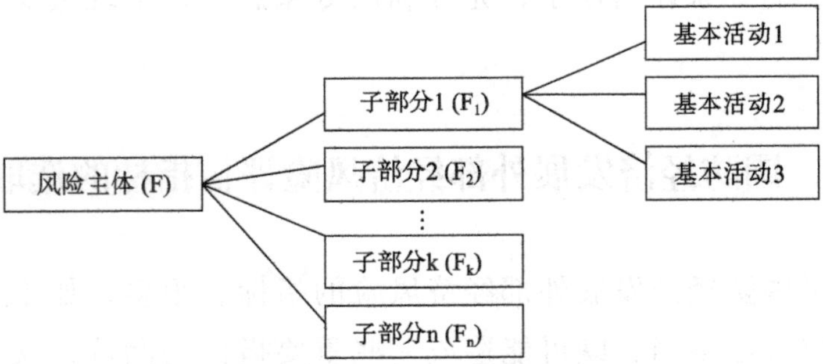

图5－2 工作分解树

2. 风险分解形成风险分解树，主要任务是找到风险事件发生时依赖的风险因素，建立风险事件与风险因素之间的因果联系模型。风险分解树如图5－3所示。

3. 将工作分解树与风险分解树交叉构成风险指标矩阵。如图5－4所示，WBS－RBS矩阵的行向量是工作分解到最底层形成的基本工作包，矩阵的列向量是风险分解到最底层的基本子因素。风险评估指标选取是按照矩阵元素来判断某一工作所对应的风险因素。

① 范道津，陈伟珂．风险管理理论与工具［M］．天津大学出版社，2010.39

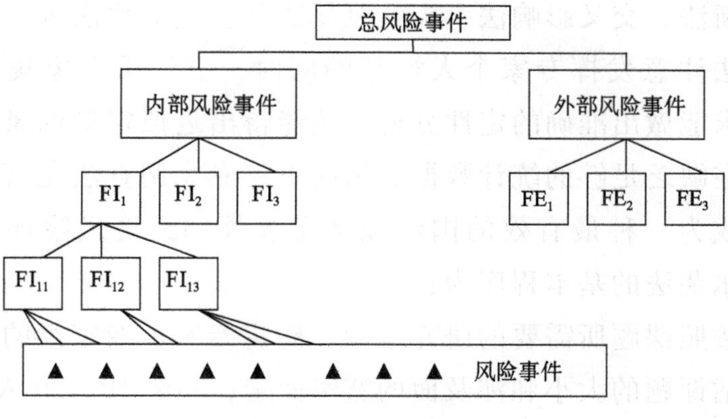

图 5－3　风险分解树

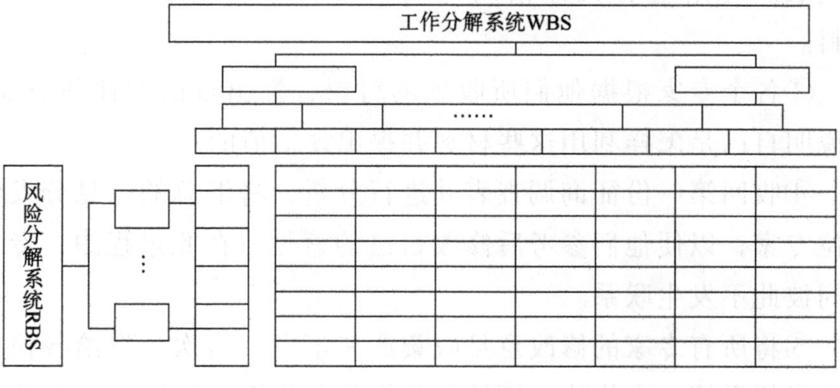

图 5－4　WBS－RBS 矩阵

（二）专家评估法

国防经济发展外部经济风险评估指标的合理选取，应以专家的智慧和经验为信息索取对象，组织国防经济研究领域和相关军事领域的专家，利用他们的智慧和经验分析国防经济系统运动的外部环境和一般规律，以国防经济发展面临的（来自国民经济与国际经济两大经济体系）外部经济风险分析为基础，借鉴综合专家的主观判断来完成风险评估指标的选取。

专家评估法主要有专家会议法、德尔斐法（Delphi）、专家个人判断法、交叉影响法、头脑风暴法、主观概率法等。现代专家评估法注意发挥专家个人智慧的同时，更注重专家集体的智慧；要求能做出准确的定性分析，还能得出近似定量的风险评估结果。在缺乏足够的统计数据的情况下，专家调查法尤其是德尔斐法就成为一种最有效的国防经济发展外部经济风险评估的方法。德尔斐法的基本程序为：

①按照课题所需要的研究范围，确定专家。专家组的人数可根据评估课题的大小和涉及面的宽窄而定，一般 10 ~ 30 人。

②函请专家所要评估的问题及有关要求，制定一份征询评估调查表。并附上有关评估问题的所有背景材料及专家索取的材料。

③各个专家根据他们所收到的材料，提出自己的评估意见，并说明自己是怎样利用这些材料并提出评估值的。

④收回第一份征询调查表并进行分析，将汇总的意见分发给各位专家，以便他们参考后修改自己的意见。在此过程中，专家之间彼此不发生联系。

⑤将所有专家的修改意见收集起来汇总，再次分发给各位专家，以便做第二次修改。逐轮收集意见并为专家反馈信息是德尔斐法的主要环节，收集意见和信息反馈一般要经过 3 ~ 4 轮，直到每一个专家不再改变自己的意见为止。

⑥对专家的意见进行综合处理。

本文选取的评估专家即包括国防经济风险评估对象领域的专家，也包括相关领域的军事专家；调查问卷的对象即包括院校教育人员也包括科研单位的研究人员；即包括部队基层工作人员也包括总部机关干部，力争使国防经济发展外部经济风险评估指标的选取科学、客观（见附录：专家问卷调查表）。

三、国防经济发展外部经济风险评估指标体系的构建路径

通过对国防经济发展的Ⅰ类、Ⅱ类外部经济风险源的分析，得到国防经济发展外部经济风险因素，按照指标体系建立的原则，运用工作—风险分解法（WBS - RBS）与专家评估法对这些因素进行初步的筛选和整理，形成初始指标集。本文构建国防经济发展外部经济风险评估指标体系的逻辑路径为：

1. 确立目标层。构建国防经济发展外部经济风险评估指标体系，是为了准确衡量国防经济发展面临的两大类外部经济风险的整体水平，即国防经济发展外部经济风险的综合风险度。因此，各层面的评估指标都共同指向"国防经济综合风险度"这一总体综合目标。

2. 确立一级评估指标层和二级评估指标层。本书采用德尔斐（Delphi）法对评估指标进行筛选。其主要包括：设计咨询表、选择专家、统计分析咨询结果、修改指标等步骤，如图5-5所示。

对国防经济发展外部经济风险的定量分析，要面临着国防经济自身运动的不可重复性、定性指标难以量化等困难，这就使得在定量分析上应把国防经济发展面临的外部经济风险量化为各类经济要素，通过经济要素指标的量化来确定国防经济外部经济风险评估一级评估指标层。在这个层面上设计了"国防财力风险"、"国防物力风险"、"国防科技风险"和"国防经济体制风险"这样四个一级风险评估指标。在此风险评估指标下再设计相应的二级风险评估指标。

3. 根据二级风险评估指标层来确立具体的风险评估指标。依

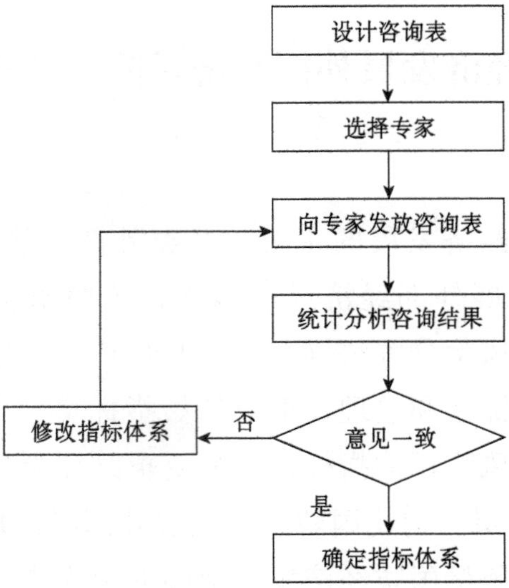

图 5－5　基于德尔斐法的指标筛选流程图

据各风险评估指标集的因果、隶属、顺序等关系，对国防经济发展外部经济风险评估指标集进行关系划分、级别划分和类划分，从而得到国防经济发展外部经济风险评估指标体系的递阶结构。本书最终选取了 31 项具体的三级风险评估指标集，力争能客观、全面地考查中国国防经济发展面临的外部经济风险总体态势。

构建国防经济发展外部经济风险评估的指标体系，基于工作—风险分解法（WBS－RBS），首先要确定风险评估的最终目标。这里将“国防经济综合风险度”作为最高一级。然后，通过思考、咨询、提问和推理等方法，确定那些能够影响“国防经济整体风险”的因素，作为第二级。如此循环往复，层层推进，直至确定的指标满意为止。在确定了所有的变量之后，就可以建立国防经济发展的外部经济风险评估指标结构模型①，如图 5－6 所示。

① 这里需要说明的是，从经济资源要素的角度来考察，国防经济发展的外部经济风险评估应包括国防人力风险评估。但国防人力受外部干扰的因素较少，具有相对稳定性。本书在研究分析中不作具体考察。

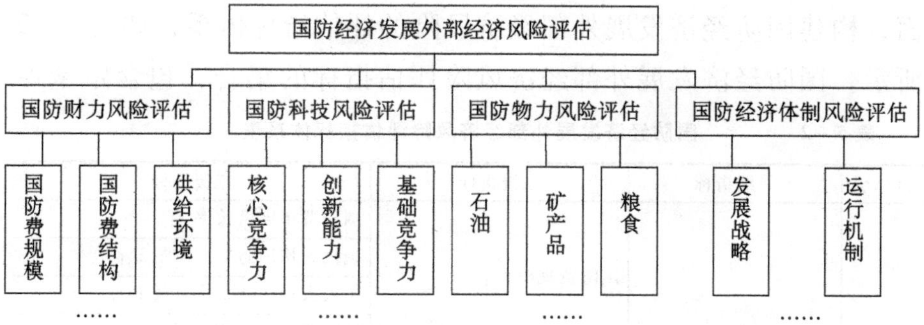

图 5-6 国防经济发展外部经济风险评估指标结构模型

国防经济发展外部经济风险评估指标的结构模型只能表示变量间的影响关系，不能反映具体的影响规则。应利用统计分析方法，根据各指标对国防经济发展外部经济风险影响程度的强弱进行筛选，选择具有重要性和高度相关性的因素作为相应的变量，剔除对产生国防经济风险度影响不大以及信息提供重复的指标，从中找出主要影响指标，尽量使模型做到既具有全面性又具有实用性。

四、国防经济发展外部经济风险评估指标体系的总体框架

本书在国防经济发展外部经济风险分析中，区分了Ⅰ类来自国民经济的外部经济风险和Ⅱ类来自国际经济的外部经济风险。实际上，来自国际经济的Ⅱ类外部经济风险很多都是通过对国民经济运行的影响而对国防经济发展带来挑战和威胁的。所以，很难按照Ⅰ类外部经济风险和Ⅱ类外部经济风险的分类，来构建国防经济发展外部经济风险的评估指标体系。为了便于研究，如上述，我们按照国防经济系统的经济构成要素，分别从国防财力风险、国防物力风险、国防科技风险和国防经济体制风险四个方

面，构建国防经济发展外部经济风险的评估指标体系，如表 5 - 2 所示。国防经济发展外部经济风险评估指标的集合，包含定量评

表 5 - 2　　国防经济发展外部经济风险评估指标体系表

目标层	一级指标	二级指标	三级指标
国防经济发展外部经济的综合风险度 F	国防财力风险 F_1	国防费规模 F_{11}	国防费年度增长率 F_{111}
			国民人均国防费占有量 F_{112}
			军人人均国防费占有量 F_{113}
			国防费占 GDP 比例 F_{114}
		国防费结构 F_{12}	国防费有机构成 F_{121}
			军兵种经费结构 F_{122}
		国防费供给环境 F_{13}	财政收入系数 F_{131}
			财政收入占 GDP 比例 F_{132}
			GDP 增长率 F_{133}
			财政赤字占 GDP 比例 F_{134}
		国防费需求环境 F_{14}	周边国家、地区军费增长率 F_{141}
			非战争军事需求 F_{142}
			军事强国国防费增长率 F_{143}
	国防物力风险 F_2	国防物力储备规模 F_{21}	矿产品储备量及对外依存度度 F_{211}
			石油储备量及对外依存度 F_{212}
			粮食储备量及对外依存 F_{213}
			武器装备实力 F_{214}
			军工生产能力储备量 F_{215}
		国防工业 F_{22}	军工生产能力 F_{221}
			国防工业配套生产能力 F_{222}
			国防工业结构 F_{223}
	国防科技风险 F_3	国防科技发展基础 F_{31}	国防科研费占国防费总额的比例 F_{311}
			基础研究经费占科研经费的比例 F_{312}
			国家 R&D 费占 GDP 的比例 F_{313}
			国防科研费规模 F_{314}
		国防科技能力水平 F_{32}	国防科技自主研发能力 F_{321}
	国防经济体制风险 F_4	国防经济风险管理体制 F_{41}	国防经济组织结构 F_{411}
			国民经济动员体制 F_{412}
		国防经济风险管理机制 F_{42}	国防经济风险管理决策机制 F_{421}
		国防经济风险管理制度 F_{43}	国防经济风险防范战略 F_{431}
			国防经济风险信息监控 F_{432}

估指标和定性评估指标。对于定性指标，可通过问卷调查或其他适当方法进行类似量化评估，可以设定为“潜在风险、风险、危机”三个级次，而“风险”又可设定“低度风险、中度风险、高度风险”三个级次，根据专家打分法来进行评估。对于定量指标，可从历年统计数据资料中获得，或直接根据其含义及公式计算出相应数据来进行评估。

在国防经济发展外部经济风险评估的过程中，单个指标的信息是零散和片面的，它只能反映国防经济发展外部经济风险的不同侧面。因此，我们需要把各个评估指标综合起来，形成一个综合评估指标体系，以全面反映国防经济发展的外部经济风险状态。

第二节　国防经济发展外部经济风险评估指标的权重设定与赋值

在国防经济发展外部经济风险评估的过程中，需要通过赋予各项评估指标以不同的权重，以体现出该指标在指标体系中的价值以及评价者对该指标重要性的认识，它将直接影响最后综合评价的结果。客观、合理的确定评估指标权重，可以使国防经济发展外部经济风险的评估工作体现主次有别，抓住主要矛盾、矛盾的主要方面，准确掌握国防经济发展的外部经济风险评估标准与重点。

一、国防经济发展外部经济风险综合评估模型设计

国防经济发展外部经济风险的综合评估，即通过一定的数学

模型计算，将多个风险评价指标值“整合”为一个综合评估值。在获得国防经济发展外部经济风险系统的评价指标值$\{\chi_{ij}\}$ $(i=1, 2, \cdots, n; j=1, 2, \cdots, m)$的基础上，选用或构造国防经济发展的外部经济风险综合评估模型为：

$$y=f(\omega, \chi) \tag{5-1}$$

其中，式中 $\omega=(\omega_1, \omega_2, \cdots \omega_m)^T$ 为指标权重向量；$\chi=(\chi_1, \chi_2, \cdots \chi_m)^T$ 为系统的状态向量。进而对国防经济发展的外部经济风险进行综合评估。

现代综合评估方法①主要有：模糊综合评估法、多元统计分析方法和灰色多层次评估法。国防经济学作为社会经济学的分支，适用于社会经济学综合评估的方法对国防经济发展外部经济风险评估同样具有借鉴意义。在外部经济风险评估实践中，有许多事件的风险程度是不可能精确描述的，如风险度高、技术创新能力弱、战略资源短缺等，其中“高”、“弱”、“短缺”等均属于边界不清晰的概念，即模糊概念，而诸如此类的概念或事件，也难以用数据准确地表达出来。鉴于以上考虑，本书宜采用多层次的模糊评估法来评估国防经济发展面临的外部经济风险状况。

模糊综合评估法是美国控制论专家艾登（Eden）于 1965 年提出的。模糊综合评估是以模糊数学为基础，对具有模糊性而不能简单地用一个分数来评估的因素或对社会经济现象进行定量评价的一种方法。模糊评估法有单因素的模糊评估和多层次的模糊评估两种方法。当从不同角度进行风险评价，而每个角度包含不同评价因素时，单因素评价不能解决问题，应进行多层次的模糊评估。其基本思路是②：综合考虑所有风险因素的影响程度，并设置权重以区别各因素的重要性，通过构建数学模型，推算出风

① 运用现代数学、多元统计、模糊数学等方法的综合评估方法可称之为现代综合评估方法。
② 范道津，陈伟珂．风险管理理论与工具［M］．天津：天津大学出版社，2010. 99

险的各种可能性程度，其中可能性程度高者为风险水平的最终确定值。

二、国防经济发展外部经济风险模糊综合评估的步骤

国防经济发展外部经济风险综合评估的数据处理，即对所选评估指标分数值的综合处理，应算出国防经济各一级指标的风险程度综合指数，再算出整个国防经济系统的风险程度综合指数，然后对照国防经济系统风险状态评分表得出国防经济风险状态。

1. 确定国防经济各一级指标风险程度的综合指数。利用公式（5－2）对国防经济发展的外部经济风险评估指标值所映射的分数值进行加权求和，即得出国防经济一级指标的外部经济风险程度综合指数 S_i：

$$S_i = \sum \frac{W_{ij}F_{ij}}{\sum W_{ij}} \quad i = 1,2,3,\cdots \qquad (5-2)$$

2. 确定整个国防经济系统风险程度的综合指数。利用公式（5－3）算出整个国防经济系统的风险程度综合 S 指数：

$$S = \sum \frac{W_i S_i}{\sum W_i} \qquad (5-3)$$

式中，W_i 是 S_i 的权数；S 的取值在 0～100 之间。

国防经济发展的外部经济风险评估指标权重的计算和“价值”的量化，是计算综合评估结果的前提。解决了这两个关键性的问题后，即可运用量化值加权函数的方法，计算国防经济发展外部经济风险综合评估的结果。

“量化值加权函数”分为两种类型[①]：一种是线性加权函数，

① 王贵明．中国国防经济安全研究［M］．北京：军事科学出版社，2009.129

另一种是几何加权函数。采用线性加权函数的方法更为简便直观，为此，本书采用线性加权函数的方法计算国防经济发展的外部经济风险综合评估结果。

国防经济发展的外部经济风险评估，可用以“国防经济风险总目标指数”和“国防经济各子目标指数”来表示。

通过计算由国防经济风险评估指标的权数及相应数值的“量化值”组成的线性加权函数，即可得到上述“总目标指数”及其相应的“子目标指数”。“国防经济发展外部经济风险总目标指数”的计算公式为：

$$F_{总} = \sum_{i=1}^{N} f(\chi_i) \times c_i \tag{5-4}$$

式中：N 为评估指标体系中的指标个数。

同理，可分别计算各子目标指数，如“国防财力风险指数”、“国防物力风险指数”、“国防科技风险指数”、“国防经济体制风险指数”等。其计算公式为：

$$F_f = \frac{\left[\sum_{i=m}^{n} f(\chi_i) \times c_i\right]}{\sum_{i=m}^{n} c_i} \tag{5-5}$$

式中：m、n 分别为同一个子目标所属的各评估指标最初序号和最末序号。

3. 国防经济发展外部经济风险综合评估结果的分析及诊断方法。依据上述“总目标指数”及各“子目标指数”的计算结果，即可分析国防经济发展外部经济风险的综合评估结果。根据“总目标指数”数值的大小，可以看出国防经济系统面临外部经济风险程度的高低；将国防经济发展外部经济风险评估对象按其“总目标指数”大小进行排序，可以明显地比较出其风险程度的顺序，将各个国防经济风险评估对象的“总目标指数”进行横向比较，彼此之间“总目标指数”相差的百分点：与“100”之差，即为其风险程度的差距。根据国防经济发展的外部经济风险评估对象彼此之间“子目标指数”以及具体的评估指标之间的差距，可以分析出各自的劣势、优势、差距和不足，即可做出国防经济发展面临外部经济风险程度高低、相互差距存在问题等方面的诊断，有利于找出国防经济运行中存在的突出问题和薄弱环节，分析产生问题的原因，进而有针对性地提出加强国防经济防范风险能力建设的对策、建议。

三、国防经济发展外部经济风险评估指标权重的设定

1. 确定国防经济发展外部经济风险评估指标权重的方法选择。根据计算权重时原始数据的来源不同，目前国内外确定权重的方法有三种：客观赋权法、主观赋权法和层次分析法（AHP法）。

（1）客观赋权法。即根据国防经济发展外部经济风险评估所需的原始数据之间的关系，通过一定的数学方法来确定权重，其判断结果不依赖于人的主观判断，具有现实客观、不受人为因素影响等优点。但由于客观赋权法要依赖于足够的样本数据，通用性和可参与性差，并且，随样本数量和取值的变化而变化，权数依赖于样本，也很难具有说服力。同时，风险评估指标的权数是根据既得数据中所反映的信息得出的，数据不同，同一个评估指标可能会得出不同的权重，而且不能体现评估者对不同属性指标的重视程度，这时需要用主观权重来加以修正。

（2）主观赋权法。也称专家赋权，即依据专家主观上对国防经济发展外部经济风险评估指标间的相对重要性进行判断，并确定评估指标权重。主观赋权法能够充分吸收本领域专家或相关领

域专家的丰富经验和高深的理论知识，具有方法简便、可操作性强的特点。但由于在国防经济发展的外部经济风险评估过程中，受不同历史时期和不同环境因素的影响，各评估指标的重要程度有所不同，而仅凭专家主观确定评估指标权数，评估结果往往与实际情况有差距。因此，主观赋权方法虽然能够反映专家意向，但需要加以修正。

（3）层次分析法（analytical hierarchy process）。又称 AHP 法，是美国数学家萨阿逊（T. L. Saatty）提出的确定多属性对象系统评估指标权重的理想方法。其基本思路[①]是将多目标决策问题分解成若干层次，在同一层次的各要素之间通过两两对比得出各因素的权重，通过由低到高的层层分析计算，计算出各方案对指标的权数，为决策者提供决策依据。层次分析法提供一种层次化的逐层比较多种关联因素的思维模式，适用于复杂的模糊综合评估系统，是目前一种被广泛应用的确定评估指标权重的方法。本文将采用这一方法对国防经济发展外部经济风险评估指标设定权重，并将主观赋权法—专家咨询法（Delphi）与客观赋权法有机结合起来。

2. 层次分析法确定国防经济发展外部经济风险评估指标权重的步骤。层次分析的基本方法是建立递阶层次结构模型。运用层次分析法确定国防经济发展外部经济风险评估指标的权重，首先根据风险评价目标和评价准则将国防经济系统分解为不同层次的要素，建立递阶层次结构模型。即对评估对象——国防经济发展的外部经济风险进行层次分析，确立清晰的分级评估指标体系，例如，目标层 A、准则层 B、具体指标层 C，给出评估对象的因素集和子因素集，分别表示如下（见图 5 – 7）：

---

① 范道津，陈伟珂．风险管理理论与工具［M］．天津：天津大学出版社，2010. 89

因素集 $A=\{B_1, B_2, ..., B_N\}$，子因素集 $B_i=\{C_{i1}, C_{i2}, ..., C_{in}\}$

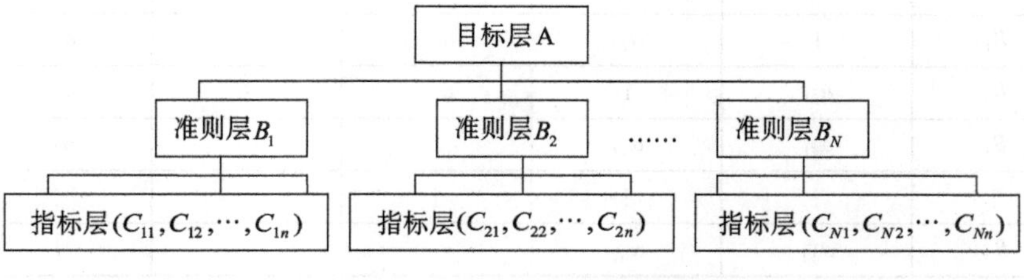

图 5－7　评估指标递阶层次结构模型

其次，对每一层次要素按规定的准则两两进行比较，建立判断矩阵。由专家利用 1～9 比例标度法，分别对每一层次的国防经济发展外部经济风险评估指标的相对重要性进行定性描述，并用准确的数字进行量化表示，数字的取值所代表的含义见表 5－3。

表 5－3　　比例标度排列表

标　度	意　义
1	ν_i 和 ν_j 具有同样的重要性
3	ν_i 比 ν_j 稍重要
5	ν_i 比 ν_j 明显重要
7	ν_i 比 ν_j 非常重要
9	ν_i 比 ν_j 极端重要
2，4，6，8	表示上述相邻判断的中间值
$1, \frac{1}{2}, \frac{1}{3}, \frac{1}{4}, \frac{1}{5}, \frac{1}{6}, \frac{1}{7}, \frac{1}{8}, \frac{1}{9}$	若 ν_i 和 ν_j 的重要性测度为 a_{ij}， ν_i 和 ν_j 的相对重要性为 $\alpha_{ji}=1/\alpha_{ij}$

应用 AHP 法进行综合评估时，应判断准则层因素 B_i 对目标层因素 A 的相对重要性，得出 $A \sim B$ 判断矩阵。由专家打分得出两两比较判断矩阵，见表 5－4。

对于 A 这一国防经济发展外部经济风险的总体评估目标而言，$a_{ij}=\frac{B_i}{B_j}$表示准则层国防经济发展外部经济风险评估指标 B_i 对

表 5－4 $A\sim B$ 判断矩阵

A	B_1	B_2	B_3	…	B_N
B_1	1	α_{12}	α_{13}	…	α_{1N}
B_2	α_{21}	1	α_{23}	…	α_{2N}
B_3	α_{31}	α_{32}	1	…	α_{3N}
⋮	⋮	⋮	⋮	⋮	⋮
B_N	α_{N1}	α_{N2}	α_{N3}	…	1

准则层国防经济外部风险评估指标 B_j 相对重要性的判断值，数值大小由准则层国防经济发展外部经济风险评估指标 B_i 与准则层国防经济外部风险评估指标 B_j 的相对重要性决定。$A\sim B$ 判断矩阵的特点是对角线上的元素为 1，即国防经济发展的外部经济风险评估指标相对于自身的重要性为 1。

再次，确定国防经济发展外部经济风险的综合评估指标权重系数。由比较判断矩阵 $A\sim B$ 确定权重ϖ ，可以有许多方法。本书在成对比较矩阵本身基础上采用“代数平均值法”计算 $A\sim B$ 判断矩阵的特征根和特征向量。

“代数平均值法”也称“列和求逆法”，用以区别乘积方根法（几何平均值法），比较简单、易算。本书采用计算正互反矩阵 $A=(a_{ij})_{n\times n}$的最大特征根和单位化特征向量——即目标加权向量ϖ ，得出在国防经济发展外部经济风险目标层 A 下被比较国防经济风险评估指标的相对权重——即层次单排序，其步骤为[①]：

①将正互反矩阵 A 的每一列向量归一化处理：

$$\tilde{\varpi}_{ij}=a_{ij}/\sum_{i=1}^{n}a_{ij},\quad j=1,2,3,\cdots,n \tag{5-6}$$

②将得到的矩阵$\tilde{\varpi}_{ij}$按行向量的元素相加，得：

① 王贵明．中国国防经济安全研究［M］．北京：军事科学出版社，2009. 190

$$\tilde{\varpi}_i = \sum_{j=1}^{N} \tilde{\varpi}_{ij} \tag{5-7}$$

③将$\tilde{\varpi}_i$归一化：

$$\varpi_i = \tilde{\varpi}_i / \sum_{i=1}^{n} \tilde{\varpi}_i \tag{5-8}$$

得到列向量：$\varpi = [\varpi_1, \varpi_2, \varpi_3, ..., \varpi_n]^T$，$(i = 1, 2, 3, ..., n)$即为近似特征向量。

④计算最大特征值 λ_{max}：

$$\lambda_{max} = \frac{1}{n} \sum_{i=1}^{n} \frac{(A\varpi)_i}{\varpi_i} \tag{5-9}$$

作为最大特征根的近似值。

最后，对正互反矩阵的一致性检验。应用公式 $\lambda_{max} = \frac{1}{n} \sum_{i=1}^{n} \frac{(A\varpi)_i}{\varpi_i}$ 计算求解 $A \sim B$ 判断矩阵的最大特征值；然后分别代入公式（5－10）和（5－11），计算判断矩阵的一致性指标 CI（Consistent Index）和一致性比率 CR，检验其一致性：

一致性指标：

$$C.I. = \frac{\lambda_{max} - n}{n - 1} \tag{5-10}$$

式中，n 为 $A \sim B$ 判断矩阵阶数，λ_{max} 为 $A \sim B$ 判断矩阵最大特征值。

一致性比率：

$$C.R. = \frac{C.I.}{R.I.} \tag{5-11}$$

其中，$R.I.$ 是随机性指标，对不同 n 的判断矩阵阶数，采取 1/9，1/7，…，1，…，7，9 随机取数的方式赋值，并且对不同 n 采用了 10～100 个字样，计算其一致性指标，再求得平均值，记为 R. I. [1]。R. I. 是用于消除由矩阵阶数影响所造成 A ~ B 判断矩阵不一致的修正系数。具体数值参见表 5 - 5：

表 5 - 5　　一致性指标 R. I. 的取值

阶数	1	2	3	4	5	6	7	8	9	10	11	12	13	14	15	16
R. I. 值	0. 00	0. 00	0. 58	0. 90	1. 12	1. 24	1. 32	1. 41	1. 45	1. 49	1. 52	1. 54	1. 56	1. 58	1. 59	1. 61

一般情况下，若一致性比率 C. R. > 0. 10 时，说明 A ~ B 判断矩阵偏离一致性程度过大，应对 A ~ B 判断矩阵进行必要的调整，使之具有满意的一致性为止。若一致性比率 C. R. ≤0. 10，则认为判断矩阵的一致性可以接受，权重向量 ϖ 可以接受。

四、确定国防经济发展外部经济风险评估指标的模糊权向量

根据国防经济系统各层次的外部经济风险评估指标，采用以专家咨询法为基础的层次分析法，对不同层次的各个评估指标进行赋权重。选择适量的国防经济学界或相关领域的专家、教授，请他们对国防经济发展的外部经济风险评估指标进行两两比对，构造比较判断矩阵并赋值。考虑到本书工作量和计算的方便，选用专家权重等权的确定权重方法，根据各位专家的判断矩阵构造综合判断矩阵，利用综合判断矩阵进行排序。以 F1 为例介绍模糊权向量的计算方法及步骤[2]：

1. 请多位专家分别对 F11、F12、F13、F14 两两相比重要性赋值，经比较得表 5 - 6：

---

① 范道津，陈伟珂．风险管理理论与工具［M］．天津：天津大学出版社，2010. 94

② 王贵明．中国国防经济安全研究［M］．北京：军事科学出版社，2009. 201

表 5－6 F11、F12、F13、F14 两两相比重要性赋值表

两两对比的结果	赋值 a_{1i}	两两对比的结果	赋值 a_{1i}
F12 比 F11 略微不重要	1/2	F13 和 F12 同等重要	1
F13 比 F11 略微不重要	1/2	F14 比 F12 略微重要	2
F14 和 F11 同等重要	1	F14 比 F13 略微重要	2

$$\text{建立比较矩阵：} A = \begin{bmatrix} 1 & 2 & 2 & 1 \\ 1/2 & 1 & 1 & 1/2 \\ 1/2 & 1 & 1 & 1/2 \\ 1 & 2 & 2 & 1 \end{bmatrix}$$

2. 运用 EXCEL 表计算 A 判断矩阵中各风险评估指标权重。把判断矩阵 A 中的数据输入到 EXCEL 表 A1∶F1 区域中。

3. 在单元格 F1 中输入公式：B2 × C2 × D2 × E2，回车得到计算结果，并复制 F2 的计算公式到 F3、F4、F5 中，得到计算结果；在单元格 G2 中输入公式：POWER（F2，1/4），回车得到计算结果，复制 G2 的计算公式分别到 G3、G4、G5 对话框中，得到计算结果。

4. 分别对 G2，G3，G4，G5 求和，在单元格 G6 中显示。

5. 在单元格 H2 中输入 "G2/ $ G $ 6"，回车计算结果，复制 H2 的计算公式到 H3、H4、H5，计算得到特征向量 $\overline{W}$ =（0.333333，0.166667，0.166667，0.333333）T，显示在 A1∶F1 中，见图 5－8。

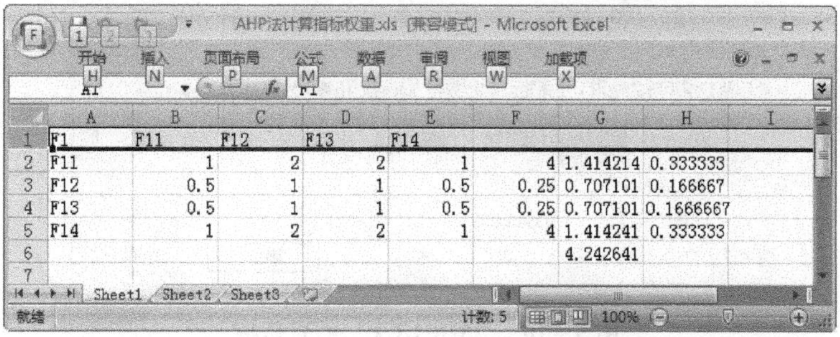

图 5－8 判断矩阵 A 的特征向量

6. 求矩阵 A 与矩阵 W 的乘积：

①鼠标单击显示 AW 乘积矩阵的第一个元素的单元格，为单元格 B8；

②鼠标左键单击工具栏上的 f_x，屏幕就会弹出“插入函数”对话框，在“选择类别”中选中“数学与三角函数”，在“选择函数”选中“MMULT”，如图 5－9 示。

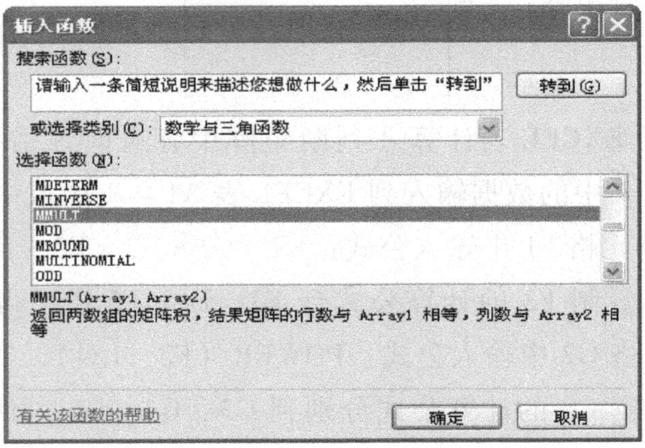

图 5－9 “插入函数”对话框

③单击［确定］，屏幕将弹出如图 5－10 的画面；在“Array1”框内输入“B2：E5”，在“Array2”框内输入“H2：H5”。

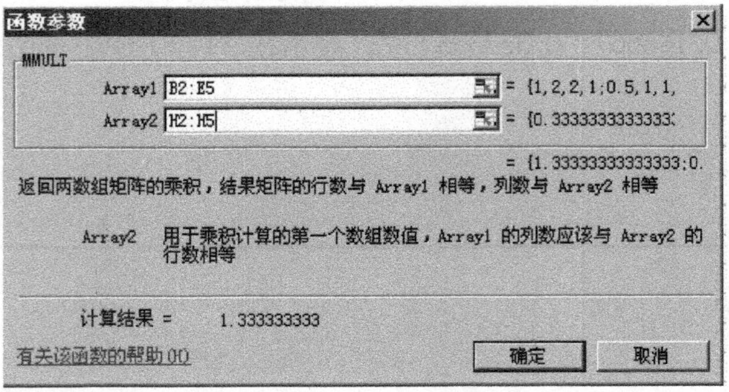

图 5－10 “MMULT”的对话框

④单击［确定］，根据欲求乘积矩阵的第一个元素值就出现在 B7 内。用鼠标选取 B8 : B11，然后按 F2 键，再按 Shift + Ctrl + Enter，计算结果即可显示在 B8 : B11 中。

7. 在单元格 F8 中输入"＝B8/（4×H2）"，并复制 C8 的计算公式到单元格 F9 : C11 中，再对 F8 : C11 求和，结果显示在 F12 中，此值即为 λ_{max}。

8. 根据公式 $CI=\frac{\lambda_{max}-n}{n-1}$ 计算 $CI=\frac{4-4}{4-1}=0$，查得 $R.I.=0.91$，再计算出 CR，$CR=0.0000<0.1$，通过检验。判断矩阵 A 的原始数据和计算结果如图 5－11 示。

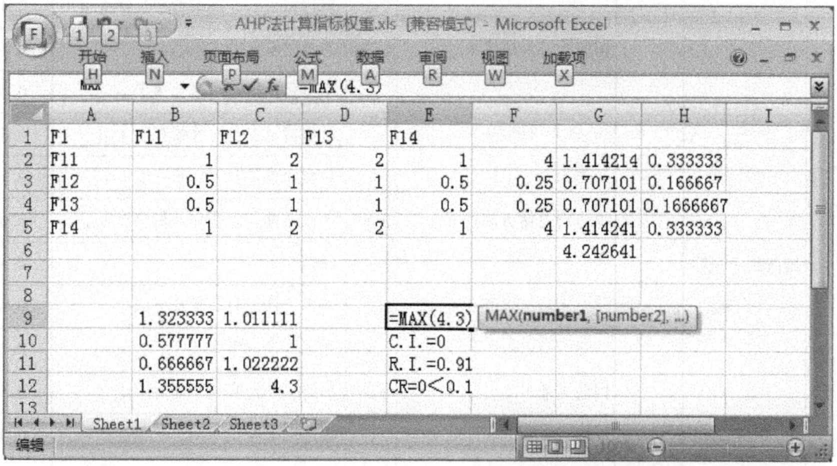

	A	B	C	D	E	F	G	H	I
1	F1	F11	F12	F13	F14				
2	F11	1	2	2	1	4	1.414214	0.333333	
3	F12	0.5	1	1	0.5	0.25	0.707101	0.166667	
4	F13	0.5	1	1	0.5	0.25	0.707101	0.1666667	
5	F14	1	2	2	1	4	1.414241	0.333333	
6							4.242641		
7									
8									
9		1.323333	1.011111		=MAX(4.3)				
10		0.577777	1		C.I.=0				
11		0.666667	1.022222		R.I.=0.91				
12		1.355555	4.3		CR=0<0.1				

图 5－11　判断矩阵 A 的计算结果

按照同样的方法和步骤，依次计算得出其他各判断矩阵对应指标的权重值，具体数值，见表 5－7。

根据各级风险评估指标权重，可采用加权算术平均法对各评估指标权重分值进行综合计算，得出各层次和总体指标的综合度量（见表 5－8）。

表 5-7 国防经济发展的外部经济风险评估指标体系及权重一览表

目标层	一级指标	权重	二级指标	权重	三级指标	权重
国防经济风险状态 F	国防财力风险 F_1	0.43	国防费规模 F_{11}	0.53	国防费占 GDP 比例 F_{111}	0.5
					国民人均国防费占有量 F_{112}	0.05
					军人人均国防费占有量 F_{113}	0.06
					国防费年度增长率 F_{114}	0.40
			国防费结构 F_{12}	0.5	国防费有机构成 F_{121}	0.5
					军兵种经费结构 F_{122}	0.5
			国防费供给环境 F_{13}	0.22	GDP 增长率 F_{131}	0.33
					财政收入占 GDP 比例 F_{132}	0.2
					财政收入系数 F_{133}	0.2
					财政赤字占 GDP 比例 F_{134}	0.1
			国防费需求环境 F_{14}	0.34	周边国家、地区军费增长率 F_{141}	0.4
					非战争军事需求 F_{142}	0.4
					军事强国国防费增长率 F_{143}	0.3
	国防物力风险 F_2	0.7	国防物力储备规模 F_{21}	0.87	石油储备量及对外依存度 F_{211}	0.8
					粮食储备量及对外依存度 F_{212}	0.7
					矿产品储备量及对外依存度 F_{213}	0.6
					武器装备实力 F_{214}	0.5
					军工生产能力储备量 F_{215}	0.6
			国防工业 F_{22}	0.6	军工生产能力 F_{221}	0.6
					国防工业配套生产能力 F_{222}	0.5
					国防工业结构 F_{223}	0.3
	国防科技风险 F_3	0.9	国防科技发展础 F_{31}	0.84	国防科研费占国防费总额的比例 F_{311}	0.7
					基础研究经费占科研经费的比例 F_{312}	0.67
					国家 R&D 费占 GDP 的比例 F_{313}	0.8
			国防科技发展能力水平 F_{32}	0.90	国防科技自主研发能力 F_{321}	1
	国防经济体制风险 F_4	0.6	国防经济风险管理体制 F_{41}	0.5	国防经济风险管理组织结构 F_{411}	0.5
					国民经济动员体制 F_{412}	0.5
			国防经济风险管理机制 F_{42}	0.7	国防经济风险决策机制 F_{421}	0.8
			国防经济风险管理制度 F_{43}	0.3	国防经济风险防范战略 F_{431}	0.3
					国防经济风险信息监控 F_{432}	0.2

表 5-8　各系统综合指标权重统计表

因素	国防财力风险	国防物力风险	国防科技风险	国防经济体制风险
各系统权重	0.43	0.7	0.9	0.6
总权重	0.65			

如表 5-8 所示，中国国防经济发展外部经济风险度综合指标权重为0.65，面临风险界于中度风险偏下[①]。国防科技风险值最大，主要体现在国防科技自主研发能力弱；国防物力风险则主要体现在物力储备及对外依存度大，尤其是石油储备量及对外依存度大；由于中国近年来经济实力的增强，国防费的增速也较快，国防财力风险不大；而由于国防经济发展外部经济风险观念、意识淡薄，导致国防经济发展外部经济风险管理的体制机制欠缺。

从研究问题到理论抽象，还需要回到现实。在大量、深入、反复的实证分析的基础上，在恰当地回答了"是什么"、"为什么"的前提下，还需要回答"怎么办"的问题，即对防范国防经济发展的外部经济风险问题要提出建设性的意见。研究国防经济发展外部经济风险问题，只能从客观存在的大量现实问题出发，通过对其大量、深入的论证分析，发现一定背景和条件下决定中国国防经济运行整体风险态势的关键因素、关键问题和关键领域，进而揭示这些因素、问题、领域决定中国国防经济运行整体风险态势的机理性成因，才能抽象出基于一定背景和条件下的国防经济发展外部经济风险的一般理论。

① 一般情况下，如按百分取值，1~40 为低度风险、40~80 为中度风险、80~100 为高度风险。

本章小结

按照层次性、动态性、可操作性、定性分析与定量分析相结合的设计原则，采用专家调查法、层次分析法设计了国防经济发展外部经济风险综合评估模型，构建了以国防财力评估风险、国防物力评估风险、国防科技评估风险、国防经济体制评估风险为一级指标层的国防经济发展外部经济风险评估指标体系。利用风险模糊综合评价的方法确定了中国国防经济发展外部经济风险度综合指标权重。

第六章 防范国防经济发展外部经济风险的对策建议

古人云：安不忘危，治不忘乱；人无远虑，必有近忧；有终生之忧，无一朝之患。防范国防经济发展的外部经济风险，不仅是促进国防经济发展、提升国家综合国力的前提条件，而且事关国家主权、安全和政局稳定。在对中国国防经济发展外部经济风险进行分析、评估的基础上，当前，应在科学发展观的指导下，把增强国防经济自身基础能力建设作为前提，构建国防经济发展外部经济风险的评估决策体系，不断提升国防经济发展外部经济风险的应急处置能力，完善外部经济风险管理制度，为新时期军队履行历史使命提供坚实的物质保障，为维护国家整体经济安全提供有力的战略支撑（见图6－1）。

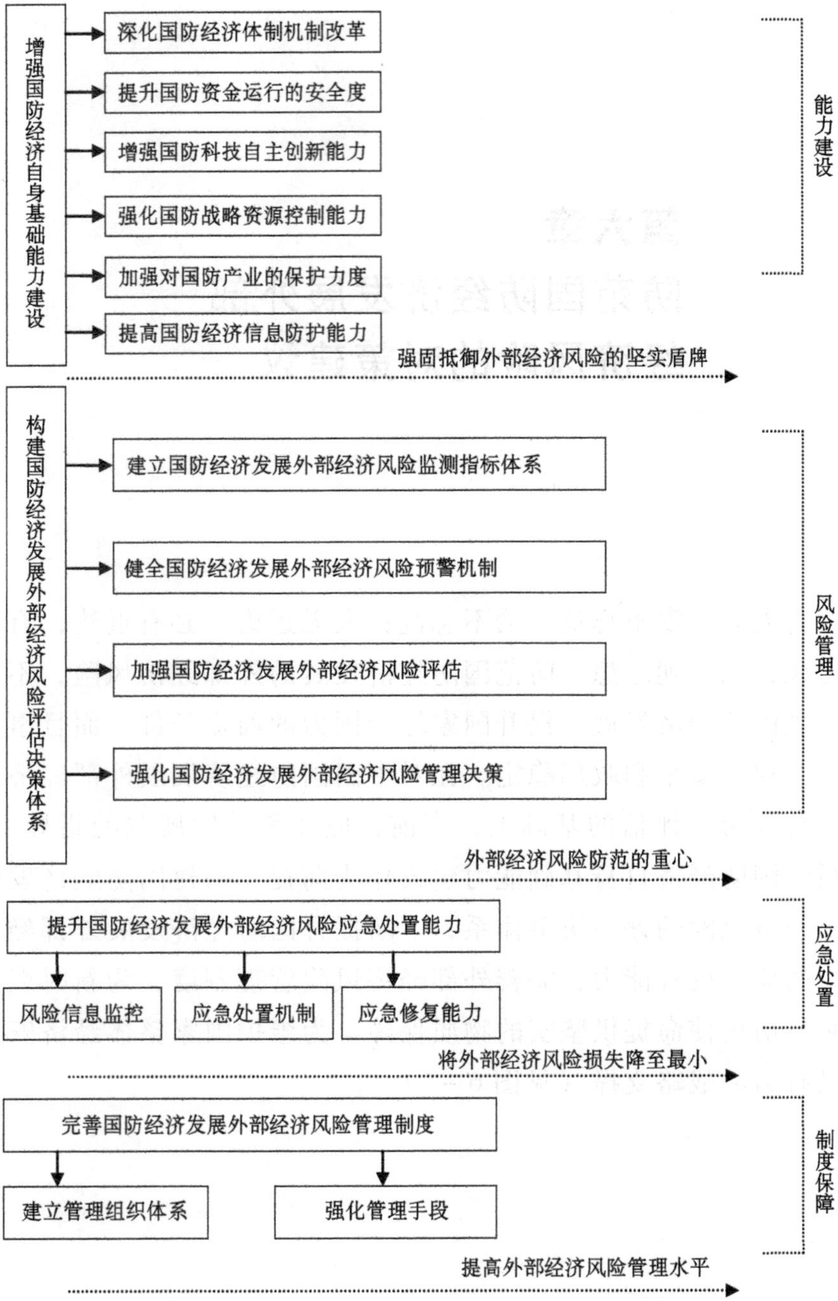

图 6－1 防范国防经济发展外部经济风险对策思路

第一节　增强国防经济自身基础能力建设

新时期国防经济发展面临来自国民经济加快经济发展方式转变[①]与国际经济—金融次贷危机影响的不确定因素大大增加，国防经济发展必须增强自身基础能力建设以适应国内、国际两种形势的变化，在锐意进取中强固防范可能面对外部经济风险的坚实盾牌。

一、深化国防经济体制机制改革[②]

国防经济体制机制顺畅是有效抵御国防经济发展外部经济风险的基石。

1. 应加强统筹规划，按照科学发展观的要求制定实施国防经济体制机制改革战略规划。在研究论证的基础上做到既有利于把经济社会发展的资源优势转化为推进国防和军队建设科学发展的优势，又有利于把国防和军队建设的技术优势转化为推进经济社会建设科学发展的优势。同时，国防经济体制机制改革的阶段性战略目标、战略重点、战略举措等，应与国家总体发展战略和国防战略相适应，与国家安全环境变化相适应，为抵御外部经济风险整体布局。

---

① 党的十七届五中全会通过的《中共中央关于制定国民经济和社会发展第十二个五年规划的建议》指出，“我国要以加快转变经济发展方式为主线，坚持把经济结构战略性调整作为加快转变经济发展方式的主攻方向”。摘自人民网—中国共产党新闻：theory. people. com. cn。

② 张海静．深化国防经济体制机制改革［J］．中国国防经济，2010. 6

2. 应突出重点领域，加快国防科技工业企业结构优化调整。就国防经济体制部门构成来说，包括：国防工业体制、国防科技体制、国防交通运输体制、国防邮电和通信体制、国防财政和金融体制、国防物资的储备和供应体制、国防外贸体制、军队后勤体制、国防动员体制以及战时经济体制等等。党的十七届五中全会明确提出，制定“十二五”规划要以加快转变经济发展方式为主线，转变经济发展方式的一个重要方面就是经济结构优化调整。目前改革应侧重于国防科技、工业体制结构优化调整，尤其是对国防科技工业企业结构的优化调整，允许非公有制企业进入国防科工领域，增加投、融资渠道，提高国防科技工业企业的运行效率与效益。

3. 应创新体制机制，夯实国防经济改革的制度基础。以加快经济发展方式转变为契机，以科学发展为主题，可考虑从高层决策和综合协调两个层次入手创新国防经济体制机制。立足我军的现有条件，站在时代发展与战略全局的高度，不断更新观念，加强统筹规划，突出重点领域，统筹协调好国民经济建设与国防经济建设，走出一条资源节约、环境友好，投入较少、效益较高的国防经济融合式发展新路子。同时应注重健全政策法规体系，为国防经济体制机制改革营造良好的法规制度环境。

二、提升国防资金运行的安全度

1. 确保国防资金运行安全，首先应加大金融市场监管的力度，确保国内金融市场的稳定。世界金融市场特别是资本市场充满着风险，别国发生的金融危机有可能通过开放的途径传递到国内，国际投机资本也可能对中国金融市场运行造成剧烈的冲击。因此，在金融对外开放的同时，一定要增强金融发展的独立自主意识和风险防范意识，把对外开放与金融自主结合起来，在独立自主的基础上利用对外开放的机遇，趋利避害。中国金融市场特别是资本市场的开放程度，应与国内市场的发育程度和政府的监管能力相匹配。国际金融危机不仅反映了金融创新对金融体系稳定性的影响，而且反映了金融市场缺乏透明性及监管缺位的现象。从国家层面看，有效的金融监管是促进经济发展的重要因素，也是构筑金融体系第一道防线的基础。因此，必须从管理系统性风险的角度实施监管，并通过加强控制和协调来逐步完善金融监管体系。对加入 WTO 后的国内金融开放问题，必须采取积极慎重的态度，如人民币自由兑换问题、短期外债问题、开放国内股市问题等都应充分考虑到金融风险。当前，重点是要增强国有商业银行防范和抵御外部风险的能力，提高国有商业银行资产质量，降低国有商业银行不良资产的比例；实行符合本国实际的利率政策、汇率制度和正确的外债管理政策，牢牢把握货币政策的主动权和调控权；建立完善信贷资金风险责任机制，实行资产负债比例管理，以可靠的资金来源制约资金运用，尽可能减少信贷风险。

2. 应加强国防资金运行安全的预警和监控。从国防资金运行来看，应充分利用地方银行业比较成熟的银行资金实时监控系统，签订国防资金安全保密协议，在网络硬件方面，使用光纤专线，直接进入银行内部网，与互联网实行物理隔绝，使国防资金运行监控终端实质上成为银行的终端；在数据安全方面，建立单方面向银行服务端发起数据请求，防止黑客通过预警监控系统盗用国防资金；在银行方面，应把国防资金账户单独设立保密类型，未经授权任何单位都无权查阅交易数据信息，为国防资金账户安全提供保障。另外，还要强化会计监督，及时发现并处理国防资金流向和使用中不合理、不完整、不真实的现象，提高国防资金运行的规范性、安全性和可靠性；加大审计监督力度，重点突出审查国防资金流向、使用和管理情况，考核国防资金效益、监督国防资金运作以及重大和专项国防资金项目，保证国防资金管理活动规范合理；依托现代信息技术，建立国防资金监控中心数据库和账户资金网络监控系统，与银行签订资金安全监管协议，健全完善国防资金安全预警和监控系统功能，改进国防资金安全防控技术手段，提高国防资金安全监控的有效性；建立国防资金运行风险基金，作为国防经济保障的预备队，留有必要的机动财力，以应对国际市场的不测风云；严格落实国防资金管理法规制度，整顿国防资金管理机构，加强内部约束和自我控制，加强国防资金管理部门的互相制约，尽可能地堵住挪用国防资金进行非法金融牟利活动，严禁将国防资金存入外资银行、合资银行、信托投资公司及其他非银行金融机构，更不能进入股票、基金和债券市场，避免一些不规范行为可能引起的损失；积极探索适应国防经济运行特点的国防资金集中管理模式，强化专业化操作和实时监控，严格控制国防资金的流向和流量，加强国防资金链管理，确保国防资金的安全流通①。

三、增强国防科技自主创新能力

增强国防科技自主创新能力是提高国防经济实力、增强抵御外部经济风险能力的关键。因此，必须实施创新驱动发展战略，加快国防经济信息化建设步伐，稳步推进技术装备更新改造，走中国特色自主创新道路，提高国防产业的自主创新能力。

中国国防产业的技术升级，是以技术引进为基点，还是以自

① 刘淑芳，李幼．中国国防经济安全面临的潜在威胁及应对思路［J］．后勤指挥学院学报，2010. 1

主创新为基点，这是一个重大的方向性问题。发展中国家开发原创技术，必将付出代价高昂的“技术紧跟成本”。因此，引进技术是一种简单、经济的方案。但是，只要民族国家存在一天，国家利益存在一天，经济就不可能是纯经济，国防经济更不可能是纯经济，政治因素在其中必然起着更大的作用。特别是中国正处于民族复兴的伟大历史进程中，中国的和平崛起必然冲击现有的国际利益格局，遭受以美国为代表的既得利益国家的“围堵”，引发经济制裁和技术封锁。改革开放以来，中国引进了不少技术，却引进不来关键技术，特别是关键的国防高科技。如果我们把国防经济发展建立在引进技术的基础上，是非常危险的，战时一旦遭到技术输出国的封锁，自己未战先乱。因此，在开放与安全的关系上，既要看到对外开放的效益，又要看到对外开放的风险，使对外开放的程度与抗御外部经济风险的能力相适应。自主创新始终是中国国防产业发展形成独特的军事技术优势、不受制于人的根本措施，必须实施创新驱动发展战略，坚持以我为主、自力更生，尽可能减少对技术引进的依赖。特别是对一些战略性、基础性的重大军事科技项目，更应依靠独立自主、自力更生。

当前，特别要重视信息技术、光电技术、电子技术、动力技术、生物技术、新材料技术、新能源技术、隐身与反隐身技术、精密制造技术、新概念武器技术等关键技术的发展。根据中国实际情况，应大力发展军民两用技术，调整改革国防科技工业体制，建立军民融合的武器装备科研生产体系。围绕关键技术和重要产品，依托企业建立具有紧急扩产和技术扩散能力的国民经济动员中心；抓住关键性技术和前沿技术，加强国防产业基础能力建设，重点发展那些对提高军事威慑和实战能力有重大作用的高精尖武器装备，以提高高技术武器装备的研发能力、主战武器装备的升级换代能力和作战弹药的紧急生产能力为目标，打造以信息化武器装备为重点的数字化军工生产平台，尽快形成国防产业的核心生产能力和紧急动员能力。

增强原始创新和集成创新能力。积极探索国防科研领域的新概念、新原理、新思路、新技术和新方法，选择一些对国家安全具有重大意义的关键项目和核心技术，开展协同攻关，加强基础性技术和前沿性技术研究，努力建设先进的科研设施和技术手段，不断增强国防科技领域的持续创新能力和发展潜力；把提高系统集成能力作为推进创新驱动发展战略的关键环节，依托大型武器系统和重点工程项目，打造系统集成的技术创新平台，不断吸收各方面的知识、技术和产品，实现最终产品的自主创新和关键领域的重大突破；集中力量发展微电子技术、计算机技术、通信导航技术等信息技术，力争使信息获取、信息处理和信息控制能力都有大幅度的提升，在新能源、新材料、航空航天、核心元器件设计等高新技术领域取得重大突破，力争拥有更多具有自主知识产权的核心技术。

建设有利于军事技术创新的制度环境。建立国防知识产权保护制度、军品定价机制、项目有偿投资和成果有偿使用制度，使取得军事技术创新成果的相关主体都能获得利益或补偿，形成技术创新的良性循环。建立国防科技资产股份制，保护国防科技成果所有者的利益，对国防科研人员进行相应的物质奖励；制定鼓励和扶持军事技术创新的产业政策，优化创新的产业结构，制定高新技术开发政策，合理规划军事技术创新需求，提供特殊优惠的政策支持；建立国防科技工业企业与民用高科技企业的合作机制，制定有利于促进军工企业与高等院校、科研院所以及民营企业开展技术合作的优惠政策，保障各参与主体的合法权益，提高技术合作的层次；以增加拥有自主知识产权的核心技术为目标，形成有利于促进国防科研成果产业化的有效机制，积极扶持具有自主知识产权的高新技术产业的形成、壮大与持续发展。

四、强化国防战略资源控制能力

对国防战略资源的控制能力，反映了一个国家的战争动员能力，是国家受到战争威胁时向敌对国家显示战争决心和力量的重要手段[①]。拿战略资源控制能力做盾牌，这是每个想要生存的国家以此博弈来换得空间生存权所必须遵守的新的交易公理[②]。因此，加强国防战略资源的控制能力，避免由战略资源风险所带来的损失，是国防经济发展外部经济风险防范的首要课题。

1. 加强国防战略资源的科学统筹和有力管控。首先，实时调查国防战略资源变动情况。全面准确地掌握国防战略资源的规模、质量、分布状况等动态变化，形成对国防战略资源发展趋势的科学预见和判断，为制定国防战略资源开发利用的战略规划提供可靠的依据。其次，制定国防战略资源安全管理战略。国家应对现行国防战略资源产业布局加以调整和结构性重组，尽快结束乱挖乱采、贱卖盗卖稀缺战略资源的情况，提高商业性地质勘探和开发的门槛，通过限制国防战略资源采矿权、加强战略性矿产品销售等措施，强化对国防战略资源的管理和调控。同时，规范国防战略资源的产权管理、市场管理、资产管理以及国际合作等。最后，加强对稀缺战略矿产资源的统筹管理。稀缺战略矿产资源是军队高新武器发展不可或缺、储量又非常有限的矿产资源。目前，中国已将 10 种稀缺性战略资源列入限制外资进入的产业名录。应根据客观情况变化，适时调整稀缺战略资源限制外

① 李霖，赵勤轩．新时期军事经济理论研究［M］北京：军事科学出版社，1995. 219

② 宋健坤．资源空间论［M］北京：军事科学出版社，2009. 2

资进入的产业名录。从目前来看，应将铟、钨、锗等稀有金属列为重点管控对象[①]，同时加快稀缺战略资源产业的兼并整合，加强对稀缺战略资源的出口管制，控制各类稀缺战略资源和初级加工品的出口。

2. 建立国防战略资源储备体系。研究确定与中国国防经济发展相适应的国防战略资源储备种类与指标，根据应对中度规模突发事件的需要，提升国防战略资源储备的规模，增强重点和敏感方向的国防战略资源储备实力，及时充实一批战备急需物资和应急保障物资，按规格、品种实施配套储备。制定国防战略资源储备的政策法规和措施，完善包括价格、财税和贸易等在内的一系列配套政策措施，充分调动国防经济主体储备国防战略资源的积极性。构建平战结合的国防战略资源储备体系，保持一部分平时闲置战时才启用的国防战略资源[②]。

3. 确保国防战略资源能源安全。首先，应加快发展石油的多元化进口路线。中国原油进口来源地区及份额，大致为中东地区60%，非洲地区20%，亚太地区14%，欧洲中亚地区6%。80%以上进口石油依靠“太平洋航线”，即经马六甲海峡、南海、台湾海峡将原油转运至沿海港口。当前，应通过经济、政治、外交等多种途径，加强与中东各主要产油国之间的交流与合作，有效利用中东地区丰富的油气资源，与其建立稳定的协作和利益纽带关系是满足中国能源需求的有效途径之一。其次，建立多层次的

① 铟：中国储量居世界第一，占全球供应量的80%以上。主要应用于平板显示器、半导体数据传输、航天航空等领域。铟伴生在铅锌矿中，中国年产只有几百吨，储量极少，不可再生。钨：被称为现代工业的“牙齿”，中国储量世界第一，供应量占全球的80%以上。被广泛用于国防工业、航空航天、信息产业领域，钨合金的机械性能与贫铀相差无几。锗：中国储量世界第一，产量约占全球50%。军事上广泛用于夜视仪、热成像仪、光纤通讯等领域。此外，在军工生产中广泛应用、被称作“战争金属”的钼，还有钽、铌、钴等稀土资源，中国的储量和产销量也位居世界前列。

② 王文华．试论国防经济资源安全［J］．军事经济研究，2007.9

国际能源应急合作机制。发展国际合作，加强与中东、中亚、北非以及俄罗斯等能源生产国的友好合作关系，积极参与海外油气勘探、开发、加工生产等大型项目；加强与国际能源机构的联系，与有关国家建立在应急情况下的国际合作计划，包括研讨国际协调储备的可能性。最后，确保海上运输通道安全。中国所利用的境外战略资源绝大部分是通过海运方式来取得的，海上运输量占全部运输总量的90%以上，海上运输安全问题也是确保国防战略资源安全供应的关键环节。中国的国防战略资源运输，主要有两条通道[①]：一条是计划中的运输油气的管道，即从中亚进入中国西部，再通过横贯国内的管道系统到达中国东海岸的油气大陆桥；另一条是从中东经印度洋到西太平洋的海上运输线。要保证国防战略资源的安全供应，就需要保证这两条战略资源运输通道的绝对畅通。在马六甲海峡运输问题上，应加强同马来西亚、印度尼西亚等国以及东盟的良好合作关系。此外，加强国际间的交流，提高中国在国际上的政治和军事影响力，也是保障战略资源运输通道安全的重要举措。

五、加强对国防产业的保护力度

加强对国防产业的政策保护，增强军工企业核心竞争能力，是国防经济这一特殊经济体系防范外部经济风险的必然要求。

1. 加大对国防科技工业的政策扶持力度。应集中体现在对军工企业投融资的政策保护与扶持[②]。目前中国国防科技工业的投

① 王礼茂．资源安全的影响因素与评估指标［J］．自然资源学报，2002.4

② 2008年10月30日，工业和信息化部针对国际金融危机不断蔓延、世界经济衰退及中国船舶工业发展面临的严峻形势，及时出台了《关于当前形势下保持船舶工业平稳较快发展的意见》的指导性文件，提出要从政策、金融、法律、信息服务等方面扶优扶强，加大对船舶骨干企业的技术改造力度，确保骨干军工企业平稳发展。

融资体系还不健全，缺乏专业性的投融资机构。应给予金融业更大的空间，允许成立专业机构，对国防研制生产项目进行投资，并鼓励大型军工企业与金融机构合作，设立自己的融资公司。此外，还可以运用出口退税、成立风险投资基金、财政贴息等政策措施，支持拥有自主品牌和核心技术的军工产品出口，以帮助军工企业降低国际经济不确定因素带来的外部经济风险。

2. 建立敏感产业准入制度。应将军事装备制造业、基础通讯业、本国竞争力极为脆弱的产业等，界定为敏感产业，实行严格的政府准入制度。严格禁止外资进入国防工业和军事相关产业，严格限制外资在通讯、水力发电、自然资源及核能开发等方面的投资比例。为了避免跨国并购给战略性国防产业带来的危害，应通过国家立法对关键领域进行严格限制。同时，建立敏感产品基本自给体系，对于那些“关键战略资源之外的、稍微短缺都可能给一国的国防经济运行带来一定瓶颈性障碍的产品”进行具体分析，建立基于敏感产品的投入产出模型，实行事实上的“自给自足”政策，以防止形成对外国技术和产品的“危险依赖”。

3. 加大对军工企业海外投资的保障力度。建立完善的海外直接投资保障制度，以规避或降低军工企业海外投资的风险，并且在风险转化成损失时，尽可能使损失最小化。一是建立政策性海外投资保险机构。该机构应体现国家权威性，采取国家审批和企业承办的模式，避免或减少审批决策与业务经营相分离所产生的弊端。主要职能是为军工企业进行海外投资提供财产保险和经济担保服务。信用保证资金由国家和军工企业共同承担，以后由信用保证机构从收益中补充。二是建立完善海外投资的法律机制，制定军工企业海外直接投资的扶持和保护政策。加大外交支持力度，通过外交谈判、经济和军事援助、对外贷款等方式，促使东道国政府为中国军工企业的海外直接投资提供便利和保护措施。

同时，逐步建立海外直接投资金融服务支持体系，开拓融资渠道、降低融资成本，以及帮助企业海外上市等。

六、提高国防经济信息防护能力

国防经济信息安全与防范问题，已成为影响国防经济发展全局和长远利益的关键问题，必须引起高度重视。一个没有安全保障的国防经济信息系统等于给别人送情报，单个零碎的信息安全技术产品已不能解决信息网络环境下的安全保密问题。开放性的国防经济信息系统的安全保密是一个综合性的系统工程，需要搞好统筹规划，统一研究部署[①]。

1. 构建维护国防经济信息安全的体系结构。建立自上而下的、统一而高效的国防经济信息网络安全管理体制，对国防经济信息管理部门和网络服务商及用户的权利义务、打击网络犯罪、网络信息安全等作出立法[②]。同时，加强对国防经济信息化关键基础设施的安全管理，形成国家、地方、企业、机构和个人多领域、多层次、多方位、相互协调配合的国防经济信息网络安全保障体系；完善风险评估机制，对国防经济信息的保密性、完整性和可用性进行科学评估，找出潜在的缺陷和漏洞，设法规避风险；健全防护演练机制，全面验证国防经济信息安全策略的合理性和网络系统的安全性，及时发现和解决国防经济信息管理的薄弱环节。

2. 加快发展信息安全技术。应努力掌握一批自主可控的关键技术和相关核心技术，加快信息化产业进程，掌握国防经济信息安全保障的主动权。积极开发具有自主知识产权的信息安全保密技术与产品，加强防火墙技术、入侵检测技术、安全扫描技术、

① 国家保密局．信息战与信息安全战略［M］．北京：金城出版社，1996. 164

② 韩秉成．网络发展背景下国家安全屏障的构建［J］．西安政治学院学报，2002. 2

信息加密技术、访问控制技术和计算机病毒防治技术的引进、开发和应用，加紧构建自主可控的国防经济信息安全保密平台[①]。尽快在国防经济部门实现完全使用自己的软硬件产品，拥有自己的核心技术，以积极主动的姿态迎接计算机病毒对中国国防经济信息系统的严重威胁和挑战。

3. 不断完善国防经济信息安全系统。首先，要建设实时监控系统。当国防经济信息系统遭到攻击时，能够利用有效的监控和防范手段，对入侵、破坏、欺诈和攻击等行为进行实时识别、分析和反击。其次，要建设应急响应系统。开展军队与地方在信息技术领域的合作，充分利用军用和民用信息安全资源，尽早开发国防经济信息安全应急响应系统。一旦发生国防经济信息安全突发事件，能够实施紧急响应、快速处理和恢复，使国防经济部门的各种信息数据和网络系统能够及时恢复正常工作。最后，要建设灾难备份系统。利用现代通信和计算机技术，建设网络异地灾难备份系统，提高国防经济信息系统抵御灾难和重大事故的能力，尽可能减少外部攻击、灾难打击以及重大安全事故造成的损失。

第二节　构建国防经济发展外部经济风险评估决策体系

构建国防经济发展外部经济风险评估决策体系，密切关注和实时跟踪外部经济风险的发生、扩散、传导，及时做出客观、准

① 例如，运用防火墙技术加强网络入口点检查；运用入侵检测技术提供实时的入侵检测，采取相应的防护手段；运用安全扫描技术查找网络漏洞、拒绝攻击者的外部和内部攻击；运用密码技术将信息用加密算法、双密钥匙系统、因数分解技术等进行层层加密处理后再传输，可以大大提高国防经济信息安全防护能力。

确、果断的评估决策是防范国防经济发展外部经济风险的重心。

一、建立国防经济发展外部经济风险监测指标体系

从外部经济风险的发生和传导途径出发，挑选出产生国防经济发展外部经济风险的影响因素以及与外部经济风险密切相关的重要指标，建立国防经济发展外部经济风险监测指标体系，实时跟踪和分析指标的变动信息，从信息动态变化中对外部经济风险作出科学预测和准确判断，尽早发现影响国防经济安全的国内因素与国外因素，为提前采取措施防范国防经济发展的外部经济风险提供理论支撑和决策咨询。

依据中国国防经济发展面临外部经济风险的重点领域以及外部经济风险评估建立的指标体系，国防经济发展外部经济风险监测指标体系，应包括以下几个方面，如表 6 - 1 所示。

1. 国防经济实力指标。国防经济实力的强弱，是国防经济抵御外部经济风险能力的最直接表现，主要包括国防经济发展的财力、国防物力、国防科技、国防工业、国防经济体制的情况。如果国防经济发展自身能力效益低下，说明国防经济本身蕴含着风险或潜在风险。

2. 国家财政金融能力指标。国防经济的母体是国民经济，对国家财政金融能力水平进行跟踪监测，可以及时判断国防经济运行的景气指数、波动程度、安全状态以及面临的主要问题，提前发出风险警报。国家财政金融能力指标主要包括国家财政能力情况，如国内生产总值（GDP）增长率、财政收入占 GDP 的比例、中央财政收入以及财政赤字占 GDP 比例等；国家金融能力情况，如实际汇率变化率、不良资产率、资本金充足率、资产配置情况、资本和金融资产差额外汇储备等。

3. 国际经济环境指标。主要是指经济全球化指数，包括实际流量与限制程度。通过对外直接投资（FDI）量及存量指标、对外贸易总量指标来衡量国防经济与国际经济关联度；通过对隐性进出口壁垒、国际贸易税、关税率等指标来监测国防经济在对外贸易中由于某些制度壁垒而面临的风险。

表 6－1　国防经济发展外部经济风险监测指标体系

一级指标	二级指标	三级指标	四级指标	建议监测部门
国防经济实力指标	国防财力	国防费规模	国防费占 GDP 比例	财政部
			国民人均国防费占有量	
			军人人均国防费占有量	
			国防费年度增长率	
		国防费结构	国防费有机构成	全军战略规划委员会、总后勤部等
			军兵种经费结构	
		国防费需求环境	周边国家、地区军费增长率	
			军事强国国防费增长率	
			非战争军事需求	
	国防物力	战略资源储备	石油储备量及对外依存度	国家发展和改革委员会
			粮食储备量及对外依存度	国家粮食储备局
			矿产品储备量及对外依存度	国土资源部
		武器装备	武器装备实力	总装备部、工业与信息化部及国防科工局
			武器装备生产能力	
	国防科技	国防科技发展基础能力	国防科研费比例	国家科学技术部、总装备部等
			基础研究经费比例	
		国防科技发展核心能力	国家 R&D 费占 GDP 的比例	
			国防信息技术水平	
			国防科技自主研发能力	
	国防经济体制	国防经济风险管理体制	国防经济风险防范组织结构	国务院、中央军委赋权的国防动员委员会
			国民经济应急动员体制	
			国防经济风险防范战略	国防动员委员会及国家发展和改革委员会
		国防经济风险防范机制	国防经济风险管理机制	
			国防经济信息风险防范制度	
	国防工业	国防工业生产能力	军工生产能力	总装备部、工业与信息化部等军工管理部门
			国防工业配套生产能力	
		国防产业布局	国防产业地区结构	工业与信息化部等军工管理部门、国有资产管理委员会、总装备部
			国防工业产业结构	
			国防产业能耗结构	

续表

一级指标	二级指标	三级指标	四级指标	建议监测部门
国家财政金融能力指标	国家财政能力	财政汲取能力	国内生产总值（GDP）增长率	财政部、国家统计局
			中央财政收入增长率	
			财政收入占 GDP 的比例	
		财政风险	财政赤字占 GDP 比例	财政部
	国家金融能力	银行资本状况	资产配置	银监会、中国人民银行
			资本金充足率	
			不良资产率	
			实际汇率变化率	
		资本债务	外债额度	
			负债率	
		外汇	外汇储备余额	国家外汇管理局、银监会
			资本和金融资产差额外汇储备	中国人民银行、国家外汇管理局
国际经济环境指标	经济全球化指数	实际流量	贸易量	商务部、海关总署
			对外直接投资（FDI）量及存量	
		限制程度	隐性进、出口壁垒	商务部、国家税务总局
			关税率	
			国际贸易税	
			资本账户限制	

二、健全国防经济发展外部经济风险预警机制

跟踪监测国防经济发展外部经济风险指标，应及时采取有效措施进行预警①。健全国防经济发展外部经济风险预警机制，加

① 预警主要包括预警分析和预控对策两个方面。预警分析主要是明确警情指标与警情程度，分析警情产生的根源，选择预警指标，确定和预测预警指标的警度。预控对策主要是日常监控、危机管理和组织准备。预警分析方法主要有指数预警、统计预警、模型预警、红色预警等方法。参见董伟等．生态安全预警进展研究［J］．环境科学与技术，2007.12

强对潜在的及存在的各种风险进行系统归类和全面辨别，衡量面临的外部经济风险程度并消除风险隐患。

健全的机制总是建立在完善的制度之上。健全国防经济发展外部经济风险的预警机制，应首先建立国防经济运行风险预警系统。国防经济运行风险预警系统是按照一定的逻辑程序进行设计的，即明确警义—寻找警源—分析警兆—预报警报，主要由以下几个方面组成。

1. 国防经济发展外部经济风险的信息采集系统。风险预警是建立在客观、准确的数据基础之上的。因此，应以国防经济发展外部经济风险监测指标体系为依据，建立健全外部经济风险信息采集系统。信息采集主要围绕国防经济发展外部经济风险源进行，既可采集与国防经济安全相关的“全景”信息数据，也可就外部经济风险产生的重点领域采集某一单项信息数据，以点、面结合的方式进行全面系统的分析。此外，对国防经济发展重点领域的单位和部门进行定期或不定期的国防经济运行景气形势调查，制定严格的信息采集内容和格式、方式和方法、渠道，以确保采集信息的真实性。

2. 国防经济发展外部经济风险预警信号系统。通过对有效反映国防经济发展外部经济风险状况的敏感性指标以及对相关数据的处理，将多个指标合并成一个综合指标，用一组类似于交通信号灯的标志，把每个指标当前所处的状态直观地表示出来，用以判断外部经济风险状况，并对国防经济发展风险态势作出客观的预测。在国际上，通常采用红灯区、黄灯区、绿灯区、浅蓝灯区和蓝灯区，表示过热、微热、稳定、萎缩和衰退五种状态①。国防经济发展外部经济风险预警应利用综合评估、统计分析等方

---

① 李向京．WTO 例外条款与国家经济安全问题研究［D］．硕士学位论文．长沙：国防科学技术大学，2003

法，对外部经济风险进行综合评价，标示不同颜色的预警信号。可将各个总量指标用红、黄、绿灯显示。其中，双红灯表示国防经济安全极度危险，红灯表示危险，黄灯表示风险趋势，绿灯表示安全。设 I 为预警指标中的某一项指标值，W 为重警区值，Z 为中警区值，J 为轻警区值，N 为无警区值；-3 为重警度，-2 为中警度，-1 为轻警度，0 为无警度，建立如下国防经济发展外部经济风险预警信号体系表（见表 6-2）。

表 6-2　国防经济运行风险预警信号体系

	双红灯	红灯	黄灯	绿灯
警限	重警	中警	轻警	无警
警度	-3	-2	-1	0
I	W	Z	J	N
警情	严重失衡	失衡	趋向失衡或趋向正常	正常

3. 国防经济风险态势分析系统。通过研究国防经济运行的周期波动及其规律，以及外部经济风险各项总量指标及其子指标与国防经济安全的关系来确定国防经济风险态势分析的指标体系，从中筛选出先行指标、一致指标和滞后指标①，并通过这些指标对国防经济风险态势作出科学分析和准确判断，特别是对国防经济运行波动的拐点作出超前预测。为此，需要建立国防经济发展外部经济风险管理专家库，聘请相关领域专家对数据进行整理、判断和分析，作为判断国防经济发展是否面临外部经济风险的重要依据；发挥计算机辅助决策作用，利用各种分析预测软件进行系统归类和全面分析，通过检测与信息处理从各种纷繁复杂的现象中寻找外部经济风险演化的本质规律，密切关注和及时预测外

① 先行指标是指先于国防经济运行波动的趋向，又暗示后续之后波动态势的指标；一致指标是指与国防经济运行的波动态势同步的指标；滞后指标是指落后于国防经济运行的波动态势的指标。这些指标，分别从不同侧面反映了国防经济运行的波动趋势。

部经济风险的演变。

4. 国防经济发展外部经济风险预警决策系统。各有关外部经济风险监测部门，依据国防经济外部经济风险的信息采集反馈、信号预警、风险态势分析，研究制定相应的对策措施，并通过督导落实，规避或尽可能降低国防经济发展的外部经济风险。充分发挥军队和社会的经济、管理、战略研究机构的作用，编写《国防经济发展外部经济风险评估报告》，分析国防经济各项指标的变动信息，积极开展国防经济发展外部经济风险问题的研究，为国家和军队相关部门决策提供科学依据。另外，还要建立健全定期会晤、联席会议、信息通报制度，形成衔接紧密、协调顺畅的双向互动机制，使国防经济发展的外部经济风险识别、风险判断与集体决策相衔接起来，确保国防经济发展外部经济风险预警信息进入决策，及时有效地防范应对外部经济风险。

国防经济发展外部经济风险预警系统要充分发挥作用，还需要在国防经济运行风险预警系统与政府宏观调控之间建立一种良性的联动机制。

国防经济发展外部经济风险预警机制作为一个封闭的反馈系统，有其自身的运作要求，应尽可能做到信息采集全面、信息识别准确、信息处理科学、信息反馈及时、预警决策果断，尽量减少中间环节的滞留时间，保证风险预警系统运行的快捷高效①。为此，需要加强国防经济发展外部经济风险的预警机制建设。国防经济发展外部经济风险预警系统的首要目标是将诸多分散、零星的信息组织到一起，向国防经济风险管理部门提供决策的信息基础。而国防经济发展外部经济风险的预警机制需要在高效的制

---

① 国防经济运行风险预警机制，包括预警指标体系、组织形式、模型信号系统和预警方法技术等，它是指由反映国防经济运行风险的警情、警兆、警源及其变动趋势的指标体系、组织形式和预测方法等构成的有机整体。

度体系下，明确各职能机构的权利、义务和责任，注重部门之间的协调合作，强化外部经济风险预警的时效性。国防经济发展外部经济风险预警机制的运作过程，如图6-2所示。

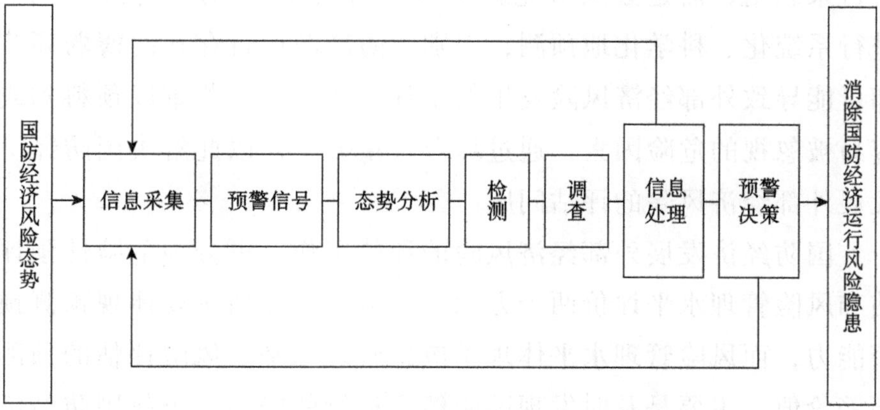

图6-2　国防经济发展外部经济风险预警机制运行图

三、加强国防经济发展外部经济风险评估

识别、评估外部经济风险是国防经济发展外部经济风险防范工作的基础。可以说，外部经济风险管理的成效如何，主要取决于风险的识别与评估，一些外部经济风险所导致的灾难性后果，其根本原因往往是没有及时、准确地评估风险。

由于国防经济系统的开放性、复杂性，使其面对的不确定因素错综复杂，而错综复杂的不确定因素会引起不同的外部经济风险，因此，很难对国防经济发展外部经济风险作出一般性的描述。

在这种情况下，除了依据所构建的国防经济发展外部经济风险监测预警指标体系及监测预警系统所监测的风险指标来评估外，还可依据两类基本方法：一是基于对历史损失的分析。国防经济的不断发展也是一个不断承受风险、蒙受各种损失、再发展的过程，在这样的发展过程中，可以掌握有关风险的许多规律。二是系统化的方法。在许多情况下，人们不可能等待发生损失以后再来总结，而是必须事先就能够找出风险①。对外部经济风险进行系统化、科学化地预测，识别国防经济运行存在的薄弱环节和可能导致外部经济风险发生的条件，或找出一些难以预料到或容易被忽视的危险因素，通过综合定量分析，以此解决国防经济发展外部经济风险的评估问题。

国防经济发展外部经济风险的评估工作，可分为危险性预评估和风险管理水平评价两个方面。危险性预评估主要体现预测预警能力，而风险管理水平体现了应急管理水平。风险评估的预测预警价值，主要是及时发现国防经济运行的隐患，查找国防经济运行的突出矛盾、薄弱环节和存在问题，确定外部经济风险的承受能力和控制能力；应急管理是对未能预测到的外部经济风险进行事先准备，培养动态处置外部经济风险的能力。

基于风险理论开展的外部经济风险评估工作，包括国防经济发展外部经济风险究竟是什么，以及外部经济风险的分级和标准、外部经济风险的承受能力等。根据对国防经济发展所造成的损失程度，可以把外部经济风险评估为低度风险、中度风险与高度风险。

四、强化国防经济发展外部经济风险管理决策

得到国防经济发展外部经济风险评估的结果后，可以针对不同的风险水平，对国防经济发展外部经济风险作出定性评价，然

---

① 顾孟迪，雷鹏．风险管理（第2版）［M］．北京：清华大学出版社，2011. 122

后选择合适的外部经济风险管理方法、制订外部经济风险管理计划，这个过程即国防经济发展外部经济风险管理的决策过程[①]。主要包括外部经济风险管理策略选择、外部经济风险管理计划、外部经济风险管理效果评价及外部经济风险管理报告等四个方面。

1. 外部经济风险管理策略的选择。国防经济发展外部经济风险管理策略可考虑有这样四种：①风险承受。如果国防经济发展外部经济风险属于低度风险，或处于可以接受的风险范畴，或造成的损失不大，可以维持现状，不必追加投入或作出调整，或仅采取必要措施巩固现有状况。②风险控制。主要是针对外部经济风险发生的可能性高、但后果并不严重的外部经济风险，需要采取一定的措施降低风险进一步扩散、传导的可能性。③风险转移。主要是针对外部经济风险发生的可能性不大、但后果较为严重的外部经济风险，需要及时采取有效措施来转移风险。④风险中止。对外部经济风险发生的可能性很大，而且后果极其严重的风险，需要采取强制性措施中止外部经济风险的产生或传导，以避免造成更大的损失。四种方式中，可选择一种或几种来防范和化解国防经济发展的外部经济风险。例如，对军工行业、原材料行业和战略物资行业，特别是战略资源储备的品种目录、储备数量、储备方式、储备机制、储备基数等实行必要的管制。如果外部经济风险发生概率或产生后果的严重性不大，合理地接受不会对国防经济运行产生太大的影响，反而会有因风险的产生可能带来一定的收益，此时，可以有意或有准备地承受风险。

2. 外部经济风险管理计划。外部经济风险管理计划是确立有组织、综合性的风险管理必不可少的环节，而外部经济风险管理

---

① 风险管理是美国经营者协会于21世纪30年代提出的理论，相关成熟的技术、方法已经广泛运用于社会、经济、军事等领域。

计划只有付诸实施才能产生应有的成效。主要工作包括：针对选择的外部经济风险管理策略，制订不同的风险管理行动方案，并依据行动方案、路线进行组织实施。在此过程中，应主要考虑外部经济风险管理策略是否正确可行，实施的风险管理方案和手段是否能达到预期总目标以及在实施过程中可能会遇到的不确定因素。

3. 外部经济风险管理效果评价。在外部经济风险管理决策与管理计划执行之后，应就其贯彻与执行情况进行检查和评价。主要出于两点考虑：①国防经济发展外部经济风险管理过程是动态的，外部经济风险是不断变化的，往往既有的风险中蕴含着新的风险。②有时作出的管理决策必须随着外部经济风险的扩散、传导而做出相应的调整，甚至改变策略。此外，通过对外部经济风险管理策略的可行性及其效益情况进行分析、检查、修正与评估，可对外部经济风险管理效益进行评价。

4. 外部经济风险管理报告。要求国防经济管理部门在现有信息管理系统的基础上，及时发布国防经济发展外部经济风险报告，包括对当前或近期国防经济发展外部经济风险态势进行评估、国防经济运行存在的隐患及潜在风险以及未来一定时期风险态势预测。

国防经济发展外部经济风险管理决策是一个循环反复的过程。整理外部经济风险管理报告是风险管理过程的最后一步，但也是风险管理的第一步。只有使外部经济风险管理信息在国防经济系统中及时传递和有效沟通，才能选择时间最短、效率最佳、可靠性最大的国防经济发展外部经济风险决策方案，将外部经济风险损失降至最低。

第三节　提升国防经济发展外部经济风险应急处置能力

在经济全球化发展的进程中，国防经济发展的外部经济风险具有隐蔽性、多样性和突发性等特点[①]。并不是所有的外部经济风险都是可以预测、规避和防范的，有些外部经济风险难以预料或是突发事件，一旦出现危机，将会对国防经济发展造成巨大的经济损失。因此，不仅要采取预防和控制措施，而且还要制订多种风险应急处置预案，提高国防经济发展外部经济风险防范的应急处置能力，为防范国防经济发展外部经济风险筑牢最后一道防线。

一、强化国防经济发展外部经济风险信息的监控能力

任何风险的形成，包括危机，都要经过一个矛盾积累的过程，这个过程无论是显性或是隐性的，都或多或少存在某些危险信号，而这些危险信号的获得，来源于对外部经济风险信息的监控能力。

强化国防经济发展外部经济风险信息监控能力，应包括以下三个方面。

1. 提升国防经济发展外部经济风险信息的融合能力。即增强国防经济、国民经济与国际经济之间的经济风险信息融合。应建

① 王贵明．经济全球化与中国国防经济安全［J］．军事经济研究，2008.6

立军地兼容、信息共享的国家经济风险管理综合信息平台，依托军地现有信息资源，研发国防经济发展外部经济风险信息系统，与国家风险管理综合信息平台有效链接，构建资源融合、快捷高效地外部经济风险管理监控网络平台。

2. 提高国防经济发展外部经济风险信息的获取能力。综合运用多种信息技术，拓展国防经济发展外部经济风险信息获取渠道，通过外部经济风险原始信息资源的浏览、查找、搜集、整理等掌握各种外部经济风险要素信息，增强防范外部经济风险工作主动权。此外，应增强外部经济风险信息的传输效率，将已形成的风险信息迅速传达到有关职能部门和单位，有针对性地做好风险防范工作，避免给国防经济建设带来更大的损失。

3. 强化国防经济发展外部经济风险信息的决策能力。对已掌握的国民经济、国际经济风险原始信息的各种材料进行识别、加工、分类和归纳，整理出相关国防经济发展外部经济风险信息，对信息资源进行定性和定量分析，通过去粗取精、去伪存真、由此及彼、由表及里的分析和思考，快速高效地对外部经济风险信息作出统计分析、编辑加工、判断评价以及综合生成应急处置信息的果断决策，以满足处置突发风险或危机的快速反应要求。

二、健全国防经济发展外部经济风险的应急处置机制

国防经济发展外部经济风险应急处置的关键是，应借助外部经济风险防范体系化的制度安排、组织安排和技术安排，对国防经济发展外部经济风险进行及时预报，并借助民主科学的决策机制，迅速作出处置决策方案，借助国家权力系统、行政系统和军事系统，迅速贯彻高层的处置决策。总结以往的有益做法和经验，借鉴国外先进的风险管理模式，建立健全国防经济发展外部

经济风险的应急处置机制，基本的出发点应放在能够准确预测和有效处置上，把外部经济风险造成的损失降低到最低程度。

在预测国防经济发展外部经济风险态势的基础上，从情况判断、应对力量、处置措施和沟通协调等方面，制定国防经济发展外部经济风险的处置预案。一是应在国防经济各重点领域建立风险应急处置预案，如国防工业应急预案、国防战略资源能源应急预案、国防物资储备应急预案、国防科技应变预案等；二是各级政府建立国防经济发展外部经济风险应急预案，形成国家、地区、省、市、县衔接配套的风险应急预案体系；三是强化预案演练，借助信息技术模拟内外风险环境，检验预案的可行性与预期效果，做到迅即反应、果断决策、妥善处置。

通过对国防经济发展外部经济风险的评估与科学分析，依据外部经济风险评估指标参数，当风险评估指标达到风险的临界值时，即应迅速作出反应，及时采取有效的外部经济风险应急控制措施。主要分为两种情况①：第一种情况是与预案相匹配的风险处置。第二种情况是缺少预案的风险处置。当风险发生时，召开决策会议，对备选预案进行评估，以时间短、效益好、可操作性高为原则，对备选预案进行修改完善，取得一致意见后，上报党委决策。而对于缺少预案的风险处置，有关职能部门风险管理负责人应迅速提出应急处置方案，经专家评估后，上报党委决策。为确保风险应急处置决策过程中信息顺畅、资源调配及时、组织协调沟通便捷，不仅要有健全的应急处置组织机构，而且还应培养大量具有风险管理专业知识的复合型军事人才，强化风险决策处置的智囊作用。

---

① 徐勇．国际金融危机对我国国防经济的影响与对策研究［M］．北京：军事科学出版社，2012. 267

三、提高国防经济发展外部经济风险的应急修复能力

国防经济发展外部经济风险若是迅速传导、蔓延，酿成危机，已经对国防经济发展造成了严重冲击时，就应及时采取必要的应急修复手段和措施。

一是针对国防经济领域最有可能出现风险和危机的方向、地区、各级部门进行预测监测，制订国防经济发展外部经济风险应急修复预案；二是按照统一领导、分工负责的原则，依据国防经济发展外部经济风险管理体系下各职能机构的职责与权限，制定应急修复组织实施的程序和方法；三是按照综合集成的要求，优化结构，强化功能，完善要素，重点建设一批风险管理专业修复力量，提高平时服务、用时应急的能力；四是建立国防经济发展外部经济风险应急修复基金[①]，每年应从国防投入中按照一定比例提取国防经济应急修复基金，确保一旦出现危机，可直接从基金中拨款，专门用于国防经济发展外部经济风险的应急修复工作。

第四节　完善国防经济发展外部经济风险管理制度

国防经济发展外部经济风险防范是一项艰巨而复杂的系统工程，需要从国家经济社会发展的战略全局通盘考虑。当前，应以

① 郭中侯．加强国防经济风险管理［N］．科技日报，2009－10－15

科学发展观为指导，坚持统一规划、整体推进、重点突破的原则，完善国防经济发展外部经济风险管理制度，逐步建立起外部经济风险管理组织体系，为国防经济发展外部经济风险管理提供制度保障。

一、建立国防经济发展外部经济风险管理组织体系

对国防经济发展外部经济风险进行全程管理，所涉风险承担主体复杂、协同层次繁多、协调内容宽泛，涉及国民经济与国际经济两大体系，横跨军队与地方。为确保风险管理建立在稳定可靠的组织基础之上，迫切需要建立一个权威高效、高度综合、反应灵活的外部经济风险管理组织体系。

针对这一情况，有两种选择方式：第一种方式，新组建一个职能部门，使其承担国防经济发展外部经济风险的相关权责；第二种方式，充分利用国家、军队现有体制资源，采取对相关职能部门赋予权责的方式。

考虑到中国目前各种机构繁多，组织成本、运行成本比较高，为避免造成不必要的浪费，不宜再针对某一新情况而新增设机构，这也符合国务院机构改革调整“只作减法，不作加法”的基本原则。因此，在维持现有管理体制不变的条件下，建议采取第二种方式，即对现有职能部门赋权的方式。本文认为，应由国务院、中央军委对国家国防动员委员会赋权，赋予国防动员委员会风险管理的主管职能，对国防经济发展外部经济风险管理负总责[①]。

将国防经济发展外部经济风险管理总职责赋予国防动员委员

---

① 武汉军事经济学院郭中侯教授也提出了此观点。参见：郭中侯，孙邦栋，蔡永刚．应对国际金融危机，加强国防经济风险管理［J］．中国军事科学，2009.6

会，基于以下几点考虑：一是具有组织权威性。国家国防动员委员会是中华人民共和国主管全国国防动员工作的议事协调机构，在中央委员会、国务院、中央军事委员会的领导下工作。二是具有天然的覆盖性。国家国防动员委员会主任由国务院总理兼任，副主任由国务院和中央军委领导兼任，其成员包括公安部、财政部、住房和城乡建设部、商务部等国家机关和解放军总参谋部、总政治部、总后勤部等有关负责人[①]，能够全面协调军队与地方各部门。三是可以充分发挥其现有职能。国防动员委员会的基本职能是[②]：贯彻积极防御军事战略方针，组织实施国防动员工作；协调国防动员工作中经济与军事、军队与政府、人力与物力之间的关系，以增强国防实力，提高平战转换能力。防范国防经济发展外部经济风险的主要目的是监控国防潜力、实力及外部风险，为增强国防实力、提高平战转换能力服务，这与国防动员委员会的职能一致。

因此，建议以国家国防动员委员会为总领导协调机构，在国家、军队相关职能部门设置国防经济发展外部经济风险管理的相关职能。各级按照本业务系统管理职能划分，对国防经济外部经济风险监控预警指标体系中的相关指标进行信息数据收集、分析、评估，定时、定期上报《国防经济发展外部经济风险评估报告》，为本部门及上级部门提供风险评估决策依据。按照这样的组织体系设计，采取“条块结合”的工作机制，借助国家、军队各部门与国防经济发展外部经济风险评估决策体系，完善多元沟通协调机制，提高外部经济风险的管理水平与力度。

① 百度百科．词条：“国家国防动员委员会”
② 百度百科．词条：“国家国防动员委员会”

二、强化国防经济发展外部经济风险管理手段

正确、有效的外部经济风险管理手段是研究问题、解决问题的武器，也是国防经济发展外部经济风险管理制度得以实施的根本保证。

1. 经济手段。国防经济发展外部经济风险的有效管理离不开经济杠杆的调节作用。对于国防经济发展所面临的外部经济风险的重点领域，诸如国防经济财力风险、国防资金运行的风险、国防费规模等，可以由国家通过制定实施经济发展规划，采取财政手段、金融手段、经济法制手段和制度约束等措施来调节和干预经济活动。这是加强国防经济发展外部经济风险管理的必要手段。

2. 行政手段。由于各军区和省（自治区、直辖市）、地区、县（市、区）人民政府均设立了相应的国防动员委员会，作为国务院、中央军委赋权的国家国防动员委员会可以采取带有强制性的行政命令、指示、规定等措施对国家和军队相关单位、部门开展国防经济发展外部经济风险管理工作，以此加强外部经济风险管理工作的权威性、规范性。

3. 法律手段。完善的法律法规对国防经济发展外部经济风险管理具有不可替代的规范和导向作用。应加快立法步伐，建议制定《国防经济安全法》，从立法的高度规定风险管理的领导权力体系、风险管理的基本原则、重大风险信息通告与发布制度、应急预案及启动标准等，并加大执法监督与跟踪检查的力度，做到在外部经济风险管理中权责清晰、有法可依、有章可循。

4. 信息化手段。国防经济发展外部经济风险的管理要素，可以通过各种形式的信息表现出来。应建设以数据共享为目的的

“国防经济发展外部经济风险信息评估管理系统”，实现国防经济发展外部经济风险信息的数字化、自动化、网络化和集成化，便于各职能部门对外部经济风险信息的管理。

可以说，行政手段有利于实现对全局的有效控制；经济手段有利于处理物质利益关系，调动各方面的积极性、主动性、创造性；而法律手段有利于稳定管理秩序、规范管理活动并使之制度化；信息化手段作为现代管理方法，具有一定的目的性，可以提高风险管理效率。在国防经济发展外部经济风险管理过程中，四种管理手段相结合综合运用，才能不断提升外部经济风险管理水平。

总之，经济全球化背景下，坚持独立自主是国防经济防范外部经济风险的基本要求。国防经济的基础源于国民经济，国防经济建设所耗费的一切人力、物力、财力都来源于国民经济。国防经济发展的外部经济风险与国民经济运行风险是紧密联系的。从根本上说，科技领先，国力强盛，才是国防经济安全最可靠的基础。只有把经济建设搞上去，增强国防经济实力和潜力，才能最有效地抵御国防经济发展的外部经济风险，最大限度地维护国防经济安全。理论和实践充分证明，停滞是最大的不安全，只有大力发展国民经济，深化经济体制改革，狠抓经济结构战略性调整和优化升级，加快经济发展方式转变，增强以经济实力为基础的综合国力，才能从根本上增强国防经济抵御外部经济风险的能力。

本章小结

国防经济发展面临的外部经济风险是可以防范的。应遵循国防经济运行的特点和规律，从增强国防经济自身基础能力建设做起，构建国防经济发展外部经济风险评估决策体系，通过提高国防经济发展外部经济风险的应急处置能力、完善国防经济发展外部经济风险管理制度来规避或尽可能降低国防经济发展面临的外部经济风险。防范国防经济发展外部经济风险的首要原则，就是超前预防，把国防经济安全隐患消除在萌芽状态。

结 束 语

自古以来，国之大事，莫过于安全与发展。国防经济发展外部经济风险已经深刻影响到中国国防经济运行与长远发展。历史启示我们：最大的危机，恰恰在于没有危机感。党的十七大报告强调："统筹国内国际两个大局，树立世界眼光，加强战略思维，善于从国际形势发展变化中把握发展机遇、应对风险挑战，营造良好国际环境。"① 因此，我们必须树立强烈的风险意识和危机意识，在国家安全与国际战略的大背景下研究国防经济发展的外部经济风险问题，以严谨的态度，系统地探索外部经济风险防范的规律，积累外部经济风险防范的知识和经验，促进国防经济健康发展和良性循环。

一、主要结论

本书从国防经济发展外部经济风险概念界定入手，深入分析了国防经济发展面临的来自国民经济与国际经济两大经济体系的外部经济风险，剖析了国防经济发展外部经济风险传导机制，构

① 胡锦涛．高举中国特色社会主义伟大旗帜 为夺取全面建设小康社会新胜利而奋斗——在中国共产党第十七次全国代表大会上的报告．中国共产党第十七次全国代表大会文件汇编［M］．人民出版社，2007. 16

建了国防经济运行风险评估指标体系，对中国国防经济发展外部经济风险的态势进行分析和评估，找出国防经济运行与发展的薄弱环节，提出防范国防经济发展外部经济风险的对策建议。本书的主要结论是：

1. 市场经济体制及经济全球化决定了国防经济发展外部经济风险的客观存在。来自国民经济波动与国际经济冲击带来的外部经济风险，不可避免地直接或间接影响和作用于国防经济系统。国防经济发展的外部经济风险，是在经济全球化的进程中表现出来的。重视防范国防经济发展外部经济风险，是世界各国特别是军事强国的普遍做法。

2. 通过对中国国防经济发展面临的Ⅰ类主要外部经济风险（来自国民经济）和Ⅱ类主要外部经济风险（来自国际经济）的分析可知，中国国防经济在国防资金、国防产业、国防战略资源、国防经济信息等方面都面临不同程度的风险。而抵御外部经济风险能力薄弱的原因，主要是国防经济领域长期积累的结构性矛盾、国防经济核心能力薄弱以及国防经济体制机制改革滞后。

3. 当国防经济发展外部经济风险累积到一定程度、达到临界值（阈值）时，就会引起外部经济风险传导。外部经济风险通过贸易传导、金融传导以及心理传导等三种途径在国防经济体系内部传递、扩散、蔓延。国防经济发展外部经济风险的传导机理，实质上是一个外部经济风险形成、积累、转化和扩散的过程。

4. 基于工作—风险分解法（WBS－RBS）和专家评估法分析得出了国防财力风险、国防物力风险、国防科技风险、国防经济体制风险等一级指标层，逐级构建了国防经济发展外部经济风险评估的指标体系。通过对国防经济发展外部经济风险的31个指标赋权重，得出了中国国防经济发展外部经济风险度综合指标权重，为研究国防经济发展外部经济风险提供了可供借鉴与参考的数理依据。

5. 国防经济发展面临的外部经济风险是可以防范的。从增强国防经济自身基础能力建设做起，构建国防经济发展外部经济风险评估决策体系，通过提高国防经济发展外部经济风险的应急处置能力、完善国防经济发展外部经济风险管理制度等途径来规避或减少国防经济发展面临的外部经济风险是可行的。

二、主要创新点

对国防经济发展的外部经济风险问题进行研究，是国防经济理论研究的一个新领域。本书以马克思主义政治经济学为理论基础，借鉴和运用现代经济学的分析工具和方法，深入研究了中国国防经济发展外部经济风险的成因、风险源、风险传导机理、风险评估模型等问题，提出了防范国防经济发展外部经济风险的基本思路和对策措施，以期为防范国防经济发展外部经济风险的决策及其实施提供具有重要参考价值的论证。

1. 构建了研究中国国防经济发展外部经济风险的逻辑思路和理论框架。将国防经济发展外部经济风险作为国家经济风险的一个子系统进行专题研究，是对中国宏观经济风险研究和国防经济安全研究的深化。本书多视角、多层面地探讨了国防经济发展的外部经济风险，弥补了中国宏观经济风险研究还没有涉足国防经济领域的缺陷。

2. 从国民经济和国际经济两个方面分析了影响国防经济运行的主要因素，概括了国防经济发展面临的Ⅰ类主要外部经济风险和Ⅱ类主要外部经济风险，并对国防经济发展的外部经济风险传导构成要素、传导识别与衡量、传导机理等作了系统研究，为防范国防经济运行风险的决策及其实施提供了重要依据。

3. 构建了可供实践操作的国防经济发展外部经济风险评估的指标体系。本书按照国防经济发展外部经济风险研究的逻辑体系，在定性研究与定量研究相结合的基础上，逐级构建了国防经济发展外部经济风险评估指标体系。运用模糊综合评估方法，设计了国防经济发展外部经济风险评估指标结构模型，并尝试对中国国防经济发展外部经济风险综合态势进行测定，为防范国防经济发展的外部经济风险提供了重要依据。

4. 构建了国防经济发展外部经济风险防范体系。以增强国防经济自身基础能力建设为基石，建立了国防经济发展外部经济风险监测预警指标体系；提出了外部经济风险的应急处置机制与应急修复；对国防经济发展外部经济风险管理组织体系提出了建设性意见。

三、本书研究的展望

国防经济发展的外部经济风险防范是一个复杂的系统工程，本书的研究只是提供了分析的基本思路和逻辑框架，对某些方面的研究还刚刚起步。例如，对国防经济发展外部经济风险源的问题，虽然经过长时期的考虑，但由于受学识和能力的限制，难以进一步深化；本书主要是宏观战略层次的分析，对国防经济各部门特别是国防经济微观主体面临的外部经济风险问题，还未进行深入系统的研究和思考；本书主要侧重于一般理论分析，由于有关数据搜集的难度很大，因而对国防经济发展的外部经济风险问题还缺乏进一步的实证分析；对国防经济发展外部经济风险防范的机制、机理等问题，或未纳入研究的视野，或未作进一步深入研究。事物是不断发展的，对事物的认识也是不断发展的，不会永远停留在一个水平上。由于作者能力有限，很多相关研究还未展开，或有待进一步探索、深入。实践的需求永无止境，理论的发展永不停息。学术研究是一个不断进取和完善的过程，希望今后对这些问题的认识会有突破性的进展。

附录
专家调查表

国防经济发展面临的外部经济风险调查问卷

问卷编号________

尊敬的受访者：

您好！非常感谢您在百忙之中对本次问卷调查的配合和支持！

本问卷调查由国防大学国防经济研究中心姜鲁鸣教授和研究生张海静发起进行，旨在了解中国国防经济发展面临的外部经济风险状况及各种影响因素之间的相互关系，得出结论性的报告，为有效防范国防经济发展外部经济风险提供决策依据。您的答案将对本研究具有十分重要的作用。对您所填写的内容我们将严格保密，并仅供学术研究使用。收回的问卷将按严格的程序进行统计处理，不会涉及具体的单位或个人。

请在备选答案中，找出最符合您真实想法（情况）的答案，并在相应的□中打“√”。个别问题需要您填写内容，请回答所有问题。如果您有任何补充或疑问，或是关心此研究的有关问题，可以通过我们提供的联系方式与我联系。

再次对您的支持表示真诚的感谢！

国防大学国防经济研究中心　　指导教授：姜鲁鸣

联系人：张海静

2012 年 11 月

答卷人背景信息

1. 您的性别：□ 男　　□ 女
2. 您的年龄：□26～30 岁　□31～40 岁　□41～45 岁　□46～50 岁　□51 岁以上
3. 您的受教育情况：　□博士　□硕士　□本科学历　□专科学历
4. 您从事的工作类型：□教育　□行政　□科研　□其他（　　　　）
5. 您所在单位属于： □总政治部　□总后勤部　□总装备部　□总参谋部　□军区（　　　　） □国防大学　□军事科学院

附录 1：专家问卷调查表

国防经济发展面临的外部经济风险调查问卷

作为专家或领导，您认为当前国防经济发展外部经济风险有哪些？请您在相应空格内划“√”。	1. 无风险；2. “潜在风险”；3. “风险”；4. “危机”			
	1	2	3	4
1. 国防费规模（国防费占 GDP 比例）				
2. 军人人均国防费占有量				
3. 国防费供给环境				
4. 国防费有机构成				
5. 军兵种经费结构				

续表

作为专家或领导，您认为当前国防经济发展外部经济风险有哪些？请您在相应空格内划“√”。	1. 无风险；2. “潜在风险”；3. “风险”；4. “危机”			
	1	2	3	4
6. 国防物力储备规模（石油、矿产品、粮食储备量）				
7. 武器装备实力				
8. 军工生产能力				
9. 对外依存度（石油、矿产品、技术的国际市场依存度）				
10. 国防科技发展基础能力				
11. 国防科研费占国防费总额的比例				
12. 基础研究经费占科研经费的比例				
13. 国防科技发展核心能力（国防信息化水平）				
14. 国防经济运行管理体制				
15. 国民经济动员体制				
16. 国防经济信息管理制度				
17. 国防产业布局				

您认为除以上项目之外，当前国防经济发展面临的主要外部经济风险还包括：

____

____

附录 2：专家评估调查表

国防经济发展面临的外部经济风险评估指标体系及权重赋值

目标层	一级指标	权重	二级指标	权重	三级指标	权重
国防经济风险状态	国防财力风险		国防费规模		国防费占 GDP 比例	
					国民人均国防费占有量	
					军人人均国防费占有量	
					国防费年度增长率	
			国防费结构		国防费有机构成	
					军兵种经费结构	
			国防费供给环境		GDP 增长率	
					财政收入占 GDP 比例	
					财政收入系数	
					财政赤字占 GDP 比例	
					商品零售价格指数	
			国防费需求环境		周边国家、地区军费增长率	
					非战争军事需求	
					军事强国国防费增长率	
	国防物力风险		国防物力储备规模		石油储备量及对外依存度	
					粮食储备量及对外依存度	
					矿产品储备量及对外依存度	
					武器装备实力	
					军工生产能力储备量	
			国防工业		国防工业生产能力	
					国防产业布局	
					国防产业能耗结构	
	国防科技风险		国防科技发展基础能力		国防科研费占国防费总额的比例	
					基础研究经费占科研经费的比例	
					国家 R&D 费占 GDP 的比例	
					R&D 人员占国家总人员的比例	
			国防科技发展核心能力		国防信息化水平	
	国防经济体制风险		国防经济风险管理体制		国防经济风险防范组织结构	
					国民经济应急动员体制	
			国防经济风险防范机制		国防经济风险管理机制	
			国防经济制度风险		国防经济风险防范战略	
					国防经济信息风险防范制度	

注明：风险度从弱到强，从 0 “无风险” 到 100 “危机”，请用数值 0 ~ 100 表示。

再次感谢您对我们工作的支持，敬祝万事如意！

参考文献

[1] 江泽民．高举邓小平伟大旗帜把建设有中国特色的社会主义事业全面推向二十一世纪［M］．北京：人民出版社，1997.31～32

[2] 胡锦涛．坚定不移沿着中国特色社会主义道路前进 为全面建成小康社会而奋斗——在中国共产党第十八次全国代表大会上的报告［M］．北京：解放军出版社，2012

[3] 马寅初．马寅初为董问樵《国防经济论》作序［M］．上海：商务印书馆，1940.1

[4] 中国现代国际关系研究院经济安全研究中心．国家经济安全［M］．北京：时事出版社，2005.56～386

[5] 兹维·博迪．投资学［M］．北京：机械工业出版社，1999.12～30

[6] 菲利普·乔瑞．VAR：在险价值［M］．北京：中信出版社，2003.73～78

[7] 吴鸣．经济风险论［M］．北京：人民出版社，1989.5～56

[8] 梁广海．社会主义经济风险论［M］．陕西：陕西人民出版社，1996.8～67

[9] 赵英．中国经济面临的危险——国家经济安全论［M］．云南：云南人民出版社，1994.78～133

[10] 蒋宝祺．中国国防经济宏观分析 [M]．北京：国防大学出版社，1991. 112 ~ 115

[11] 万东铖．军事经济资源有效配置研究 [M]．北京：军事科学出版社，1994. 27 ~ 99

[12] 于连坤．中国国防经济运行与管理 [M]．北京：国防大学出版社，2002. 100 ~ 190

[13] 郭中侯．军事经济预警研究 [M]．北京：解放军出版社，2004. 78 ~ 233

[14] 王贵明．中国国防经济安全研究 [M]．北京：军事科学出版社，2009. 15 ~ 67

[15] 陈晓和．中国国防经济安全研究 [M]．上海：上海财经大学出版社，2009. 67 ~ 156

[16] 徐勇．国际金融危机对我国国防经济的影响与对策研究 [M]．北京：军事科学出版社，2012. 5 ~ 269

[17] 新帕尔格雷夫经济学大辞典 [M]．北京：经济科学出版社，1996. 56

[18] 顾孟迪，雷鹏．风险管理（第2版）[M]．北京：清华大学出版社，2011. 39 ~ 56

[19] 邵辉，赵庆贤，林娜．风险管理原理与方法 [M]．北京：中国石化出版社，2010. 17 ~ 20

[20] 赵传君．风险经济学 [M]．哈尔滨：黑龙江教育出版社，1989. 7 ~ 56

[21] Hartley & Sandler. 国防经济学手册（第1卷）[M]．北京：经济科学出版社，2003. 14 ~ 43

[22]《论我国现阶段国防经济问题》编辑组．论我国现阶段国防经济问题 [M]．北京：国防大学出版社，1990. 62 ~ 89

[23] 陈俨．国防经济综合均衡法 [M]．北京：海潮出版

社，1999. 131 ~ 135

［24］常进，朱庆林．中国军事斗争经济保障模式研究［M］．北京：军事科学出版社，1999. 155 ~ 156

［25］刘义昌等．国防经济研究［M］．北京：军事科学出版社，1993. 226 ~ 227

［26］于连坤，罗永光，王淑平．世界国防经济学教程［M］．北京：国防大学出版社，2008. 35 ~ 161

［27］姜鲁鸣，刘晋豫．经济建设与国防建设协调发展的制度保障［M］．北京：中国财政经济出版社，2009. 60 ~ 182

［28］杜为公．经济战争与国家经济安全［M］．北京：海潮出版社，2001. 302

［29］李霖，赵勤轩．新时期军事经济理论研究［M］．北京：军事科学出版社，1995. 218

［30］《中国马克思主义与当代》编写组．中国马克思主义与当代［M］．高等教育出版社，2012，70

［31］张跃东，谢文秀．国防经济简史［M］．北京：国防工业出版社，2010，205

［32］宋健坤．资源空间论［M］．北京：军事科学出版社，2009. 68 ~ 72

［33］国家保密局．信息战与信息安全战略［M］．北京：金城出版社，1996. 2 ~ 21

［34］中国政策科学研究会国家安全政策委员会．中国地缘安全环境评估报告（2010 ~ 2011）［M］．北京：中央编译出版社，2011. 76 ~ 123

［35］叶飞文．要素投入与中国经济增长［M］．北京：北京大学出版社，2004. 78 ~ 412

［36］刘化绵．新时期中国军事经济研究荟萃［M］．北京：

军事科学出版社，2000. 208

[37] 张志英．金融风险传导机理研究［M］．北京：中国市场出版社，2009. 7～89

[38] 凯恩斯．就业、利息和货币通论［M］．北京：商务印书馆，1982. 34

[39] 范道津，陈伟珂．风险管理理论与工具［M］．天津大学出版社，2010. 39～102

[40] 库桂生，沈志华．国防经济学［M］．北京：国防大学出版社，2007. 24～100

[41] 姜鲁鸣，王文华．中国近现代国防经济史（1840～2009）［M］．北京：中国财政经济出版社，2012. 325～514

[42] 于连坤．中国特色社会主义经济论［M］．北京：国防大学出版社，2011. 84～323

[43] 于连坤．中国国防经济运行与管理［M］．北京：国防大学出版社，2002. 135～256

[44] 全林远．国有资产运营模式新探［M］．北京：国防大学出版社，1997. 8～156

[45] 卢周来．现代国防经济学教程［M］．北京：石油工业出版社，2006. 8～34

[46] 张军果．论改革开放与经济全球化［M］．北京：国防大学出版社，2009. 51～109

[47] 库桂生，全林远．军费论［M］．北京：国防大学出版社，1999. 13～212

[48] 姜鲁鸣，沈志华，卢周来．现代国防经济学导论［M］．北京：国防大学出版社，2002. 22～87

[49] 陈波．国防供给的经济学研究［M］．北京：军事科学出版社，2008. 23～267

［50］姜鲁鸣等译．国防经济学手册（第2卷）［M］．北京：经济科学出版社，2011.12

［51］姜鲁鸣．中国国防预算制度的创新［M］．北京：经济科学出版社，2004.7～176

［52］姜鲁鸣，王文华．国防费经济学［M］．北京：国防大学出版社，2007.2～199

［53］姜鲁鸣，王树东．现代国防经济学［M］．北京：中国财政经济出版社，2007.4～98

［54］张碧琼．经济全球化风险与控制［M］．北京：中国社会出版社，1999.78

［55］吴岚，王燕．风险理论［M］．北京：中国财政经济出版社，2006.5～19

［56］中国科学院预测科学研究中心．中国经济预测与发展（2011）［M］．北京：科学出版社，2011.56～98

［57］郭延安，张旭升．风险管理［M］．北京：清华大学出版社，2010.5～9

［58］潘斌．社会风险论［M］．北京：中国社会科学出版社，2011.5～132

［59］王周伟．风险管理［M］．北京：机械工业出版社，2012.2～78

［60］张连增．风险论［M］．北京：中国财政经济出版社，2004.6～167

［61］隆国强．危中有机——后危机时期对外开放的战略机遇［M］．北京：中国发展出版社，2011.90

［62］陈公越，于盟．金融风险测量和全面风险管理［M］．上海：上海科学技术出版社，2011.58～98

［63］李光荣．中国金融风险与经济安全论纲［M］．北京：

中国社会科学出版社，2010. 89

[64] 谷秀娟. 金融风险管理——理论、技术与应用 [M]. 上海：立信会计出版社，2006. 4 ~ 89

[65] 郑恒，周海京. 概率风险评价 [M]. 北京：国防工业出版社，2006. 32 ~ 67

[66] 军事科学院国防政策研究中心. 战略评估（2011）[M]. 北京 2012. 78 ~ 90

[67] 李霖，赵勤轩. 新时期军事经济理论研究 [M]. 北京：军事科学出版社，1995. 12 ~ 76

[68] 吴易风. 当代西方经济学流派与思潮 [M]. 北京：首都经济贸易大学出版社，2005. 67 ~ 87

[69] 张海静. 国防经济发展的外部经济风险探析 [J]. 中国国防经济. 2012，5

[70] 江涌. 经济全球化背景下的国家经济安全 [J] 求是，2007. 3

[71] 唐永胜. 发展中国家经济脆弱性的根源及其化解 [J]. 现代国际关系，2005. 11

[72] 铁锴. 论冷战后美国国家安全战略的演进及其国际影响 [J]. 宝鸡文理学院学报（社会科学版），2006. 2

[73] 聂富强. 对国家经济安全预警问题的思考 [J]. 新东方杂志，2006. 1

[74] 高建生. 从拉美到印度：发展问题对发展中国家的警示 [J]. 社会科学，2005. 11

[75] 陈晓文. 经济全球化背景下的贸易保护与资源配置 [J]. 北京：国际贸易问题，2006. 1

[76] 刘卿. 论东亚非传统安全合作 [J]. 北京：国际问题研究，2006. 1

[77] 朱明忠．印度与非洲（1947~2004）[J]．北京：南亚研究，2005.1

[78] 苏慧文，刘永平．关于经济风险含义的商榷与探讨[J]．经济与管理研究，1998. 4

[79] 王琛．国家风险评价指标体系对比研究[J]．经济与管理研究，2008. 6

[80] 王海平．经济风险的预警、防范与化解[J]．信息，2004. 1

[81] 孙致江，黄辉．有效防范经济风险的机制建设问题[J]．交通财会，2008.2

[82] 郭中侯，孙邦栋，蔡永刚．应对国际金融危机，加强国防经济风险管理[J]．中国军事科学，2009.6

[83] 胡清芳．浅议VAR方法的应用[J]．技术与市场．2012. 4

[84] 曹廷泽，尚喆．军民融合式发展的风险防控机制研究[J]．军事经济研究，2011. 1

[85] 张文元．经济全球化对我国国防经济安全的挑战与维护对策[J]．东南大学学报（哲学社会科学版），2003. 3

[86] 谢守和等．应对国际金融危机，推进战略储备创新发展[J]．中国军事科学，2009.6

[87] 郝万禄．加入世贸组织对中国国防经济的影响及政策选择[J]．后勤指挥学院学报，2001.1

[88] 顾建一．经济全球化与中国国防经济的战略调整[J]．后勤学术，2003.1

[89] 聂文星．浅议经济全球化的风险[J]．社会主义研究，2000.5

[90] 李怀信．关于国家经济安全的几点思考[J]．军事经

济研究，1999.2

[91] 张国风，吴雄文．俄罗斯的军事经济安全问题［J］．国外理论动态，2002.4

[92] 李作战．美国国防领域对外商直接投资的产业战略探微及其启示［J］．西南大学学报（社会科学版），2009.6

[93] 谢玉科．国防工业基础军民融合的边界研究［J］．国防大学国防经济研究中心2012年年会论文，2012.

[94]［印］拉朱·汤姆斯．印度武器装备发展政策［J］．外国军事学术，1998.9

[95] 陈德胜，雷家肃．法德美日四国的战略石油储备制度比较与中国借鉴［J］．太平洋学报，2006.2

[96] 夏世进，王辉．外汇储备、国家物资储备与国家经济安全［J］．沿海企业与科技，2007.4

[97] 孔祥富．日本的国防产业［J］．现代日本经济，2003.3

[98] 刘洋．世界主要国家发挥国防经济双重效益的做法与启示［J］．军事学术，2003.11

[99] 李波，李想．各军事强国军民融合的探索实践与启示［J］．装备，2010.7

[100] 杨建伟，何正斌．战时金融安全保障研究［J］．新学术，2007.4

[101] 邹芳，蔡爱华．全球金融危机中的中国国防经济安全［J］．海军军事学术，2010.4

[102] 朱洪达．国家安全战略与我国金融安全［J］．军事经济研究，2011.7

[103] 吴鸣等．经济全球化与国家经济安全［J］．求是，2004.6

[104] 罗山爱．外界惊讶中国军工企业上市［J］．军工文

化，2012. 46

［105］姜鲁鸣，王文华．加强国防战略资源控制刍议［J］．国防大学学报，2008. 5

［106］毛敏芳．中国资源安全态势及其战略研究［J］．矿产保护与利用，2006. 3

［107］苏文．中国战略资源全球配置和外交重点［J］．中国党政干部论坛，2011. 4

［108］汪周松，隋富千，郑顺伟．国际金融危机对国防领域的影响与对策［J］．军事经济研究，2009. 10

［109］邹芳，蔡爱华．全球金融危机中的中国国防经济安全［J］．海军军事学术，2010. 4

［110］尹久，郭风华．外商直接投资影响我国经济安全的三大机制及对策思考［J］．商业研究，2006. 18

［111］王礼茂．资源安全的影响因素与评估指标［J］．自然资源学报，2002. 4

［112］李国亭．马六甲海峡与中国经济安全［J］．国际技术经济研究，2007. 1

［113］计宏亮．当代美国对外经济制裁研究［J］．外交学院学报，2008. 5

［114］冯海伦．论美国国际危机管理中的经济因素［J］．社会科学，2005. 3

［115］史澜，陈代兴．国防经济建设中的国际经济因素分析［J］．军事经济研究，2005. 12

［116］叶卫平．论国国防产业应对加入 WTO 挑战的对策［J］．军事经济研究，2000. 5

［117］万陆．加入 WTO 国防经济面临的挑战和机遇［J］．后勤指挥学院学报，2001. 1

[118] 邓明然，夏喆．企业风险传导及其载体研究［J］．财会通讯（学术版），2006.1

[119] 曲慧．金融危机由美国向全球传导的路径分析［J］．消费导刊，2009（2）．

[120] 章志敏，李春舞．主观概率［J］．曲阜师范大学学报（自然科学版），1992.1

[121] 成思危．发展我国风险投资的几点战略思考［J］．人民论坛，2003.10

[122] 马丽，张光明，李平．供应链风险的传递机制与传递路径研究［J］．科技情报开发与经济，2007.13

[123] 王文华．试论国防经济资源安全［J］．军事经济研究，2007.9

[124] 韩秉成．网络发展背景下国家安全屏障的构建［J］．西安政治学院学报，2002.2

[125] 王贵明．经济全球化与中国国防经济安全［J］．军事经济研究，2008.6

[126] 刘晋豫．国民经济动员准备风险管理研究［D］．博士学位论文．北京：国防大学，2004

[127] 陈俨．国防经济非均衡研究——从对中国国防经济供求关系的制度性角度考察［D］．博士学位论文．北京：国防大学，2009

[128] 王文华．中国国防经济发展模式转型研究［D］．博士学位论文．北京：国防大学，2009

[129] 谭世坪．冷战后美国的全球战略与美台关系［D］．硕士学位论文．广州：暨南大学，2005

[130] 夏喆．企业风险传导的机理与评价研究［D］．博士学位论文．武汉：武汉理工大学，2007

[131] 李向京 . WTO 例外条款与国家经济安全问题研究 [D] . 硕士学位论文 . 长沙：国防科学技术大学，2003

[132] 郭中侯 . 加强国防经济风险管理 [N] . 科技日报，2009 - 10 - 15

[133] 郭中侯 . 我国国防经济面临的风险分析 [N] . 湖北日报，2010 - 03 - 04

[134] 任田义 . 大国国防经济争奇斗艳 [N] . 香港大公报，2008 - 04 - 01

[135] 军工企业应加速核心资产上市 [N] . 证券时报，2013 - 03 - 08

[136] 万良国，吴荣庆 . 我国矿产资源供需形势及发展趋势 [N] . 中国矿业报，2006 - 09 - 05

[137] 人民网—中国共产党新闻 . 胡锦涛在党的十七大上的报告 [EB/OL] . http：//www.people. com. cn/，2007 - 10 - 15

[138] 国务院总理温家宝作 2011 年政府工作报告（实录）. 中国网 china. com. cn 2011 - 03 - 05

[139] [美] 斯坦利 · L. 布鲁 . 经济思想史 [M] . 北京：机械工业出版社，2006. 285

[140] C. Arthur Williams Jr. &Richard M. Heins，Risk Management and Insurance，New York：McGraw - Hill，1985. 67

[141] [英] 亚当 · 斯密 . 国民财富的性质和原因的研究（下）[M] . 北京：商务印书馆，1974. 1 ~ 40

[142] [美] 甘斯勒 . 经济有效的国防建设 [M] . 北京：中国国防科技信息中心，1992

[143] [美] 查尔斯 · J. 希奇，罗兰 · N. 麦基因 . 核时代的国防经济学 [M] . 北京：北京理工大学出版社，2007

[144] [美] 甘斯勒 . 美国国防工业转轨 [M] . 北京：国

防工业出版社，1998

[145] 海尼斯（Haynes）. "Risk as an Economie Factor" [M]. 1895

[146] 马丁·冯，彼得·杨. 公共部门风险管理 [M]. 天津大学出版社，2003. 2 ~ 5

[147] Atesoglu, H. Sonmez, 2002, Defense Spending Promotes Aggregate Output in the United states – Evidence from Cointegration Analysis, Defence and Peace Economics, 2002, Vol. 13 (1), P55 ~ 60.

[148] Pollard, Robert A.. Economic Security And The Origins Of The Cold War (1945 ~ 1950) [M]. New York: Columbia University Press, 1985.

[149] Sperling James, kirchner Emil. Economic Security And Problem Of Cooperation In Post – cold War Europe [M]. Review Of International Studies, 1998.

[150] Barry Buzan, Ole Wover. Security: A New Framework For Analysis [M]. Colorado: Lynne Rienner Publishers Inc, 1998.

[151] Samir Amin. Unequal Development: An Essay On The Social Formations of Peripheral Capitalism [M]. New York: Monthly Review Press, 1976.

[152] Sara Calvo, Reinhart. Capital Flows To Latin America: Is There Evidence Of Contagion Effects? [M]. World Bank Working Paper, No. 1619, 1996.

[153] Paul Holtman, Mark Bromley, Pieter D. Wezeman and Siemon T. Wezeman, Trends in International Arms Transfer, 2011, Stocknolm International Peace Research Institute: SIPRI Fact Sheet, http: //books. sipri. org/files/FS/SIPRIFS1203. pdf.

[154] Hymer S. H.. The Multinational Corporation: A Radical Approach [M]. Cambridge University Press, 1979. 34

[155] [美] 约翰·E. 马丁森. 风险管理案例集：金融衍生产品应用的正反实例 [M]. 大连：东北财经大学出版社, 2011. 2 ~ 34

后 记

论文打印出来时，已是夜阑更深。除了风吹树叶的声响，周围一片寂静。多少个这样寂静的夜晚，伏案疾书；又曾在多少个不眠之夜有过困惑、焦躁。看着眼前沉甸甸的文稿，心头涌动万千思绪，既有论文完成后的喜悦，更有对本课题研究的一些感悟。如果说本论文还有创新的话，那一定是所有关爱我的人的集体智慧和心血的结晶。

感谢我的恩师姜鲁鸣教授。师从导师，自己一直不敢懈怠。导师在经济学界一贯低调而认真，淡泊名利，不改多年的学术追求，他的敬业精神无形中增加了我承受压力的勇气。导师知道我专业基础比较薄弱，一些额外的工作很少让我触及，留给我更多的时间潜心钻研。能够顺利完成博士学位论文的撰写，离不开导师的悉心指导和谆谆教诲。从论文的选题、结构安排、内容的撰写到最后的修改定稿，无不倾注了导师的心血。导师渊博的理论思维和敏锐的洞察力深深地启发、开拓了我的视野，而高尚、宽厚的为人风范教会了我许多为人处世的道理，让我时常于平凡小事中收获人生的智慧和喜悦。感谢我的师母。师母不仅与导师一样在学术上关心我，还经常与我分享她的生活经验和感受，作为贤妻良母，是我学习的典范。

导师组的集体智慧是本文的思想宝库。在此我要感谢国防经济研究中心的库桂生教授、于连坤教授、全林远教授、刘晋豫教授、沈志华教授、卢周来教授、张军果教授、郭瑞鹏讲师等的关怀、培养、鼓励和指导，在论文的开题、撰写和修改过程中，他们以渊博的学识和深邃的睿智，为我指点迷津，提供了深入的学术指导，将使我铭记于心。此外，还要感谢军事科学院武希志研究员、中央财经大学陈波院长以及解放军后勤学院顾建一研究员、郝万禄主任、胡建敏主任对论文的关心、指导和帮助。

感谢我的大师兄王文华及王伟海对我论文给予的建设性意见与指导，他们不仅秉承了导师的专业精神，开拓了导师的研究领域，而且为我树立了学术标杆，将时刻激励着我。感谢王贵明博士、刘飞博士与我就论文中相关数理公式进行计算与推导。感谢师弟刘鹏和师妹徐朋对论文进行认真的校对。

在此，特别感谢我的先生童建邦。从报考到攻读博士学位，他毫无怨言地担负起了照顾家庭的责任。在我遇到困难、挫折的时候，给予了我太多的体贴、鼓励和安慰，使我实现了今天的梦想和收获。感谢我的婆婆。在我读博的三年，婆婆默默地承担了许多应该由我做的家务，婆婆的善良、温柔、宽广的胸怀让我感受到母爱的伟大，是我为人母的榜样。感谢我的儿子童千城。从我最初每次返校时的嚎啕大哭到一句安慰的话："妈妈，你就放心去上学吧"，使我能够减少内心的纠结和疼痛，安心于学业。

辍笔之际，回顾国防大学三年的博士学习生活，在求知的路上有艰辛，也有艰辛后的从容；有遇到挫折时的哭泣，也有哭泣中的坚韧。一路走来，我始终相信，生命不息，奋斗不止。正如远处百望山顶升起的一缕阳光，新的一天即将开始，我也将振作精神，走好未来的路。

2013 年 4 月 25 日凌晨于百望山下

本书是在我博士学位论文基础上修改完成的。全书除对部分内容稍有修改外，大部分基本保持了原有的框架，这一方面是基于研究的主题尚无大的改变，另一方面也想为原有的研究留下一个真实的印记，见证自己成长的路。

在全书即将付印时刻，我还要真诚地感谢导师姜鲁鸣教授对本书出版的鼓励和支持！感谢中国财政经济出版社卢关平编辑对出版本书的热情关心。

2016 年 3 月 7 日于北京·解放军后勤学院